111則小故事，

看懂了，智慧就是你的！

劉昭仁 編著

編著者的話

美國多元智能的提出者迦納（Dr. Howard Gardner）說：「智慧是一種處理訊息的生理與心理潛能，這種潛能在某種文化環境下，被引發去解決問題或是創作該文化所重視的作品。」因此，我們可以說，智慧是迅速正確認知、判斷與解決問題的綜合能力，包括知識、人格、領悟力等。真正的智慧，在於自己的領悟、創造與實踐。聰明的人未必有智慧，也未必幸福快樂，但有智慧的人能看到幸福、得到快樂。快樂幸福是人生智慧結出的甜美果實。

法哲蒙田說：「別人的知識可以使你學到某些東西，但是只有運用自己的智慧，才能成為智者。」日本池田大作說：「知識能誘發智慧，是打開智慧大門的鑰匙，但它不等於就是智慧。」

追求智慧，可以時時感受光明的力量，把握理解人生問題的契機。《六祖壇經》說：「一燈能除千年暗，一智能滅萬年愚。」明代馮夢龍《智謀大全・自序》說：「人要有智慧，猶如土地要有水，土地失去了水，就變成一片焦土，人沒有智慧，就變成行屍走肉。智慧運用在生活中，就好比水運行在土地上一般。地勢低窪的地方就注滿了水，人事『低窪』的逆境，就充滿了智慧。遍觀古今成敗得失的眾多事實，沒有一件不是如此。」證嚴法師說：「有智慧就沒有煩惱，有慈悲就沒有敵人，能感恩就沒有冤家。」

決定一個人的命運，不僅僅是知識，更是智慧。因為知識教我們看到什麼，而智慧教我們得到什麼；知識教我們站得高，而智慧則教我們看得遠。英哲培根說：「知識就是力量。」而我們則要說：「智慧就是力量。」

蘇格拉底說：「美德即智慧。」吳經熊先生《內心悅樂之源泉》說：「智慧乃是道德行為的活泉。」品格、美德也好，品德、德行也罷，都是人類的核心價值、普世價值。美好的名譽，要靠品德和對社會、國家、人類的貢獻才能獲得，古今中外無不盡然，古今的聖賢豪傑，沒有一個不具崇高品德的。《左傳》以立德、立功、立言為三不朽，而立德是立功、立言的基礎。成功大學醫學院創院院長黃崑巖教授，致力呼籲「教養」，締造「有品的社會」。歷史學家柏楊先生在其所著《醜陋的中國人》書中說：「人如果離開了人性和高貴的品德，就跟禽獸毫無區別。」西班牙神父巴爾塔沙・葛拉西安在《智慧書》中說：「美德是世界上最可愛的東西，而邪惡是世界上最醜陋的東西。只有美德才是真實永存的，而其他的一切只不過是幻象。」又說：「要讓世界更完美，就需要有更多品格高貴的賢哲之士，因此，盡力養成高貴的道德品行，是人人皆須努力的工作。當賢哲人士越來越多，世界也將越來越完美。」羅曼・羅蘭說：「沒有偉大的品格，就沒有偉大的人，甚至也沒有偉大的藝術家、偉大的行動者。」

察楠楠《受益一生的北大品德課・序》說：「毋庸置疑，品德是推動世界發展最為強大的動力之一，一個人擁有高尚的品德，是人性最高形式的體現，因為高尚的品德能最大限度地體現出人的自我價值。」有位哲人說：「要使人成為真正有教養的人，必須具備三個品質：淵博的知識、思維的習慣和高尚的品德。知識不多就是愚昧，不習慣於思維，就是粗魯或愚笨，沒有高尚的品德就是卑俗。」而徐志摩則說：「人格是一個不可錯誤的存在。」做人必須從修德開始。

前臺灣大學校長孫震說：「如果我們將現代經濟制度，加上倫理，則經濟發展一定會有更好的成就。」且看企業家的說法與體現：

華人首富李嘉誠的兒子李澤楷，有一次記者採訪時被問及：「你的父親李嘉誠教過你什麼賺錢的祕訣？」他說：「我父親從沒告訴我賺錢的方法，他只教了我一些做人處事的道理。父親叮嚀過，和別人合作，假如你拿七分合理，八分也可以，那麼我們李家拿六分就可以了。」

長榮集團總裁張榮發生前曾經說：「我一直認為，一個人能否為企業所用，不在於在校成績多傑出，而是除了汲取專業知識外，也要訓練自己成為有教養、具道德心的社會秀才。進入職場後能自動自發學習，願意接受磨練，否則讀到博士也沒用。」

企業家華爾・巴菲特曾在一次演講中被問到：「你認為真正的成功是什麼？」他回答道：「真正的成功並非用金錢所能衡量的，幸福成功的關鍵是在於你善待過多少人。」

然而，當今世人過度強調物質的享受，以致引發貪婪、自私、放蕩的不良習性，而純樸、善良、親和、熱誠的本性，逐步偏枯消失，品德日趨式微。王鼎鈞先生〈三種成長〉中說：「光陰如順流而下的波浪，品德卻如逆流而上的船舶。」因此，重振品德，實為當務之急。

英國詩人勃來克寫道：「一粒沙裡一個世界，一朵花裡一個天國。把無限放在手上，永恆就在一剎那間收藏。」

筆者平時閱讀之際，發現並非只有驚天動地的大故事，才能闡述人生的智慧，體現高貴的人性與品德。也就是說，在一則小故事裡頭，往往也蘊藏著最深刻的智慧德光，即使是一則小小的寓言故事，也是如此。「寓言是一種把深刻的哲理和教訓寄託在簡短形象的故事裡的文學樣式，它用比喻和諷刺的手法表達哲理智慧，是一種古老而又保持著青春生動的文學體裁。」

於是將百餘則古今中外的小故事抄錄下來，然後再三思考，試圖把蘊藏在其中的大智慧挖掘出來，編寫成書，名曰「111則小故事，看懂了，智慧就是你的！」筆者係一介書生，體悟到「智慧才是真正的財富」，有智慧才有明智清靜的心靈。至望本書是一座暗夜海洋的燈塔，幫助世人安然回到安全的港灣。也對啟迪世人人生智慧、提振式微的社會品德有所助益。

目次

敬慎克己內省

真誠關懷他人

坦蕩如砥的祁奚

春秋時期，晉國的祁奚，官至中軍尉，相當於國家最高軍事指揮官。

祁奚年過花甲後，請求告老還鄉。晉悼公一時找不到接替的人選，於是問他：「誰可以接替你呢？」祁奚推薦解狐。悼公大吃一驚，問：「解狐不是你的仇人嗎？你為什麼推薦他呢？」祁奚說：「國君問我誰接替我的職位最合適，並不是問誰跟我有仇。」

悼公很佩服他的見地和胸懷，立刻徵召解狐接任中軍尉。可是解狐還未上任卻去世了。悼公又請祁奚再次推薦人選，祁奚推薦自己的兒子祁午。悼公問他：「祁午不是你的兒子嗎？你怎麼不是推薦仇人就是親人呢？難道不怕別人說閒話嗎？」祁奚說：「國君是問我誰能夠勝任中軍尉，而不是問我的兒子是誰。」

悼公不再多問了，就任命祁午為中軍尉。爾後，事實證明，祁午擔任中軍尉，的確非常稱職。

後來，副中軍尉羊舌職死了，祁奚又推薦羊舌職的兒子羊舌赤接替，悼公當然欣然同意了。

大智慧：

當年孔子聽了祁奚的故事以後，感慨地說：「太好了！祁奚推薦人才，對外不排斥仇人，對內不迴避親生兒子，真是大公無私啊！」我們為人處世，必須做到光明磊落，大公無私，其實，要做到像祁奚這樣大公無私，太不容易了。

《左傳》據此事而說：「內舉不避親，外舉不避仇。」只有品德高尚的人，才能舉薦賢德之人。祁奚舉薦他的仇人，不是為了向人討好，而是確知他仇人有真才實學，能夠勝任那個職位，如果不舉薦，則國失賢才；而他舉薦自己的兒子，也不是為了營私，而完全站在國家的立場，也確知自己的兒子真是個人才。祁奚真可稱得上是品德高尚的人了。

舉薦人才，對於被舉薦者的學識品德，舉薦者負有保證之責，所以對所舉薦的人的方方面面，要非常確實了解。萬一認識不清，了解不夠，輕率推薦，而等被推薦的人出了差錯，輕則誤事，重則誤國，舉薦者不但顏面無光，品德可議，抑且等同自己誤事誤國，愧對良心。而如果是基於私心舉薦人才，必令人髮指。

觀今有人舉才時，未能做到全面了解審視對方，或基於私心而舉才，致所舉非才，誤事誤國。所以，舉薦人才不可不慎。

五百壯士

楚漢相爭時，韓信發兵攻齊。齊軍敗退，齊將田橫為圖復國，自立為王，率部屬五百人隱入海島（即今田橫島）。

劉邦建漢稱帝後，派使者來島招降：「田橫來，大者王，小者封侯，不來則舉兵加誅。」田橫為了保全五百部屬的性命，毅然帶著兩名隨從到洛陽朝見劉邦。但是走到距洛陽三十里的尸鄉（今河南偃師）時，田橫獲悉劉邦召見他的目的是「斬頭一觀」，憤然對隨從說：「當初我和劉邦都想幹一番大事業，而如今他貴為天子，我卻要做他的臣子，我忍辱負重，是為了保全我五百人的性命，劉邦見我，只是要看看我的面貌而已。此地離洛陽三十里，如果拿我的頭快馬飛馳去見劉邦，面貌還不會變。」說完就慨然橫刀自刎。

田橫自殺後，劉邦感動落淚說：「竟有此事，一介平民，兄弟三人前仆後繼為齊王，這能說不是賢德仁義之人嗎？」於是以王禮葬田橫於河南偃師，並封田橫這兩個隨從為都尉。可是兩個隨從埋葬田橫後，卻隨即在其墓旁挖坑自盡了。

留在島上的五百兵士聽到田橫自殺後，深感「士為知己者死」，也集體揮刀自刎。

大智慧：

殺身成仁，捨生取義，是古今仁人志士的高風亮節，史不絕書。在荊軻刺秦的故事中，高漸離送別好友荊軻時，擊筑高歌：「風蕭蕭兮易水寒，壯士一去兮不復返。」刺秦失敗後，秦始皇赦免了他的死罪，把他的眼睛燻瞎，並讓他擊筑。高漸離便把鉛放入筑中，舉筑撞擊秦始皇，沒有擊中，被殺。高漸離烈士也。

田横也是烈士，他為了保全五百壯士而成仁，「士為知己者死」，五百壯士為了報答田横知遇之恩而集體揮刀自刎，何等壯烈！

司馬遷〈報任安書〉說：「人固有一死，或重於泰山，或輕於鴻毛。」成仁取義的人並不是不愛惜自己的生命，恰恰相反，他們更珍視自己的生命，對他們來說，與其碌碌一生，不如壯烈犧牲，使生命永垂不朽。

為人謀事，完全替對方著想，無愧於心，是為忠德。事親、事君、事長、交友皆貴忠。晉代葛洪《抱朴子・行品》說：「端身命以殉國，經險難而一節者，忠人也。」田横也好，五百壯士也罷，都可以說是「忠人」了。

以誠待客的布特勒

布特勒先生是一個殷實的商人。有一天，他已經把商店門鎖好回家了。在路上，碰到一個小女孩要買一美分的線。他走回去，重新開了店門，給小女孩取線。這件小事不知怎麼傳遍了整個城市，於是布特勒的顧客絡繹不絕，當然也給他帶來了巨大的財富。

大智慧：

布特勒先生並不是一個大企業家，而能因經商致富，乃因他有良好的為人處世態度，他尊重每一個人，不論男女老少，他平易近人，非常敬業，從沒有忽略小事情、小人物，因而建立了良好的信譽與商譽。做生意本來就應該童叟無欺、熱誠服務的。

察楠楠在《受益一生的北大品德課》說：「很多時候，我們會不經意地處理、打發掉一些自認為不重要的事情或人，但這種不負責、不敬業或者是不道德的行為造成一些很不好的影響或後果，在你以後的人生道路上，不一定在什麼時候，會突然顯現出來，令你對當年的行為追悔不已。」又說：「在你的工作中，沒有可以隨意打發糊弄的小人物、小事情，種下什麼種子，將來必定收穫什麼樣的果子。這就是老百姓常說的報應。」

我們絕對不可輕忽細節小事，大事是由一件件小事組成的，處理小事情不認真，甚至不屑處理，那麼怎麼能處理大事情呢？

老子說：「合抱之木，生於毫末；九層之臺，起於累土；千里之行，始於足下。」又說：「圖難於其易，為大於其細；天下難事必作於易，天下大事必作於細。」荀子說：「不積跬步，無以致千里；不積小流，無以成江海。」《韓非子・喻老》說：「千丈之堤，以螻蟻之穴潰；百尺之室，以突隙之熾焚。」悟憎說：「星星之火，可以燎原。」三國蜀主劉備臨終時告誡後主說：「勿以善小而不為，勿以惡小而為之。」原來積小善可以成大德，而戒小惡可以除大奸。

莫愚說：「俗語說：『細節決定成敗』。在一個成功者的背後，起決定作用的往往是那些細節因素，完善了細節，才能做成大事情。以小才能見大，如果忽視細節，就會踏入失敗的深淵，如果把握住細節，成功就會降臨。細節需要我們用心去體會，需要我們不斷磨練，不斷完善，細節不是一日就能領悟的，需要我們長期修鍊。」

奧斯多利亞大飯店的第一任總經理

在一個極寒冷的暴風雨深夜，一對老夫妻走進一家旅館想要投宿。可是，旅館的客房已經都被住滿了。值班的服務生看見這兩位老人非常疲憊，而且神情無比失望，心裡想，別家旅館大概也都客滿了，難道讓他們流落街頭嗎？

於是，服務生就把這對老夫妻帶到一個房間，對他們說：「這房間也許不是最好的，請將就點吧，我也只能給您們提供這樣的服務了。」

兩位老人一看，雖然這房間不是豪華的套房，但是非常整潔，當然很高興地住了下來。

第二天，當這兩位老人到櫃臺退房結帳的時候，服務生卻說不用結帳，是免費住的。原來，這兩位老人住的房間就是這位服務生自己的宿舍，服務生為此在前服務臺待了一整夜。兩位老人得知這個情況後，相當感動地說：「小伙子，你真是我們見過的最佳服務員。我們該怎麼報答你呢？」服務生笑了笑說：「這沒什麼，兩位儘管上路吧，祝您們旅途愉快。」

兩年後的一天，服務生突然接到了一封來自紐約的信，信中還有一張往返紐約的機票。上面簡短的留言，大意是：「你來到信上所說的這個地方，自然有好事情等著你。」服務生心想，反正有機票，就當一次旅遊好了。

到了目的地，服務生看見一座金碧輝煌的大酒店，兩年前他接待過的那對老夫婦正在門口對他微笑：「小伙子，還記得我們嗎？我的名字叫威廉・渥道夫・愛斯特。從那天晚上我就看出來你是個五星級酒店的管理人才。告訴你，這座大酒店是我們專門為你興建的，現在我們正式邀請你來當總經理，我們相信你一定能把它經營得很好。」

這個小伙子就這樣成為全球赫赫有名的奧斯多利亞大飯店的第一任總經理。果然他在短短的幾年裡，把飯店管理得井井有條，馳名全美國。

大智慧：

這是美國紐約曼哈頓城著名的奧斯多利亞大飯店第一任總經理喬治・波非特和老闆威廉先生夫婦的真實故事。

「助人為快樂之本」，「為善最樂」。臺北市麗緻大飯店總裁嚴長壽先生也說：「做自己與別人生命中的天使。」我們要以行善為樂，隨時以一顆善心幫助別人。如果人人對急需幫助的人，視若無睹，無動於衷，喪失了善心，不但自己得不到快樂，更將致使這個社會，變成冷漠無情的社會。

人與人之間要互相幫助，我們能善待別人，幫助別人，才能得到別人的幫助。老子《道德經》說：「既以為人己愈有，既以與人己愈多。」俗語也說：「與人為善天地寬」，與人為善是一種高尚的品德，如果時時刻刻心存善意，善待他人，就能贏得友誼，得到發展的機遇。

贈人玫瑰，手留餘香。善待他人，其實就是善待自己。身懷一顆惻隱之心，熱情、慈悲、樂於助人，並在工作上表現敬業樂業的精神，不避勞苦，樂在其中，總會得到長官及顧客的激賞。因此工作的心態與態度極為重要。美國石油大王洛克菲勒說：「心態可是一把雙刃劍，是人人都有的精神物質。」正確的心態可使人工作勝任愉快。

喬治・波非特並非對威廉夫婦刻意討好或照顧，只是具有良好的心態、敬業的精神，樂於助人，雪中送炭，而終獲得出任大飯店總經理的機會，完全改變了他的人生，這是他當初也意想不到的。

崇尚正義的護理師

在某大醫院的手術室裡，一位年輕的護理師第一次擔任責任護理師。要縫合時，她著急地對醫生說：「醫生，你已經取出了十一塊紗布，可是我們用了十二塊。」
醫生果斷地說：「我已經全都取出來了，現在就開始縫合。」
護理師抗議說：「不行，還有一塊紗布未取出。」
醫生不肯聽她的話，還嚴厲地說：「由我負責好了！縫合。」
護理師激烈地喊道：「你不能這樣做，你要為病人想想。」
醫生微微一笑，舉起他的手讓護理師看那第十二塊紗布，並且說：「妳是合格的護理師。」
原來，醫生在考驗她呀！

大智慧：

我們無論從事任何職業或工作，最應具備的品德就是責任感。醫師與護理師從事救人濟世的工作，解除病患的痛苦，更應具備責任感。

一個擁有責任感的人，必能主動承擔責任，對工作全力以赴，做事善始善終，絕不敷衍塞責。

故事中的這位護理師，崇尚正義，具有強烈的責任感，能夠始終遵從自己的良心。在為病人手術的過程中，她從頭到尾全神貫注，才能發現醫師少取出一塊紗布，並有勇氣向外科大夫「抗議」，真是令人敬佩。

英國哲學家康德，提出「人的認識既依賴於經驗，也依賴於理智」的觀點，是歐洲理性主義與經驗主義的集大成者。他曾經說：「世界上最使人敬畏的東西，就是頭上的星空和心中的道德律。」

責任感比工作能力更重要。一個缺乏責任感甚至不負責任的人，別人會不信任他、不尊重他，於是他就會喪失信譽與尊嚴。

在工作和生活中，只有那些勇於承擔責任的人，才能夠贏得老闆的賞識、同事的尊重，才有可能被賦予更多的使命，才有資格獲得更大的榮譽與成就。

小劉求職

公司經營不善，財務困難，小劉因此被資遣了。為了養家糊口，他決定再找新工作。

一家外資企業正在招聘技術經理，而且待遇優厚。他欣喜若狂，趕緊去報名。一周之後，公司來電話，要他去參加面試和筆試。

面試很順利，接下來就是筆試了。筆試卷共有兩頁，第一頁都是技術上的問題，有多年技術員經驗的小劉，自然答得得心應手。沒想到第二頁上的問題，卻讓他左右為難，不知如何回答。倒不是題目有多難，而是該不該回答。題目是：「請描述你原單位的經營策略及致勝祕訣，包括一些技術上的獨到之處。」

小劉的心裡翻江倒海，極其矛盾，非常掙扎。雖然公司把我資遣了，我可以出賣它嗎？最後，他終於氣鼓鼓地寫下四個字：「無可奉告」。然後揚長而去。

但是，出乎意料的是，三天之後，他竟然接到了錄用的通知。

大智慧：

能夠將心比心，設身處地，完全替他人、團體著想，毫不顧及私利，即是忠。「忠」字引申有誠敬、盡己、無私之意。南宋朱熹說：「盡己之謂忠。」清代曾國藩說：「君子之道，莫大乎以忠誠為天下倡。」

忠誠是最基本的職業道德，是職場上的一條基本準則，是前進道路上的通行證。忠誠的人處事態度，必然是奮勉積極、克服困難、全力以赴、使命必達，而不是消極頹唐、敷衍塞責、假公濟私。忠誠的人在任何時處是不會洩漏公司或機關單位的祕密的。所以忠誠的人才會得到別人的信任。

南懷瑾大師認為：忠誠是一種責任，是一種義務，是一種操守，還是一種品格。任何人都有責任去信守和維護忠誠。喪失忠誠，就是對責任最大的傷害，也是對自己品行和操守最大的褻瀆。為堅守忠誠會付出代價，得到的是榮譽；為喪失忠誠會付出代價，得到的是恥辱。

法國著名的自然主義小說家左拉說：「忠誠是通向榮譽之路。」

宋小威・關麗瑩《改變千萬人生的八堂課》中說：「如果說，『智慧』和『勤奮』像金子一樣珍貴的話，那麼還有一種東西更為珍貴，那就是忠誠。」

《百位名人的處世箴言》中說：「忠誠變質的後果，是摧毀自己誠信的防護牆，最終搬起石頭砸了自己的腳。一個出賣誠信的人，絕不會得到別人忠誠的回報。當你忠誠於你所做的一切時，你所得到的不僅是別人對你的更大的信任，還會使企圖誘惑你的人感覺到你的人格力量。」

故事中的小劉，為什麼得到新企業公司的青睞錄用？關鍵在他對原公司的忠誠。

說「不」的女子

一個急需就業的女子走進了面試的房間，主考官在認真地打量著她。

「如果為了公司的利益，讓妳做出一定的犧牲，或者讓妳隱瞞身分去其他公司探聽消息，妳會盡力去做嗎？」主考官終於開口了。

她覺得相當意外，這個問題竟然跟專業知識毫無關係，又回想到剛才在門外見到的那些競爭者，都很優秀，有些甚至還擺出志在必得的姿態。難道這道問題就要把我淘汰了嗎？犧牲，什麼叫一定的犧牲？她在心裡想著，探聽消息，這可是違反商業道德的，千萬不能這樣做。可是，假如我不「犧牲」，公司會錄取我嗎？

經過半分鐘的考慮，她打定主意，堅定地說：「不，我有我的原則，這樣不道德的事情我做不到。」她說完後舒了一口氣，心想：夢寐以求的工作飛了。

主考官的臉上突然現出欣慰的表情，說：「在今天上午的面試者中，妳還是第一個說『不』的。恭喜妳，我們決定錄用妳。」

大智慧：

這個女子求職，受到主考官的青睞而勝出，是因為她具有忠誠的美德，而其他的求職者所未具。

南宋大儒朱熹解「忠」為「盡己」，即盡心盡力於人於事，「力有所能無不為」。「誠」即誠實，不欺於己，也不欺於人，敬謹於他的工作，兢兢業業，全力以赴，公而無私，公而忘私。所以，舉凡能竭盡自己的心力做事，真誠無私，就是忠誠。

忠誠的反面是奸偽。奸偽之人遇事則敷衍塞責、陽奉陰違，只顧個人的利益與安危，棄別人、公司或國家於不顧，甚至還會圖利自己或他人，而犧牲公司或國家的利益，如刻意洩漏公司或國家的機密，使公司或國家蒙受重大的損失。俗所謂「吃裡扒外」或「養老鼠咬布袋」。這種人就受忌恨。

曾國藩曾經說：「君子之道，莫大乎以忠誠為天下倡。」忠誠是為人處世的態度，更是一種品德情操。所以，公司在徵聘新進人員及考核員工，必以忠誠度為第一考量。

士為知己者死

有一個年輕人，當兵退伍後進入一家員工數千人的大公司，任勞任怨，工作賣力勤奮。有一天父親生病住院，他公司醫院兩頭跑，心力交瘁，意志逐漸消沉。

一個陽光晴朗的午後，他的父親看著病房窗外的陽光，不禁為自己的病拖累了兒子而自怨自艾。突然間一位西裝筆挺的中年人，捧著鮮花踏進病房，自我介紹說是公司的總經理。他的父親忙著要掙扎起身相迎。總經理扶他肩膀說：「伯父實在不必如此，今天謹代表公司來慰問，祝您早日康復，也特別感謝您讓傑出的兒子來本公司服務，使公司的業務順利成長，今後仍然需要靠令公子多多幫忙。」

他的父親十分感動，心情愉快，病情大有起色。

兒子踏進病房，看見他的父親面色紅潤，眉開眼笑，正覺奇怪之際，他的父親比手劃腳，將總經理下午來探訪的情況告知。兒子內心感動不已，公司員工數千人，平時哪有那麼容易見到總經理呀！而今天他竟然來探望父親，真是無上榮幸，當下決定要更努力工作，為公司奉獻。

大智慧：

「士為知己者死，女為悅己者容」是一句大家常說的話。故事中這一位年輕人，要為公司更努力工作的「決定」，就是「士為知己者死」的最佳注腳。

東漢末年，諸葛亮隱居於南陽隆中，人稱「臥龍」。蜀主劉備三顧茅廬，請他出山。他輔佐劉備建立蜀國，終與魏、吳三國鼎立。劉備死前，於白帝城託孤，請他繼續長期輔佐後主劉禪。諸葛亮後來不幸死於北伐途中。他在出師北伐之前，給後主上〈出師表〉，措辭婉轉，情詞懇切，忠貞之忱，溢於言表。諸葛亮的「鞠躬盡瘁，死而後已」，更是「士為知己者死」的最佳典範。

筆者不懂企業管理，不過依常識可以理解企業的經營與發展，最重要的是人才，故見各企業每每以重金挖角，吸納人才。公司要留住好人才，必須有所措施，譬如給予合理的待遇與優厚的福利，而最重要的還是企業主要尊重員工的人格，關愛照顧員工及其眷屬，才能讓員工感動而賣力工作。

當今，公司、工廠的勞資糾紛，層出不窮，其結果往往勞資雙輸，究其原因，相當複雜，惟資方非勞方的「知己者」，管理方式存有檢討改善的空間，必然是其中原因之一。

不過話說回頭，屬下員工也要具相當的才幹，盡忠職守，全心全力工作，才能得到老闆或長官的賞識和敬重。

體貼入微的售貨員

一個下雨的午後，一位老婦人走進美國費城某家百貨公司。

大多數櫃臺人員都懶得理她，卻有一位年輕的售貨員問老婦人是否能為她提供些服務。老婦人回答說只是在這裡等雨停而已，這位年輕的售貨員不但沒有向她強迫推銷不需要的商品，而且也沒有轉身離去，反而拿給她一把椅子。

雨停之後，老婦人向這位年輕的售貨員說了一聲謝謝，並向他要了一張名片。

幾個月之後，這家百貨公司老闆收到了一封信，信中要求這位年輕售貨員前往蘇格蘭收取裝潢一整座城堡的訂單。這封信就是那位老婦人寫的，原來她正是美國鋼鐵大王卡內基的母親。

當這位年輕售貨員打包準備去蘇格蘭時，他已經升格為這家百貨公司的合夥人了。

大智慧：

在職場中工作，如果想要比別人優秀，就必須做得比別人多而不會計較，當然自己份內的事要做得盡善盡美，即使是份外的事，也爭著去做，這樣可以展現勤奮敬業的精神，也能不斷地磨礪自己，不斷提升自己的能力。俗語說：「天道酬勤。」多做一點並沒有吃虧，也沒有白白付出，總會得到回報的，就像故事中的那位年輕人一樣，只用比別人多關照一點顧客，卻得到別人得不到的機會。可惜一般人（尤其是年輕人）不懂這個道理，凡事總是推諉塞責，因此得不到發展的機會。

垃圾桶是用來收納垃圾的，容汙納垢。你願意當個垃圾桶嗎？相信沒有一個人願意。可是，我要告訴你，有一個自願當「垃圾桶」而成功的人，他就是臺北市亞都麗緻大飯店的總裁嚴長壽先生。

嚴長壽先生一九四七年出生於上海，生後不久就隨父母來臺，定居基隆市，因顧及父母年紀已高，基隆高中畢業後沒有升學，而入職場奮鬥。二十三歲的他從美國運通公司的傳達小弟做起，因工作努力受到上級賞識，半年後升為該公司接待國外團體來臺的機場代表，二十八歲成為該公司台灣區的總經理，三十二歲後成為臺北亞都麗緻大飯店的總裁。之後曾任臺北圓山大飯店總經理、臺北旅展主任委員、觀光協會會長。被譽為「飯店教父」、「臺灣觀光旅遊的領航人」。

他的成功不是傳奇，而是不斷地用心學習、力求表現，終於脫穎而出。他認為「實力比學歷更重要」，他將自己比喻成「垃圾桶」，所有同仁不願意做的事，他全部無怨無悔地像收垃圾一樣，來者不拒，而且樂此不疲。這就是他的「垃圾桶哲學」，這個哲學就是他成功之道。

故事中的那位年輕人，也是靠「垃圾桶哲學」而成功的。

達蒙和皮西亞斯的生死交

在古希臘民間傳說中，有一對情比金石堅的好朋友達蒙和皮西亞斯。皮西亞斯因為反抗君主被判死刑。達蒙拿自己的生命作保證，以便能讓皮西亞斯回家料理私事，並和家人訣別。但是，死刑執行的日子臨近了，皮西亞斯卻沒有回來。君主嘲笑達蒙：「皮西亞斯恐怕早已逃之夭夭了，你真是太愚蠢了，白白為朋友犧牲。真正的友情在人類是不存在的。」達蒙聽了，一笑置之。

執行死刑的當天，當達蒙被押上刑場時，皮西亞斯趕到了。他十分激動地衝上前去，氣喘如牛地解釋自己遲到的原因。兩個朋友親切地擁抱、問候，做最後的訣別，場面非常動人。君主也深受感動，寬恕了皮西亞斯。並且說：「為獲得像這樣珍貴的友情，我願意獻出我的王國。」

大智慧：

達蒙和皮西亞斯，誠為生死之交，以命相許，極為動人。

就人類的倫理而言，朋友是五倫之一。古今中外的聖哲，無不重視交友。在《論語》中，孔子與弟子討論交友之處極多。《禮記・學記》說：「獨學而無友，則孤陋而寡聞。」唐代初年四傑之一的王勃說：「海內存知己，天涯若比鄰。」明代王肯堂說：「世無友，如天無日，人無目。」清代曾國藩給諸弟書說：「一生之成敗，皆關乎朋友之賢否，不可不慎也。」又在給兒子的信說：「選擇朋友是人生第一要事，必須選擇志向遠大的人做朋友。」

北京大學溫儒敏教授說：「漫漫人生路上，有了朋友的扶持與分擔，生命之重才不會不堪承受。在人生的風風雨雨中，朋友可以為我們遮風擋雨，為我們分擔煩惱，為我們解除勞苦和困難，朋友時時會伸出扶助的手。他是我們受傷時的一劑創可貼，是我們飢寒時一杯滾燙的開水，是我們落淚時的一塊手帕。朋友是金錢買不來的，只有真心才能夠換來最可貴、最真實的東西。」

古羅馬政治家和哲學家西塞羅說：「如果生活中缺少友誼，就像世界失去了太陽，因為太陽是上帝賜予我們最好的禮物，而友誼則可以給我們帶來最大的快樂。」

古希臘哲學家亞里斯多德說：「對年輕人來說，朋友是提醒他們不犯錯的謀士；對老年人來說朋友是補充他們衰弱的體力、照顧他們生活困難的助手；對成年人來說，朋友是輔佐他們完成宏偉事業的臂膀。」

法哲蒙田說：「友誼能使情感由暴風驟雨轉為朗朗晴天，它也能使人擺脫陰鬱紛亂的思緒而豁然開朗。」

俄國作家托爾斯泰說：「財富不是永久的朋友，朋友卻是永久的財富。」

著名的哲學家西里斯博士說：「友誼能夠改變一個人的命運，當年輕人忽視他身邊的朋友時，其成功的機率就會大打折扣。」

好友就如同我們心靈中的一扇窗。俗語說：「人之相知，貴相知心。」可是，知心的好朋友難求。

友誼的基礎是誠信，沒有誠信的友誼，就如同沙堆上的樓房，不用多久就會倒塌。朋友之間沒有誠信，輕則會導致分手，重則會釀成不可挽回的悲劇。其實，誠信是每個人立足於社會的法寶，是做人處世的基本準則。朋友相交，誠信尤為重要。有人說：「誠信是最美麗的外套，是心靈最聖潔的鮮花，是人最堅固的堡壘。」

達蒙對皮西亞斯信守承諾，生死以之，是誠信的極致。

巴爾札克遇小偷

巴爾札克是法國現實主義作家的代表，一生共寫了九十部長篇小說，他夜以繼日地寫作，每天深夜十二點時，僕人就會叫醒他，他就起來奮筆疾書。一般都會連續寫五六個鐘頭，直到疲倦至極才會休息。

有一天晚上他醒來，發覺小偷正在翻他的抽屜，他不禁哈哈大笑。小偷問他：「你笑什麼？」他說：「真好笑，我在白天翻了好久，連一毛錢也找不到，你在黑夜裡還能找到什麼呢？」

小偷自討沒趣，轉身就要走。巴爾札克笑著說：「請你順手把門關好。」

小偷說：「你家徒四壁，關門幹什麼啊！」

巴爾札克幽默地說：「它不是用來防小偷，而是用來擋風的。」

大智慧：

巴爾札克（一七九九—一八五〇），是法國現實主義文學成就最高者，是舉世公認的觀察和剖析人性的高手。由他近百部長篇小說構成的《人間喜劇》（Comedies Humane），是人類文學史上罕見的文學豐碑，為世人提供了巨大的精神財富。他曾經自詡要超過拿破崙：「他的劍做不到的，我的筆能完成。」他的確做到了。

「家徒四壁」的巴爾札克，依舊勤奮寫作，苦中作樂，以苦為樂。在熱鬧的塵世中，看破名利得失的虛妄，放下貪愛的執著，活得自在，曠達超然。

在生命的長河中，總是有苦也有樂。苦與樂並非是互相對立的，而是相生相倚的。一個人若不能坦然面對生活中的不如意，就會很容易被困難擊倒；而一個能夠坦然面對困難的人，反而可以無往不勝，成為掌握自身命運的強者。

張雲《拾與得的人生智慧課》中說：「悲觀失望者一時的呻吟與哀嘆，雖然能得到短暫的同情與憐憫，但最終的結果必然是別人的鄙夷與厭煩；而樂觀上進的人，經過長期的忍耐與奮鬥，最終贏得的將不僅僅是鮮花與掌聲，還有那飽含敬意的目光。」

巴爾札克安貧樂道，創作不斷，樹立「人類文學史上罕見的文學豐碑」，是他贏得世人「飽含敬意的目光」的原因。

公主的髮夾

某國王有七個女兒，都相當美麗。她們都有一頭烏黑亮麗的長髮，因此國王送給她們每人一百個漂亮的髮夾。

有一天早上，大公主醒來，一如往常用髮夾整理秀髮，卻發現少了一個，於是她偷偷地到二公主的房裡拿走一個髮夾。二公主發現少了一個髮夾，便到三公主房裡拿走一個髮夾；三公主發現少了一個髮夾，也偷偷地拿走四公主的一個髮夾；四公主也如法炮製，拿走五公主的髮夾；五公主照樣拿走六公主的髮夾；六公主只好拿走七公主的髮夾。於是，七公主的髮夾少了一個。

隔天，鄰國英俊的王子突然來到皇宮，對國王說：「昨天我養的百靈鳥叼回一個髮夾，我想這一定是公主們的，這真是一種奇緣。不知是哪位公主掉了髮夾呢？」

公主們都在心裡想說：「是我掉的。」可是她們頭上明明戴著一百個髮夾，即使十分懊惱也說不出。只有七公主說：「我掉了一個髮夾。」話才說完，她因少了一個髮夾，一頭漂亮的長髮全都披散下來，王子不由得看呆了。

故事的結局，當然是王子與七公主從此一起過著幸福快樂的日子。

大智慧：

人生有得必有失，有失必有得。南懷瑾大師說：「得到了不一定就是好事，失去了也不見得是件壞事。正確地看待個人的得失，不患得患失，才能真正有所得。」因為放棄並不意味著失去，只有放棄才會有另一種獲得。這就是眾人皆知的「塞翁失馬，焉知非福」的道理。

老子說：「禍兮福之所倚，福兮禍之所伏。」意思是說，災禍中埋藏有希望的種子，而福中也潛藏著毀滅的危機，得失福禍是可以互相轉化的。

捨與得，福與禍是既對立又統一的，人生無處不充滿了捨與得的智慧。捨棄是人生的一種選擇，更是一種睿智的表現。當我們能夠坦然捨棄某一樣東西時，就不會再為失去而悵惘焦慮，心靈也就得到了昇華。所以參透捨與得的智慧，才能真正體會到生活的樂趣，過著幸福快樂的人生。換言之，如果能夠真正掌握了捨與得的人生智慧，便等於掌握了打開人生幸福之門的鑰匙。

故事中國王的七個女兒，各有一百個髮夾，由大公主開始，發現自己失去了一個髮夾之後，都偷偷地到下一位公主的房裡拿走一個髮夾，最後七公主當然只剩下九十九個髮夾。其實大公主的髮夾，是被鄰國英俊王子飼養的百靈鳥叼走的，王子認為這是一種奇緣，這個奇緣卻落在七公主的身上。說真的，這七位公主都沒有參透得與失的智慧，而七公主獲得奇緣，也只不過是比較幸運罷了。

我們又要知道，這個世界是一個不完美的世界，每一個人或每一件東西，一定都會有缺陷，佛家所以把這個世界稱為娑婆世界。「金無足赤，人無完人」，南宋詩人戴復古〈寄興〉說：「黃金無足色，白璧有微瑕；求人不求備，妾願老君家。」

沒有一個生命是完整無缺的，每個人都少了一樣東西。英國人常說：「沒有哪一瓶葡萄酒是沒有沉澱物的。」也有人這樣說：「世界上的每一個人都是被上帝咬過一口的蘋果，都是有缺陷的，有些人的缺陷比較大，是因為上帝特別偏愛他的芬芳。有時候，缺陷反而是上天給予的契機。」所以，不要刻意去追求完美；刻意地追求完美，反而讓人生變得不完美。

為什麼一有缺陷，就要自怨自艾？為什麼缺少了一樣東西，就要拼命去補足？公主的一百個髮夾，其實是在比喻完美圓滿的人生，少了一個髮夾，這個完美圓滿就有了缺憾。正因為有了這個缺憾，未來才有了無限的轉機、無限的可能性，可是一般人怎能參透這個玄機呢？老子《道德經》說：「禍兮福之所倚，福兮禍之所伏。」古諺也說：「失之東隅，收之桑榆。」蘊含多高的智慧啊！

自私的女子

有一位單身女子剛搬了家，她發現隔壁住了一戶窮人家，一個寡婦與兩個小孩子。

有天晚上，社區忽然停電了，那位女子只好自己點起了蠟燭。

沒一會兒，忽然聽到有人敲門。原來是隔壁鄰居的小孩子，只見他緊張地問：「阿姨！請問妳家有蠟燭嗎？」

女子心想：「他們家竟窮到連蠟燭都沒有嗎？千萬別借他們，免得被他們依賴了！」於是，對孩子吼了一聲說：「沒有！」

正當她準備關上門的時候，那窮小孩展開關愛的笑容說：「我就知道妳家一定沒有！」說完，從懷裡拿出兩根蠟燭，說：「我們怕妳一個人住又沒有蠟燭，所以媽媽要我帶兩根來送妳。」

此刻女子為自己的自私而愧疚，將那小孩子緊緊地抱在懷裡。

大智慧：

故事中的單身女子，缺乏「守望相助」的精神，在停電的夜晚，只管自己點起蠟燭，這是自私自利的表現。然而，鄰居媽媽，卻叫小孩送了兩根蠟燭給單身女子。起初單身女子還以為小孩是要來借用蠟燭的，為免以後被鄰居賴住了，本想不理會他了，在知道小孩是送蠟燭來的之後，單身女子為自己的自私而自慚形穢，深感愧疚。

然而，世人如此而不知愧疚者多矣！

自私自利是國人的劣根性之一，俗語說：「各人自掃門前雪，莫管他人瓦上霜。」真是一語道破國人這種劣根性。其實，一個中國人的智慧能力，勝過於一個外國人，可是，十個百個中國人，卻往往輸給十個百個外國人，其原因何在？就在「一個和尚挑水吃，兩個和尚扛水吃，三個和尚沒水吃」，只重個人，缺乏群性，不能團結合作，所以有「一盤散沙」之譏，豈非奇恥大辱？

人類最卑劣的行為，莫過於自私。自私自利是國家、甚至人類進步的絆腳石。自私自利的人必定缺乏公德心，只顧自己，不管別人，甚至還將自己的快樂，建築在別人的痛苦之上。當今社會治安欠理想，貪贓枉法、竊盜亂賊層出不窮；交通混亂、環境髒亂、食安問題嚴重，詐騙集團猖獗。究其原因，一言以蔽之，都起於自私自利這一邪念而已。

且看，「天無私覆，地無私載，日月無私照」，日月天地是至公無私的，先聖先哲能效法天道以為人道，仁民愛物，民胞物與，大公而無私。堯舜傳賢不傳子的禪讓政治，千古美談；夏禹以悲天憫人、人溺己溺的情懷治水，十多年三過其門而不入，公爾忘私，國爾忘家，大為孔子所讚美。至若孔子「有教無類」，身教言教，無不傾囊以授，對學生一視同仁，就是自己的兒子也不得「異聞」（事見《論語・季氏》）。而孟子則「老吾老以及人之老，幼吾幼以及人之幼。」《禮記・禮運》說：「不獨親其親，不獨子其子，……貨惡其棄於地也，不必藏於己；力惡其不出於身也，不必為己。」而子路之志則「願車馬衣輕裘，與朋友共，蔽之而無憾。」而老子也廓然大公，他說：「既以為人己愈有，既以予人己愈多」；墨子則提倡兼愛，不分親疏遠近，普愛世人。再看佛家大慈大悲，普渡眾生。《佛陀語錄》載佛說：「只想為著自己利益的人，是不清淨的人。」意謂人人應該自利且利他。耶穌基督也倡導博愛世人。

「人不為己，天誅地滅」是誑言妄語，誑惑世人。互助才是人類幸福的源泉，社會安和樂利的動力。俗話說：「遠親不如近鄰。」我們應該學習故事中的母子，守望相助，慈悲為懷，共營安全快樂的社會生活。

不居功自傲的龔遂與王浚

龔遂是漢宣帝時一名能幹的官吏。當時渤海一帶連年饑饉，百姓紛紛造反，當地官員束手無措。宣帝派七十多歲的龔遂去任渤海太守。

龔遂上任後安撫百姓，鼓勵農民墾田種桑。幾年後社會安定，百姓安居樂業。龔遂聲名遠播。於是漢宣帝召他回朝。他的屬吏王某，請求隨他一同去長安，其他屬吏卻不同意，說：「王某一天到晚喝得醉醺醺的，又好說大話，不能帶他去。」龔遂說：「他想去就讓他去吧！」

到了長安後，王某依然終日沉醉，也不見龔遂。可是有一天，當他聽說皇帝要召見龔遂，便對看門人說：「去將我的主人叫來，我有話要對他說。」

龔遂一點也不跟他計較，果真來了。

王某問：「皇帝如果問大人如何治理渤海，大人當如何回答？」龔遂說：「我就說任用賢才，使其各盡其能，嚴格執法，賞罰分明。」

王某大搖其頭說：「這麼說豈不是自誇其功嗎？請大人這樣說：『這不是小臣的功勞，而是皇上的神靈威武所感化！』」

龔遂依王某的話回答了漢宣帝。宣帝果然龍心大悅，便將龔遂任以顯要又輕閒的官職。

三國末期，西晉名將王濬巧用火燒鐵索之計滅了東吳。三國分裂的局面結束，國家重歸統一。豈料王濬克敵致勝之日，竟是受讒遭誣之時。安東將軍王渾以不服從指揮為由，要求將他論罪，又誣王濬攻入建康之後，大量搶劫吳宮的珍寶。

當年消滅蜀國的大功臣鄧艾，就險在獲勝之日被讒言構陷而死，王濬害怕重蹈鄧艾的覆轍，便一再上書辯白。晉武帝司馬炎沒有治他的罪，反而力排眾議，對他論功行賞。

可是王濬每當想到自己立了大功，反遭陷害彈劾，就忿忿難平，每次晉見皇帝，都一再陳述戰功與被人冤枉的悲憤，有時情緒激動，也不向皇帝辭別，憤然而退。

他的親戚范通對他說：「你的功勞可謂大了，可惜居功自傲，未能做到盡善盡美。」王濬問：「這話什麼意思？」

范通說：「當你凱旋歸來之日，應當退居家中，再也不要提伐吳之事，如果有人問起來，你就說：是因皇上聖明，諸將帥的努力，我沒有什麼功勞。朝臣必然會感到慚愧的。」

王濬聽了他的話，讒言果然自息了。

大智慧：

西漢的渤海太守龔遂與西晉名將王濬，原本居功自傲，不知讓名遠害、歸咎養德的處世之道，幸經別人指點，才茅塞頓開，自我收斂不再傲物，終究分別得到皇帝的賞識、化解饞言構陷之險。

孔子與弟子言志，顏淵說他的志願是「願無伐善，無施勞」，意思是說，希望不炫耀自己的優點，不誇大自己的功勞。《管子・形勢篇》：「伐矜好專，舉事之禍也。」葛洪《抱朴子・刺驕》：「勞謙虛己，則附之者眾；驕慢倨傲，則去之者多。」明代王守仁說：「謙者眾善之基，傲者眾惡之魁。」又說：「人生大病只是一傲字。」明代周承幫《兵家要略》說：「驕則自高其功，自神其智，自矜其勇，不憂其寇，不惜其下，忠言逆耳，良士疏斥，戰則輕進，守則弛備。敵窺其意，故卑其辭而隆其禮，佯為敗而示真怯……使我將驕卒惰，方始乘之。」是說驕兵必敗、哀兵必勝之理。曾文正公說：「家敗離不了一個奢字，人敗離不了一個逸字，討人厭離不了一個驕字。」清代陳弘謀《養心遺規》說：「人譽我謙，又增一美；自誇自敗，還增一毀。」

英國文學評論家撒繆爾・約翰遜說：「許多道德家都曾談到，人的諸種惡行中，驕傲為最，它以多種多樣的形式出現，而又在極其繁複的偽裝下隱匿，那種偽裝好似掩蓋月光的那層翳障，既是月亮的光輝，又是月亮的陰影，它雖可以把月亮藏匿起來，叫我們看不見，又因藏匿得不澈底而叫月亮洩漏了自身。」

一般來說，傲者多是才華淺薄的，恃才傲物者往往自負、偏執、完全以自我為中心，很難和人和諧相處。所以，居功自傲往往是一個成功者致命傷。

古時的將相臣下，現在的為人部屬者，最忌諱自伐其功、自矜其能，不把上司及同事看在眼裡，獨享榮譽，不把功勞讓給上司或同事，終會成為上司和同事的眼中釘。凡是這種人，十有八九會遭到猜忌怨艾，沒有好結局。當年劉邦曾經問韓信：「你看我能帶多少兵？」韓信說：「陛下帶兵最多也不能超過十萬。」劉邦又問道：「那麼你呢？」韓信說：「我是多多益善。」這使劉邦對韓信一直耿耿於懷，最終奪得天下後，就設計將他殺害。

為人處世之道，在知雄守雌、退讓謙卑，不邀功也不諉過。明代洪應明《菜根譚》說：「完名美節，不宜獨任，分些與人，可以遠害全身；辱行汙名，不宜全推，引些歸己，可以韜光養德。」又說：「處世不必邀功，無過便是功；與人不求感德，無怨便是德。」且說：「當與人同過，不當與人同功，同功則相忌；可與人共患難，不可與人共安樂，安樂則相仇。」再說：「蓋世的功勞，當不得一個矜字；彌天的罪過，當不得一個悔字。」即使一個人有蓋世的豐功偉業，若是居功自傲，必然會前功盡棄的。

敞開府門的郭子儀

唐朝大將郭子儀，位高權重，能一生享盡榮華富貴，與他為人處世低調有關。

郭子儀深切明白功高必震主，因此處處謹慎自保，每次代宗給他加官晉爵，必推辭再三，實在推辭不過，才勉強接受。

他爵封汾陽王，王府建在都城長安親仁里。王府自落成後，每天都府門大開，任憑眾人進出，而郭子儀卻不許府中人對此加以干涉。

有一次，他帳下一名將軍外調，前來向他辭行。因知郭子儀的府中百無禁忌，就一直走進內宅。恰巧看到郭子儀夫人與愛女正在梳妝打扮，而郭子儀則在一旁侍候，如同僕人一般被使喚著。這位將軍回到家後，將這事告訴家人。於是傳開來了，全京城的人都把此事當茶餘飯後的笑話。郭子儀知道了倒若無其事，但是幾個兒子卻覺得太丟王爺的面子，便決定對王爺提出建議。

他們一起來找父親，要他下令，像其他王府一般，關起大門，不讓閒雜人等出入。郭子儀只是哈哈一笑，幾個兒子就埋怨父親說：「父王您功業顯赫，天下敬重，可是您卻不自重，讓人隨意進出府宅，即使是商朝的賢相伊尹、漢朝的大將霍光，也無法做到您這樣。」

郭子儀收起笑容，語重心長地說：「我敞開府門，任人進出，不是沽名釣譽，而是為了自保，也為了保全全家的性命。」

兒子們聽後十分驚訝，忙問道理。郭子儀嘆了一口氣後說：「你們僅看到郭家的顯赫，卻不知道這聲勢隨時有喪失的危險。我爵封汾陽王，再沒有更大的富貴可求了。月盈而蝕，盛極必衰，乃必然之理，所以當急流勇退。現在朝廷還需要我，假使讓我歸隱，也找不到一塊能容納我們郭府一千餘人的地方啊。在這種情況下，如果我們緊閉府門，不與外面往來，只要有一人與我們結怨，誣陷我們對朝廷懷有異心，就必然會有人落井下石，那時，我們郭家九族都要死無葬身之地了。」

大智慧：

俗語說：「天有不測風雲，人有旦夕禍福。」人有禍福，國有治亂。憂患常隱於細微不可見之處，惟有明者見於未形，智者防於未亂。如要永保安樂，必須居安思危。

孟子說：「生於憂患，死於安樂」，又說：「人之有德慧術知者，恆存乎疢疾。獨孤臣孽子，其操心也危，其慮患也深，故達。」唐代魏徵〈諫太宗十思疏〉說：「人君當神器之重，居域中之大，將崇極天之峻，永保無疆之休。不念居安思危，戒奢以儉，德不處其厚，情不勝其欲，斯亦伐根以求木茂，塞源而欲流長者也。」范仲淹說：「先天下之憂而憂，後天下之樂而樂。」歐陽修說：「憂勞可以興國，逸豫適足以亡身。」

凡有大智慧的人，一定知道「居安思危」的道理；知道「居安思危」的道理者，處於複雜的環境中，其言行舉止一定低調，不會過於顯露自己的才華。

語云：「樹大招風，人賢招忌。」因此，只有謙遜、平易近人的人，才容易贏得別人的親近與信賴。所以，低調是為人處世的最佳姿態與策略。文徵明說：「低調是一種優雅的人生態度。它代表著超脫與豁達，代表著內斂與含蓄，代表著隱忍與寬容，代表著成熟與理性。它是一種修養，一種品格，一種理念，一種至高無上的精神境界。成熟的人不一定低調，有品味的人也不一定低調，有內涵的人也不一定低調；但是，反過來說，低調的人更成熟、更有品位、也更加有內涵。」

低調做人不是不表現自己，而是把握好分寸，適當地表現自己，否則反而弄巧成拙，則是極不明智的做法。懂得低調為人處世，謙遜和氣，不忮不求，才能獲得一片廣闊的天地，成就一番完美的事業，贏得一個豐富輝煌的人生。

郭子儀在唐玄宗時，就官任節度使；肅宗時，封汾陽王；代宗時，單騎退回紇；德宗時，任太尉中書令，身繫唐朝安危二十年，權傾中外，兒子娶公主，跟皇帝結成親家。

大凡體貌有缺憾者、出身不光彩者，都很在乎別人的反應；由於自慚形穢，心胸常較狹隘，反應也比較敏銳，每每睚眥必報。德宗時，宰相盧杞，有口才，善逢迎，而面貌奇醜，心腸惡毒，只要別人不順己意，就要置之於死地，終於被李懷光揭發其罪狀，免官而死。

郭子儀之所以敞開府門，就是基於「居安思危」的考量，低調為人處世的策略。他的低調是睿智的體現，是處事的性格，絲毫無矯揉造作。廣德二年（七六四），唐代宗要授郭子儀尚書令，他死也不肯，說：「臣實在不敢當！當年太宗皇帝即位前，曾擔任過這個職務，後來幾位先皇，為了表示對太宗皇帝的尊敬，從來沒有把這個官銜授給臣子，皇上怎能因為偏愛老臣而亂了祖上規矩呢？況且，臣才疏德淺，已累受皇恩，怎敢再受此重封呢？」代宗沒辦法，只好另行重賞。

郭子儀深知官場險惡，擁有高瞻遠矚的政治眼光，又有一定的德性修養，善於忍受各種複雜的政治環境，所以，即使在權傾中外的時候，他已經時時做好了準備，以應付可能隨時發生的危險，低調為人處世，收斂鋒芒，具有大智慧。

雪竇禪師與曾會學士

宋朝的雪竇禪師喜歡四處雲遊。有一次，他在淮水邊巧遇曾會學士。學士問：「禪師，您要到哪裡去？」

禪師回答說：「不一定，也許去杭州，也許會到天臺。」學士建議說：「靈隱寺的住持延珊禪師和我交情甚篤，我寫封介紹信給您帶去交給他，他一定會殷勤接待您。」

禪師來到了靈隱寺，但並沒有把介紹信拿出來，而是潛身於普通僧眾之中。三年後，學士奉令出使浙江，便到靈隱寺去找雪竇禪師，但寺僧都告訴他說並不知道雪竇禪師這個人。學士便自己到一千多位雲水僧住的僧房遍尋，終於找到了雪竇禪師。

學士不解地問：「為什麼您不去見住持呢？是我為您寫的介紹信丟了嗎？」禪師笑說：「豈敢豈敢。我只是一個雲水僧，一無所有，所以我不會做您的郵差的。」說完，拿出那封介紹信，原封不動地交還學士，兩人相視而笑。

學士隨即把雪竇禪師引薦給住持，住持甚惜其才。後來，蘇州翠峰寺住持懸缺，延珊禪師就推薦雪竇禪師去接任。在那裡，雪竇禪師遂成一代高僧。

大智慧：

雪竇禪師人格的偉大處，在於超出了欲望的需求而追求品德的完美，所以不愧是一位高僧。他的心靈已經清空寧靜，心不存雜念，不存我執，所以，他的處世才能獲得最大限度的自由與獨立，處事純任自然，絕不趨炎附勢。因此，曾會的介紹信，對他來說是多餘的。

「淡泊明志，寧靜致遠」，看輕世俗的名利，才能明確自己的志向；身心安寧恬靜，才能實現遠大的理想。所以，寧靜是一種氣質、一種修養、一種境界、一種充滿內涵的悠遠。寧靜即去除雜念，心靜如水，忘卻榮辱得失。唯有清空寧靜，才能沉澱出生活中許多紛雜的浮躁；過濾出淺薄粗率等人性的雜質，呈現一個人的天性。

人的煩惱，都因「我執」。世人因為把「我」看得太重，所以才會有那麼多的苦惱。我們要放下自我，放下私欲，這樣煩惱自然就消散了；要不然，事事只想著自己，被私欲所迷惑，最終受害的是自己。

清空心靈的時候，就是無欲的時候，放棄心中雜念的時候。雪竇禪師是清空了自己心靈的人，他清空了心靈裡世俗生活積存下來的枯枝敗葉。

蘇東坡與王安石

王安石雖然欣賞蘇東坡的才華，但是覺得他輕狂。不久，蘇東坡被貶為湖州刺史。

三年後，蘇東坡任期滿回京城。在回程中，想起自己當年得罪了王安石，不知他現在是否依舊生氣。於是匆匆奔往王丞相府。

到達相府門口，守門官說：「老爺正在休息，請稍等片刻。」守門官走後，他四下打量，看到硯下一疊素箋，正是王安石未完成的〈詠菊〉詩稿，不禁得意起來：「兩年前這老頭兒下筆幾千言，不用思索；而今怎麼江郎才盡，連兩句詩都寫不完！」於是他將詩稿念了一遍：「西風昨夜過園林，吹落黃花滿地金。」

接著大搖其頭：「這句詩簡直胡說八道。菊花在秋季開花，不畏寒霜，即使焦幹枯枝，也不會掉花瓣，詩云：『吹落黃花滿地金』，顯然大錯特錯。」

蘇東坡糾此謬後相當得意，興奮之餘，不由得舉筆依韻續了兩句：「秋花不比春花落，說與詩人仔細吟。」之後自覺不妥，心想，如果老太師出來，卻見被人糾謬，會覺顏面無光。而如果把詩藏起來也不妥，老太師找不到詩，可能會責怪他的家人。最後決定把詩原樣放好，然後走出門對守門官說：「一會兒太師出堂，請稟告他，說蘇某在此伺候多時。因有事先別，明天再來拜見。」即告辭而去。

不多時，王安石出堂，看到〈菊花〉詩稿，即問：「剛才有誰到此？」下人忙稟告：「湖州府蘇老爺曾來過。」王安石也認出了是蘇東坡的筆跡，心下嘀咕：「這個蘇軾，遭貶三年仍不改輕薄之性，自己才疏學淺，竟敢來譏諷老夫！」但又想：「他不曾去過黃州，不知那裡菊花深秋落瓣，也難怪他。」

於是王安石細查黃州府缺官狀況，正缺一個團練副使（團練係聚集教練地方壯丁，以禦匪保鄉；副使為副手）。王安石第二天便奏請皇上，將蘇東坡派到了黃州。

大智慧：

蘇東坡年輕時，才高八斗，學富五車，聰明而富有才華，可是鋒芒太露，過於自負。有時會表現出一副恃才傲物、鋒芒凌人的態勢。王安石欣賞蘇東坡的聰明才智，但是覺得他有些輕狂。

常言道：「識時務者為俊傑。」蘇東坡在政治上一輩子都不識時務，實在算不上聰明，他一貫自恃聰明，誰當權他就反對誰，只要不符合其意，就堅決反對，自然會遭人嫉妒、陷害。所以幾度入朝，反覆被貶，仕途坎坷。

蘇東坡在第四個兒子出生時，按照當時習俗，為剛滿月的兒子行洗兒禮。感嘆自己的身世，借此寫了一首自嘲詩〈洗兒戲作〉，詩曰：「人皆養子望聰明，我被聰明誤一生。唯願孩兒愚且魯，無災無難到公卿。」詩表面上是為孩兒寫詩，而實際上既諷刺了權貴，又在「似訴平生不得志」。他一生雖然聰明，卻屢遭磨難，心中感到不平。他認為自己雖然聰明，卻仕途坎坷，還不如做一個愚魯的人，這樣也不會對人生看不慣，給自己帶來許多禍患了。他之所以說「我被聰明誤一生」，並非是希望自己不聰明，而是用來自嘲的憤世嫉俗的反語。這一首詩也揭示聰明人不免會受打擊，愚且魯者卻能「無災無難到公卿」，因為在位者大多忌才，只想用奴才，不想用人才，惟恐人才壓倒自己。因此，聰明的人往往走運的時候少，而倒霉的時候多。

賣弄小聰明是愚人的行為，是招災引禍的根源，所以說「聰明反被聰明誤」。《紅樓夢》第五回：「機關算盡太聰明，反誤了卿卿性命。」是在說王熙鳳，王熙鳳在賈府「嘴甜心苦，兩面三刀」，過度精明，以致身心勞碌而死。聰明過了頭，心機用盡，結果反而自己害自己。《格言聯璧》說：「聰明用於正路，愈聰明愈好，而文學功名益成其美；聰明用於邪路，愈聰明愈謬，而文學功名適濟其奸。」

西人布瓦各《詩藝》云：「最聰明的人是不想自作聰明的人。」拉羅什富科《對倫理格言的看法》云：「絕頂的聰明是善於掩蓋自己的聰明。」培根說：「陰險邪惡的聰明就是狡猾。」

裝瘋賣傻才是真聰明，認為別人是傻瓜的人，才是天下最大的傻瓜。不自作聰明不把別人當傻瓜，才能不讓自己成為最大的傻瓜。清代鄭板橋以為聰明有大小之分，糊塗有真偽之別。小聰明大糊塗乃真糊塗假智慧，而大聰明小糊塗是假糊塗真智慧，故難得糊塗。

一個人即使很聰明，也應該知道該藏則藏，該露則露，不能故意顯示自己的聰明，而要低調藏拙，從來不向人誇耀自己，抬高自己。如果將自己的鋒芒應用不當，就可能會刺傷別人或者刺傷自己。因此，應用鋒芒時應該小心謹慎，以免惹來麻煩。不耍小聰明，才能保全自己，不至受到傷害，如果自作聰明，反會被聰明誤，最後只會引起別人的妒忌，甚至丟掉身家性命，自食其果。

六尺巷

清代康熙年間，遠在朝廷任宰相的張英，家鄉老宅葉姓侍郎毗鄰而居。葉家在重建府第時，將兩家公共的弄牆拆去並侵占了三尺。張家自然不服，因而引起爭端。張家立即寫信給遠在京城的張英，要他出面干預。

然而張英卻作詩一首當回信，詩說：「一紙書來只為牆，讓他三尺又何妨？長城萬里今猶在，不見當年秦始皇。」

張老夫人見詩後，立即決定退後三尺築牆，而葉家也自願退後三尺。就這樣，兩家原本的三尺巷變成了六尺巷了，此事傳為佳話。（筆者按：據說今天去安徽桐城旅遊，還能看到這條六尺巷。）

大智慧：

這一段佳話留下了千古趣談，也示人以為人處世的大智慧，那就是：「讓人一寸，得人一尺；禮讓才能使社會充滿和諧。」

其後，張英的兒子張廷玉，秉承家風庭訓，也有代子謙讓的美德。故事是這樣的：

雍正十一年（一七三三）三月，數百名舉子參加殿試後，都焦急地等待放榜。然而，就在張榜之前，卻發生了一件歷次考試中罕見的事，不是權貴營私舞弊，弄虛作假，而是一位身居高官的人代子謙讓，把其子本來列在一甲的名次降到二甲。隨著考試結果的公布，以及雍正帝為此事頒發諭旨，大學士張廷玉代子謙讓的事才流傳開來。

張廷玉是大學士張英之子，康熙三十九年（一七〇〇）中進士後步入仕途，雍正初晉大學士，後兼任軍機大臣，雖身居高官，卻不為子女謀求私利，而秉承其父張英的教誨，要求子女們以「知足為誡」。

張廷玉的長子張若靄，於雍正十一年（一七三三）三月參加殿試。諸大臣閱卷後，將密封試卷進呈雍正帝親覽定奪。帝閱至第五本時，立即被那端正的字體所吸引，再看策內論「公忠體國」一條，有「善則相勸，過則相規，無詐無虞，必誠必信，則同官一體也，內外亦一體也」數語，精神為之一振。認為此論言辭懇切，「頗得古大臣之風」，遂將此考生拔置一甲三名，即探花。後來拆開卷子，方知此人即大學士張廷玉之子張若靄。帝十分欣慰，說：「大臣子弟能知忠君愛國之心，異日必能為國家抒誠宣力。大學士張英立朝數十年，清忠和厚，始終不渝。張廷玉朝夕在朕左右，勤勞翊贊，時時以堯舜期朕，朕亦以皋、夔期之。張若靄秉承家教，兼之世德所鍾，故能若此。」並指出，此事「非獨家瑞，亦國之慶也。」

為了讓張廷玉盡快得到這個喜訊，帝立即派人告知了張廷玉。按照常理，兒子考中一甲，應該高興，但是張廷玉卻不然，他想到自己的兒子還年輕，一舉成名並非好事，應該讓兒子繼續努力奮進。於是要求面見雍正帝，他懇切地向雍正帝表示，自己身為朝廷大臣，兒子又登一甲三名，實有不妥。沒容他多講，帝即說：「朕實出至公，非以大臣之子而有意甄拔。」張廷玉聽罷，再三懇辭，說：「天下人才眾多，三年大比，莫不望為鼎甲。臣蒙恩現居政府，而臣子張若靄登一甲三名，占寒士之先，於心實有不安，倘蒙皇恩，名列二甲，已為榮幸。」

按清代的科舉制度，殿試後按三甲取士，一甲只三人，即狀元、榜眼、探花，稱進士及第；

二甲若干人，稱進士出身；三甲若干人，稱同進士出身。凡選中一二三甲考，可統稱為進士，但是一二三甲的待遇是不同的。一甲三人可立即授官，成為翰林院的修撰或編修，這是將來高升的重要臺階；而二三甲則需選庶吉士，數年後方能授官。也有二三甲立即授官者，但只是做州縣等官。張廷玉是深知一二甲的這一差別的，但是為了給兒子留個上進的機會，還是提出了改為二甲的要求。

雍正帝以為張廷玉只是一般的謙讓，便對他說：「伊家中盡積德，有此佳子弟，中一鼎甲，亦人所共服，何必遜讓？」張廷玉於是跪在皇帝面前，再次懇求：「皇上至公，以臣子一日之長，蒙拔鼎甲。但臣家已備沐恩榮，臣願讓與天下寒士，求皇上憐臣愚衷。若君恩祖德，佑庇臣子，留其福分，以為將來上進之階，更為美事。」張廷玉「陳奏之時，情調懇至」，帝「不得不勉從其情」，將張若靄改為二甲一名。在張榜的同時，帝為此事特頒諭旨，表彰張廷玉代子謙讓的美德，並讓普天下之士子共知之。

張若靄十分理解父親的做法，而且不負父親的厚望，在學業上不斷進取，後來在南書房、軍機處任職時，盡職盡責，頗有其父遺風。

張廷玉代子謙讓的事，一直為後人所稱道。人們只是盛讚其謙讓之美德，而忽略了他的良苦用心。其實，張廷玉和千千萬萬個做父親的人一樣，也是望子成龍的。所不同的是，他知道一個人的上進，要靠自己的努力。因此，他積極為兒子爭取的，只是給兒子留下不斷上進的機會。這種教子方法是值得後人借鑑的。

張英《張文端集》說：「天道有滿損虛益之義，鬼神有虧盈福謙之理。自古只聞忍與讓足以消無窮之災悔，未聞忍與讓反以釀後來之禍患也。欲行忍讓之道，先從小事做起；每見天下大獄，多起於小事。故凡天下事，受得小氣，則不至於受大氣；受得小虧，則不至於受大虧。」

「忍」有忍耐、包容、接受、克制等意，忍是一種道德與修養，我們在生活上或職場中，很多時候需要講忍。俗語說：「忍得了一時之氣，免卻百日之憂。」司馬遷《史記・太史公自序》說：「昔西伯拘羑里，演《周易》；孔子厄陳蔡，作《春秋》；屈原放逐，著《離騷》；左丘失明，厥有《國語》；孫子臏腳，而說兵法；不韋遷蜀，世傳《呂覽》；韓非囚秦，《說難》、《孤憤》；《詩》三百篇，大抵聖賢發憤之所為作也。」「發憤」必先能「忍」，而司馬遷自己也是在忍受宮刑之後，才有《史記》之作。

西漢韓信忍胯下之辱；宋代蘇東坡作〈留侯論〉，即著筆在張良的能「忍」，認為忍才是張良成功的關鍵，而楚漢相爭，劉邦勝在於能「忍」；劉邦所以能「忍」，是張良教他的。「一忍成聖，不忍成魔。」誠然。

「小不忍則亂大謀」，有志向有理想的人，不應斤斤計較個人的得失，而應有開闊的胸襟與遠大的抱負。俗語說：「一碗飯填不飽肚子，一口氣能把人撐死。」三國的周瑜，不就是被諸葛亮三氣，吐血而亡？

據《唐書・孝友傳序》記載：張公藝一家九代同居，唐高宗問其家風，當時八十八歲的張公藝，隨即書寫了一百個「忍」字上呈，並講述「百忍」內容。唐高宗大受感動，賜給他縑帛，並親書「百忍義門」以示表彰。

明代唐寅，也有〈百忍歌〉之作。清代王永彬《圍爐夜話》說：「十分不耐煩，乃為人大病；一味學吃虧，是處事良方。」又說：「事當難處之時，只退讓一步，便容易處矣；功到將成之候，若放鬆一著，便不能成矣。」又說：「性情浮躁，耐不得一點麻煩，是做人的大忌；寬容忍讓，甘願自家吃虧，是處世最好辦法。」

弘一大師在其「十訓」中，將「吃虧」列為第四訓，並借用古人的話說：「我不識何等為君子，但看每事肯吃虧的便是；我不識何等為小人，但看每事好便宜的便是。」

弘一大師認為，忍氣吞聲不是懦弱，能忍善讓的人，生活不存在不完滿，也少有遺憾，少有恩怨。強者，並不取決於表面的氣勢，也不由一時的舉動決定。大凡聰明的人，都能忍氣吞聲，化所有的氣憤為改變自己的行動，做那個無比強大的自己。這時候，回頭看看那些讓自己受氣受辱的人或事，心中更多的不是報復，而是感激了。

星雲法師說：「一個成功的人，必定忍耐承擔難以數計的困難，忍是呈現生命無畏的力量，世上的槍火子彈都比不上委屈柔軟的忍耐力量。一個人要能忍毀謗、惡罵，如飲甘露，做一個有力的大人，不被外境的風浪所動搖，於行路難的人間，忍苦、忍難、忍冷、忍熱、忍濃、忍淡。而最難的是忍下一口氣，所謂爭一時容易，爭千秋就必須以忍為鎧，有多少忍耐，就能成就多大的事業。」

星雲法師又說：「忍耐，是潛移默化的功夫。忍一時之詬辱，便能夷滅自己一時之戾氣；修一世的忍耐，便能默化他人一世的頑冥。百鍊鋼之所以能化成繞指柔，全憑『忍』字一訣。功名富貴之前退讓一步，何等安然自在！人我是非之前忍耐三分，何等悠然自得！這種謙恭中的忍讓才是真正的進步，這種時時照顧腳下，腳踏實地向前才是至真至貴。」

《傳家寶‧全集》中〈忍耐歌〉說：「忍耐好，忍耐好，忍耐二字當奇寶；一朝之忿不能忍，鬥勝爭強禍不小，身家由此破，性命多難保。休仗財勢結怨仇，後來要了不得了，讓人一步有何妨，量大福大無煩惱。」

《捨與得的人生智慧課》書中說：「退讓不僅是一種機智，也是一種堅忍的毅力和頑強的意志。瞬間的忍耐，有限的退讓，將使狹隘的人生之路變得無限廣闊。」

唐代布袋和尚有詩說：「手把青秧插滿田，低頭便見水中天。六根清淨方為道，退步原來是向前。」

以上諸多引言，都是張英、張廷玉父子寬厚謙讓的說明闡發。在很多時候，退後才是向前的大智慧。禮讓退步可化干戈為玉帛。退一步海闊天空，讓三分心平氣和。否則分毫必爭，斤斤計較，那麼在生活中常會處處碰壁，有大的煩惱和損失。

麵館的招牌

于右任（一八七九～一九六四）陝西三原人，是晚清舉人。早年倡言革命，參加同盟會。歷任國民政府政府委員及監察院院長等職。是著名的書法家，倡導標準草書。

許多商家或公司行號，都很喜歡掛于右任題寫的招牌，以招攬顧客。但是于右任親自題寫的招牌極少，商家或公司行號招牌大多是假冒的。

有一天，一個學生氣呼呼對他說：「老師，我今天發現有一家小飯店居然也掛起以您的名義題寫的招牌，字跡很差，明顯是假冒的，您說可氣不可氣！」

于右任說：「哦！怎麼回事？」學生說：「也不知道他們從哪裡找來的寫手，寫得難看死了。居然還簽題您的大名！」于右任說：「那家飯館叫什麼名字，主要賣什麼？」學生說：「是家小麵館，店面雖小，做菜倒乾淨地道，店名叫『羊肉泡饃館』。」

于右任聽後沉默不語。「我去摘下這個招牌！」學生說完就準備出去，但于右任叫住他。于右任從書桌旁拿出一張宣紙，提起毛筆，在紙上寫下幾個大字，交給學生說：「你把這個東西送給那個店老闆吧！」

學生接過來一看，不覺驚呆了。只見紙上是龍飛鳳舞、酣暢淋漓的五個大字：「羊肉泡饃館」，落款處是「于右任題」，並蓋上私章。

「老師！您這是……」學生大惑不解。于右任笑著說：「冒名固然可恨，但說明人家瞧得起我，只是不明就裡的人看到了那招牌，還以為我于大鬍子的字真差，那我不就虧了嗎？所以，還是麻煩你跑一趟，把那張假的招牌換下來吧！」學生拿著于右任的題字匆匆去了。

大智慧：

這一則故事，彰顯了于右任的寬容、豁達大度、慈悲大愛、善良與為人處世的大智慧。

見膽法師說：「以慈悲柔軟的心常行寬恕，任心遨遊，得大自在，是我們立身處世乃至社會安定，及世界和平的活水源頭，也是成就一切功德，自利利他的善行。」

弘一大師說：「包容別人的缺點，寬厚對待，不但增長自己的修養，也是博得他人信賴與尊重的做人策略。」

俗語說：「得饒人處且饒人。」又說：「饒人不是痴漢，痴漢不會饒人。」星雲法師說：「得理而能饒人，是謂厚道，厚道則路寬；無理而又損人，是謂霸道，霸道則路窄。」

梁漱溟說：「為人處世，不要在意別人對你的傷害，要能原諒冒犯你的人，人生就會過得快樂。」

季羨林說：「寬容對別人是一種恩賜，也是對自己的一種解脫。真正聰明的人，是不會用別人的錯誤來懲罰自己的。他們會從別人的錯誤中告誡自己不要犯同樣的錯誤。」

培根說：「如果能寬容原諒別人的冒犯，就證明他的心靈乃是超越了一切傷害。」

吳虹展說：「寬容豁達是一種人格修養，是一種成大事的強者風範。在生活中，人們難免會有各種各樣的矛盾、煩惱，如果斤斤計較於每一件事，我們就在無形中為生命上了一道道枷鎖。所以，只有以寬容的心態去面對生活中的各種問題，我們才能讓自己的身心獲得自由。」（《每天一堂哲學課》頁二十七）

馬銀春《在北大聽到的二十四堂哲學課》中，載一首詩：「寬容是蔚藍的大海，納百川而清澈明淨；寬容是高闊的天空，懷天下而不記仇恨怨憤；寬容是燦爛的陽光，送你甘露送你和風；寬容是延續生命，生命的輝煌也只有閃爍的一瞬；寬容大度才能超越局限的自身，一次寬容，雨露繽紛，一生寬容，心繫乾坤。」

梅蘭芳與齊白石

京劇大師梅蘭芳，不僅藝術造詣高，還是個謙謙君子。他還拜名畫家齊白石為師，畫得一手好畫，但對齊師總是執弟子之禮，經常為白石老人磨墨鋪紙，從不自傲。

有一次，齊白石和梅蘭芳同到一友人家作客，白石老人先到，他布衣布鞋，而其他賓客或西裝革履，或長袍馬褂，令齊白石顯得有些寒酸，不引人注意，又因許多人並不認識他，所以他被冷落一旁。

不久梅蘭芳來了，主人高興相迎，其餘賓客也蜂擁而上，要同他握手寒暄。可是梅蘭芳事先知道齊白石也會來，便四下環顧，他忽然看到在一旁的白石老人，就讓開一隻隻伸來的手，擠出人群，對白石老人恭敬地叫了一聲「老師」，並致意問安。

眾賓客見狀很驚訝，而齊白石則深受感動。幾天後特餽贈〈雪中送炭圖〉畫作給梅蘭芳，畫作並題詩：

記得前朝享太平，布衣尊貴動公卿。
如今淪落長安市，幸有梅郎識姓名。

梅蘭芳不僅尊重老藝術家，對一般人也一樣尊重。他有一次在演京劇《殺惜》時，在觀眾喝彩叫好聲中，他聽到有個年長觀眾說：「不好」。

演出結束，梅蘭芳來不及卸裝更衣，就專車把這位長者接到家中，恭恭敬敬地對老人說：「說我不好的人，是我的老師。您說我不好，必有高見，請不吝賜教，以便學生亡羊補牢。」老人也不客氣地說：「閻惜姣上樓和下樓的臺步，按梨園規定，應是上七下八，你為何八上八下？」梅蘭芳恍然大悟，連聲稱謝。以後，這位老先生經常被梅蘭芳請去看他演戲。

大智慧：

梅蘭芳與齊白石兩人都是「謙謙君子」，令人尊敬欽佩。

崇尚謙德是我們的文化傳統。《易經》有〈謙卦〉，一則說「謙謙君子，卑以自牧。」再則說「人道惡盈而好謙」，三則說「天道虧盈，而益謙。」《尚書・大禹謨》說：「滿招損，謙受益，時（是）乃天道。」

至聖先師孔子「入太廟，每事問」，就是好學謙虛的體現。回答學生樊遲請教莊稼及種菜的事，則說「我不如老農」、「我不如老圃」；對別人的讚譽，總是以謙卑的態度來回應。孔子說：「君子泰而不驕，小人驕而不泰。」

道家老子主張不爭、守柔、處下、不敢為天下先、大智若愚、有若無實若虛，要人學因卑下而成百谷王的江海。釋家也主張謙退，有禪詩說：「手執青秧插滿田，低頭便見水中天。身心清靜方為道，退步原來是向前。」

以後中外的聖哲言謙者極多，不勝枚舉，以數則來概之。明代王守仁說：「謙者眾善之基，傲者眾惡之魁。」明代馮夢龍《警世通言》說：「為人第一謙虛好，學問茫茫無盡期。」清代曾文正公說：「家敗離不了一個奢字，人敗離不了一個逸字，討人厭離不了一個驕字。」清代陳弘謀說：「人譽我謙，又增一美；自誇自敗，還增一毀。」

古希臘哲學家蘇格拉底，學識淵博，但從不自滿。他說：「我唯一知道的就是我自己一無所知。」又說：「謙遜是藏在土中甜美的根，所有崇高的美德，由此發芽滋生。」亞里斯多德說：「目標的高標準與身子的低姿態和諧統一，是造就厚重與輝煌人生的必備條件。」古羅馬奧古斯丁說：「謙卑能使人的心靈昇華，而驕傲卻使人的心靈低下。」莎士比亞說：「對於剛愎自用的人，只好讓他們自己招致災禍教訓他們。」巴爾札克說：「真正的學者了不起的地方，是暗暗做了許多偉大的工作而並不因此出名。」泰戈爾說：「當我們開始謙卑的時候，便是我們接近於偉大的時候。」

謙卑不是軟弱，而是一種態度、一種胸襟、一種做人的智慧。謙卑是虛懷若谷的平靜，是洞悉人心之後的安然。懂得謙卑就懂得尊重別人，也就會受別人的尊重。要知道，小人物或許也會有令人驚豔、令人刮目相看的一天，所以我們不要瞧不起任何人。謙卑並不僅僅體現在大人物的面前，在凡夫俗子的面前表示謙卑，才是真正的謙卑。一個人在尚未功成名就時，對人謙卑是容易的，而在取得大成就以後，仍然保存謙卑的態度是極不容易的。從這個角度來看，梅蘭芳與齊白石這兩位「謙謙君子」，更值得我們欽敬了。

俄國文藝評論家別林斯基說：「美和道德是親姊妹。」梅蘭芳與齊白石的藝術值得反覆欣賞，其人格精神更值得學習。

平易近人的季羨林先生

天津有家「文化疙瘩」書店，專賣各式各樣的古籍，光顧的人並不多。

有一天，有個年輕人在該書店裡遇見季羨林。他心想：「這不就是季羨林老先生嗎？這種大人物怎麼會來這種小地方呢？」不敢確定是他，就裝作挑選書的樣子，跟在他身後。

一會兒，季羨林突然回過頭來，微笑著說：「年輕人，我的背上可沒書架子啊，你老跟著我幹什麼？」

年輕人確定他就是季羨林，於是激動地說：「您真的是季老嗎？」

季羨林點點頭：「我姓季，沒錯，但沒老啊，只有七十多歲呢！」

書店老闆也認出了季羨林，興奮地說：「沒想到季先生也光臨我這小地方！」

季羨林嚴肅地說：「文化不像大家具大房子，在小地方也可能藏著珍貴的文化，叫『小地方』可不對了。你這家書店開得不錯，能讓年輕人讀到很多優秀的書。」

然後又轉頭對那個年輕人說：「我不喜歡人家稱呼我季老，好像我很老似的，我還不到八十歲呢。在文學面前，誰敢說自己老？文學有多大年紀呢？」

兩個人都被季先生逗樂了，也都被他平易近人的風格打動了。

大智慧：

季羨林先生，一九一一年八月六日生於山東省清平縣（今臨清市）官莊的農村。清華大學西洋文學系畢業後，赴德國哥廷根大學，主修印度學，掌握了梵文、巴利文、吐火羅文等古代語言，獲哲學博士學位後，返國任北京大學教授，主持創辦東方語言文學系（後改名東方學系），兼該系主任數十年，後任北京大學副校長。二〇〇九年七月十一日病逝，享年九十八歲。

在他七十多年的漫長學術生涯中，翻譯與創作並舉，語言、歷史與文藝理論齊揚。研究的主要領域和最在行的，是以歷史語言和比較語言學的方法研究梵文、巴利文、包括佛教混合梵語在內的多種語言、吐火羅語，並由此解決印歐語言學和佛教史上的重大難題。是當代中國國寶級的一流學者。

世人稱他為學貫中西的「學界泰斗」、「一代宗師」、「國學大師」。但是，他是一個謙謙君子，他認為這些厚重的頭銜，都是過譽之詞，他說自己只是一個教書匠，一直自謙「是一個平凡的人」，但事實上，他的人生經歷、成就又都那麼的不平凡。

他為人所敬仰，不僅因為他的學識，還因為他的品格，他具有永不消逝的人格魅力。他毫不追求名利，他整個地獻身學術、國家。他具有仁者風範，令人強烈地感受到了他的善良和樸厚。他寵辱不驚，不濃豔，不媚俗，不奢侈，不浮誇，不虛偽，不造作。一生最討厭人擺官架子。在他看來，這是一種極端的低級趣味的表現。他為人耿直，對普通人卻極盡謙和，與人交往，不論名利、學歷、地位，即使是比自己年輕很多的普通人，也始終以禮相待。

季羨林先生自稱自己做人的原則是「三真」：做真人、說真話、講真情。他的文章完全真實，從不作假；他的話完全可信，即使沉默也絕不說違心之言。在他認為，人們應該永保一顆初心，如初生的嬰兒一樣面對世界，誠實地哭，自在地笑。

張中行先生認為，季羨林一身而具有三種難能：一是學問精深，二是為人樸厚，三是有深情。三種難能之中，最難能的還是樸厚。他逛天津的「文化疙瘩」書店，與年輕人交談，懇切指導那個年輕人，就是展現「樸厚」的一面。還有多例，如在北京大學有一個司機班，他們接送的大人物，幾乎都是不怎麼和他們說話，到了家也是自顧自地走了。只有季老下了車之後，不停地道謝不說，還要站在門口目送車子遠去。還有：每當北大新生註冊，很多是自己一個人來報到，自己扛行李，還忙於四處打點，十分不便。看到有個守門人模樣的老人，有些新生就會請他幫忙看行李，自己先去報到。老人總是很爽快地答應。老人一等就是好半天，常常熱得汗流浹背。旁人見狀，主動表示願意幫老人守行李，但老先生總是很善意的禮拒。直到學生回來，老人才把行李交還給他們。在三天後的開學典禮上，學生很吃驚看到那天幫他看行李的老先生正端坐在主席臺上，他面前的名牌上寫著：副校長季羨林。又有一例：魏林海是海淀區的一名淘糞工人，一九九七年迎香港回歸時，魏林海與幾位鄉間書畫之友擬在自家西屋辦書畫展，以表香港回歸的喜悅，想請一位名人寫個條幅以壯聲色。最初找了一個小有名氣的畫家，不料這位畫家傲氣十足，不屑為他們題字。魏林海一氣之下，發誓非找一位大名人題字不可，於是斗膽找到季羨林。季羨林知道是淘糞工人求題字，十分高興，很快就寫好了「六郎莊農民書畫展」的橫幅。此後，魏林海與季羨林竟成了忘年交。

季羨林先生不倚老賣老，所以不喜歡人家稱呼他「季老」。他在〈八十述懷〉文中說：「我從來沒有想到，我能活到八十歲；如今竟然活到了八十歲，然而又一點也沒有八十歲的感覺。豈非咄咄怪事。」他對於「老」的理解和態度，可謂達觀、積極、幽默。他認為，人覺得老了，從積極方面來講，在提醒我們歲月決不是取之不盡、用之不竭的，應該珍惜時間，做好想做的事，免得後悔莫及。從消極方面來講，不要再去硬幹血氣方剛時幹的事，不要再爭名於朝，爭利於市。老之為用非常大。

季羨林先生一生精研學問，成為國寶級的學者。而為人樸厚、謙和、善良，具有永不消逝的人格魅力，深受景仰。我們因而知道，人的一生不只追求高貴和強大，也要學會謙卑和低頭。這才是最真實且被人認可的一面；如果我們是一個追求成功的人，在成功之後，千萬別忘了謙卑的哲學，以守護得來不易的成就。

謙卑的林肯

林肯是美國第十六任總統，也是排名第一位的「最偉大總統」。

在美國南北戰爭初期，林肯領導的北軍連吃敗仗，讓他心情很低落消沉。此時，一個養傷的團長因為接到家中妻子生命垂危的消息來向他請假。

林肯不僅拒絕了他的請求，還厲聲呵斥他，指責他不該在危急關頭不顧國家利益而只為個人著想。當晚，林肯意識到自己的失禮。

第二天一大早，林肯專程來到團長的住處，握著團長的手誠懇地說：「親愛的團長，我昨夜太粗魯了，十分抱歉。對獻身國家、特別是有家庭困難的人，不應該這麼做。我一夜懊悔，不能入睡，現在請你原諒。」

之後，林肯還親自以車送團長到回家搭船的碼頭。

大智慧：

每一個人都會犯錯，尤其是當我們工作繁重、精神不濟的時候，犯錯是非常普通的事情。犯錯不要緊，關鍵在對待錯誤的態度。有的人不肯承認是自己的錯，總認為問題出在別人，都是別人的錯，尋找各種託辭為自己開脫。

可是，有的人會直率地承認自己錯誤，並向別人道歉，顯出謙卑的美德，而最後得到人們的諒解與欽佩。

一個人犯錯並不可恥，不承認錯誤才會令人怨恨。自己犯了錯誤，應該勇於承認，而且越快越好。如果放不下身段，一味為了面子而硬撐到底，最後一定會後悔不已。

一個領導人，尤其是國家的領導人，做錯了事情，能夠向對方道歉，具有謙下的美德，才會得到人們真心地擁戴。就像林肯總統一樣。林肯是美國歷史上最偉大的總統之一，他之所以受到美國人民世世代代的愛戴，就在於他謙卑，他做錯了事情會承認、會道歉、會不斷地改過自新。

「海納百川，有容乃大」，向別人道歉不是丟臉的事，原諒別人就是救贖自己。

老子說：「江海之所以能為百谷王者，以其善下之，故能為百谷王。是以聖人欲上民，必以言下之；欲先民，必以身後之。是以聖人處上而民不重，處前而民不害，是以天下樂推而不厭。以其不爭，故天下莫能與之爭。」這段話是說：江海之所以能夠成為河流匯集的地方，是因為它總是處在下游。聖人要領導人民，必須言行一致地對他們謙下。要成為人民的表率，必須把自己的利益放在他們的後面。所以，聖人雖然地位居於上位，而人民並不感到有負擔；居於前面，而人民不感到有損害。天下的人民都樂於擁戴而不厭棄他。因為他不跟人爭，所以天下沒有人能和他相爭。林肯正是一位這樣的「聖人」。

弘一大師認為，謙卑不是軟弱，謙卑是一種態度，是一種胸懷。穀若謙卑，得到的是沉甸甸、彎向地面的穀穗；人若謙卑，收穫的是滿懷清風朗月、世間萬物的無限風情。

南懷瑾大師認為，謙卑並不是對人低聲下氣，也不是對人卑躬屈膝，而是對人尊重，這是為人處世的一種智慧。

作家林清玄說：「謙卑比慈悲更難。慈悲是把眾生當成自己的子女，從心底生起自然的慈愛與關懷。謙卑是把眾生當成自己的父母，從心底生起自然的尊崇與敬愛。我們知道，無條件的愛子女是容易的，無條件的敬父母則很少人可以做到。所以，謙卑比慈悲更難。」（《境明，千里皆明》頁一六二）

馬克・吐溫道歉

美國著名作家馬克・吐溫，一向以幽默著稱，他對當時美國狀況的諷刺，令人叫絕。

有一次，他到某大學演講，談到了當前某些國會議員的卑劣行徑，張口就罵，毫無顧忌，出現了一些過於激烈的言詞，比如「現在國會中某些議員簡直就是狗娘養的！」

演講播出以後，美國人民都捧腹大笑。某些國會議員卻感到顏面無光，便一起來對付馬克・吐溫，強烈要求他登報道歉，還威脅說如果不照辦，就要上法庭告他誹謗罪。

馬克・吐溫也想息事寧人，就趕快到當地報社登報公開道歉：「本人上次在某某大學演講時，說過『美國國會中有些議員是狗娘養的』確有不妥，而且不合事實。對此深表歉意，並鄭重聲明如下：『美國國會中有些議員不是狗娘養的。——馬克・吐溫。』」

這一來，原來沒笑的美國人也笑了。那些議員無法追究他的誹謗罪，卻陷入更尷尬的處境。

大智慧：

我們任何人總有理虧的時候，這時不應再固執己見，而要明快地運用智慧善巧解圍，要不然眾怒難犯，自取其辱。

就像馬克・吐溫這樣。他在演講中說：「現在國會中某些議員簡直就是狗娘養的。」這些話未必不是事實，他並不理虧，卻激怒並得罪了那些「狗娘養的」議員。他們聯合起來對付馬克・吐溫，要他登報道歉，否則就要告他以誹謗罪。

聰慧的馬克・吐溫「得理且饒人」，趕緊到報社公開道歉，承認自己說的話不妥、「不合事實」，並且重新鄭重聲明：「美國國會中有些議員不是狗娘養的」。使得那些真正是「狗娘養的」議員無話可說，其實是不敢再說，「陷入更尷尬的處境」。

南懷瑾大師說：「大概人們都有一個通病，就是總覺得自己了不起。往往我們說錯一句話，臉紅了，但三秒鐘以後，臉不紅了，自己馬上在心裡頭找出很多理由來支持自己的錯誤，認為自己完全對，再過把鐘頭，越看自己越對。」（見《南懷瑾大師的二十四堂國學課》頁一六四）馬克・吐溫也難免有這種通病，但是他的本性幽默，並不固執己見。

馬銀春說：「人都喜歡充滿幽默與風趣的語言，幽默具有神奇的魅力，可以使愁眉苦臉者笑逐顏開，也可以使熱淚盈眶者破涕為笑；可以為懶惰者帶來活力，也可以為勤奮者驅散疲憊；可以為孤僻者增添情趣，也可以使歡樂者更愉悅。」

幽默大師林語堂說：「沒有幽默滋潤的國民，其文化必日趨虛偽，生活必日趨欺詐，思想必日趨迂腐，文學必日趨乾枯，而人的心靈必日趨頑固。」

我們如果固執己見，不知通權達變，往往自取其辱。古羅馬馬可・奧勒留的《智慧書》中：「愚蠢的人很固執，同樣，固執的人都很愚蠢。這種人越是觀點錯誤，越要執迷不悟。其實一個人即使站在有理的一面，也未嘗不可以做出讓步。」

李志敏說：「人們最終會認識到你正確，並且會由此而敬佩你的寬容和大度。固執帶來的損失要遠遠大於擊敗他人之所得。這個時候，你所維護的不再是真理，而是粗魯無理了。有的人頭腦頑固似鐵，固執己見，無可救藥。如果妄想與固執相結合，其結果就會是永遠的愚蠢。人要有堅定不移的意志，但並不是要在問題的判斷上過於固執。」

馬克・吐溫能通權達變，不固執己見，處事明快，而他的罵人藝術，誠屬上乘。

馬克・吐溫是近代幽默文學的泰斗，是代表美國文學的世界一流作家，是懷著赤子之心的頑童，也是仗義執劍的騎士。海倫凱勒曾說：「我喜歡馬克・吐溫，誰會不喜歡他呢？上帝也鍾愛他，賦予他智慧，在他的心靈上描繪出一道美麗的愛與信仰的彩虹。」

名畫家貝羅尼

十九世紀的法國名畫家貝羅尼，有次到瑞士去度假，每天仍然背著畫架去寫生。

有一天，他正在日內瓦湖邊用心作畫，三位英國女遊客站在他身邊看他作畫，還比手畫腳地批評。貝羅尼沒有反駁，全都按照她們的「指導」修改過來。最後還向她們稱謝。

第二天，貝羅尼到另一個地方去，在車站又遇到昨天那三位婦女。她們看到貝羅尼，便朝他走過來，向他打聽：「先生，我們聽說大畫家貝羅尼此刻正在這裡度假，所以特地來拜訪他，請問你知不知道他現在在什麼地方？」貝羅尼朝她們彎腰致意，回答說：「不好意思，我就是貝羅尼。」

三位英國女遊客大吃一驚，又想起昨天不禮貌的行為，都很不好意思地跑掉了。

大智慧：

這一則故事，體現了名畫家貝羅尼的謙卑。

謙虛是古今中外的傳統美德，不僅不會過時，反而越來越具有時代的意義。一個人有了成就以後卻十分謙遜，他的身價一定會倍增。人人都樂意和謙虛的人接近，都尊敬謙虛的人。

謙卑不是刻意貶低自己，也絕不是自我抹殺、缺乏自信，而是對別人尊重，是一種為人處世的大智慧，只有謙卑的人才能成為智者。正如泰戈爾說的一句非常經典的話：「當我們開始謙卑的時候，便是我們接近於偉大的時候。」

故事中第二天，貝羅尼又在車站遇到昨天向他「指點」畫作的三位婦女，向他請問貝羅尼畫家的下落，他才禮貌而委婉地說他就是貝羅尼。三位婦女卻因昨天對他不禮貌而跑掉了。

這一則故事的情節有點類似南懷瑾大師在火車上遇見閱讀大師大著的旅客，在交談中，南大師始終沒有說他自己就是書的作者南懷瑾，大概因為中國人比較含蓄而西方人比較坦率，而兩個人謙卑的態度是一樣的。

托爾斯泰為女士取手提包

托爾斯泰（一八二八～一九一〇），為帝俄時代的大文豪和大思想家。著有《戰爭與和平》等經典的長篇小說。《戰爭與和平》更被小說家毛姆尊為世界文學史上最偉大的小說。

托爾斯泰雖然舉世聞名，又出身貴族，卻毫無大作家的架子，喜歡和平民百姓在一起。

一次，他長途旅行，路過一個小車站。他想到站上走走，便來到月臺上。這時，一列客車正要啟動，汽笛已經拉響了。一位女士從列車車窗向他直喊：「老頭兒！老頭兒！快替我到候車室把我的手提包拿來，我忘記提過來了。」

原來，這位女士見他衣著簡樸，還黏了不少塵土，以為他是車站的搬運工人。

托爾斯泰趕忙跑去拿提包，遞給了這位女士。女士感激地稱謝，並隨手遞給他一枚硬幣。托爾斯泰接過硬幣，瞧了瞧，裝進了口袋。

正巧，女士身邊有個旅客認出了這個「搬運工人」，就大聲對女士叫道：「太太，您知道剛才您給賞錢的人是誰嗎？他就是鼎鼎大名的托爾斯泰呀！」

「啊！老天爺！」女士驚叫。她對托爾斯泰急切地解釋說：「托爾斯泰先生！請別計較！請把硬幣還給我吧，給您小費，多不好意思！」

「太太，請您別這麼激動，您又沒做什麼壞事！硬幣是我掙來的，我得收下。」托爾斯泰很平靜地說。

汽笛又長鳴了，列車緩緩啟動。托爾斯泰對著那位惶恐不安的女士微笑著，目送列車遠去，他也繼續他的旅程。

大智慧：

托爾斯泰出生於俄羅斯莫斯科，父母早亡，在姑媽和家庭教師的教育下長大。

他喜歡讀書，喜歡和平民生活在一起，幫助農民耕種。因厭惡貴族的生活，自願去高加索服兵役。他根據親身經歷，寫了《塞瓦斯托波爾故事》、《童年、少年、青年三部曲》和反映克里米亞戰爭的小說《高加索》。後來又完成長篇小說《戰爭與和平》，小說以俄法戰爭為背景，展現一八〇五—一八二〇年之間俄國發生的一系列重大歷史事件，尤其詳細介紹俄法戰爭。作品中主要探討了十九世紀下半期俄國的前途和命運問題，特別關注當時俄國封建貴族的社會地位和出路問題，同時歌頌了俄國人民的愛國熱忱和英勇鬥爭精神。一經出版，就轟動文壇，以後被翻譯成多國文字。

托爾斯泰後來又完成長篇小說《安娜・卡列尼娜》、《復活》。他被譽為俄國文學的不朽豐碑。

托爾斯泰標榜原始基督教義的理想和非暴力主義。強調人道主義的思想，主張有產者應該盡散所有，協助貧苦不幸的人。他自己將名下的農田分贈給佃戶，讓他們成為自耕農，這種悲天憫人的襟抱，贏得了世人的敬愛。

托爾斯泰認為人類的福祉，無論是物質的或精神的、個別的或集體的、暫時的或永久的，都以人與人之間如手足般的親情為基礎，「人與人要和諧，要相愛」。他說這就是基督教義最精簡的要素；而一切文藝作品的基本功能，就在於傳達這種仁愛的情感。

當一個人擁有財富或地位以後，特別容易表現出驕傲的態度，得意忘形，藐視境遇不如自己的人。

星雲法師《佛光菜根譚》說：「人若自大，其實正顯示自己的無知。」法師又曾說：「世間上，凡是尊貴的人，被他人敬仰的人，都是從謙卑中來。」古羅馬哲學家西塞羅說：「謙虛與包容，是造就一位偉人的首要條件。」

南懷瑾大師認為，「謙卑並不是對人低聲下氣，也不是對人卑躬屈膝，而是對人尊重，這是為人處世的一種智慧。」

陸杰鋒《厚道》書中說：「真正的大人物，是那種成就了不平凡的事業卻仍然像平凡人一樣規規矩矩、認認真真、踏踏實實生活的人。不會因為自己腰纏萬貫而盛氣凌人。他們從來不會見人就喋喋不休地訴說自己是如何成功和發跡的，也從不計較別人對自己的冒犯，而是寬厚待人，平和地、規矩地做著自己該做的事情。」

大名鼎鼎的托爾斯泰，為那一位女士拿手提包，態度淡然，不因那女士的冒犯而生氣，更沒有大發雷霆。而是那樣的謙卑、寬容與尊重，不愧是一位「真正的大人物」。哲人說：「尊重別人是抬高自己的最佳途徑。」托爾斯泰已充分印證「哲人」的話了。

文字風格與為人的儀態風度是極密切關聯的，在文學與為人兩方面，托爾斯泰的偉大，在於他那種異乎尋常的質樸和真實。質樸是大師的風度和品格，表現為心態平淡、內容真實、文字樸素。托爾斯泰說：「在平庸和矯情之間只有一條窄路，那是唯一的正道，而矯情比平庸更可怕。」

蕭伯納與卡秋莎

蕭伯納是世界著名的大文豪，獲得諾貝爾文學獎之後，各地請他去演講的邀請函如雪片飛來。有一次，他到蘇聯去演講。結束之後，準備在那兒好好玩幾天。不料他剛走進一座小公園，一個十分可愛的小姑娘便出現了。於是他們便玩了起來，不知不覺，太陽已經快下山了。分手時，他對小姑娘說：「回去告訴妳媽媽，今天和妳一起玩的是世界著名的蕭伯納。」沒想到小姑娘模仿他的口氣說道：「回去告訴你媽媽，今天跟你一起玩的，是蘇聯美麗的姑娘卡秋莎。」

蕭伯納頓時大吃一驚，突然意識到，自己剛才說的話含有不尊重對方的味道，而且有自高自大之嫌。但是卡秋莎天真無邪的回話，卻重重地打擊了蕭伯納的傲氣。

蕭伯納從此以後，無論何時何地，都懂得要尊重對方。

大智慧：

蕭伯納是一個鼎鼎有名的世界級大文學家，居然能夠放下自己的身段，和一個普通的蘇聯小女孩玩了起來，而且玩了一段很長的時間，直到夕陽在天，才依依不捨地分手。

分手之際，蕭伯納要小女孩回家告訴媽媽說，他是「世界著名的蕭伯納」。小女孩也天真地說：「回去告訴你媽媽，今天跟你玩的是蘇聯美麗的姑娘卡秋莎。」

蕭伯納頓時醒覺他剛才的話有不尊重對方的味道，而且卡秋莎天真無邪的回話，重重地打擊蕭伯納的傲氣。從此以後，蕭伯納以此為鑑，時時處處懂得尊重對方。難怪蕭伯納有句名言說：「一個人感到害羞的事情越多就越值得尊敬。」蕭伯納的道德涵養，謙卑低調，非一般人所能及，令人肅然起敬。

孟子說：「愛人者，人恆愛之；敬人者，人恆敬之。」要想得到別人的尊重，必須先對別人表示尊重；否則，即使是名人志士，也必然會自食其果。

很多人為了贏得更多的關注、認同與推崇，經常不惜譁眾取寵，竭盡所能，自我吹噓炫耀。這樣固然能贏得一些注目，卻也會招來一些嫉妒、反感、甚至厭惡。

我們不必把自己看得過重，坦然而平淡地生活，不會有人把我們看成卑微、怯懦和無能。如果老是把自己當作珍珠，那麼，時時有被埋沒的危險。

愛因斯坦與畫家

愛因斯坦成名之後，很多媒體爭相採訪他，大大小小的畫家也爭著為他畫像，以求名利雙收。但是，低調的愛因斯坦向來不以為然，總是拒絕。

可是終於有一天，愛因斯坦例外答應給某位畫家畫像。

那天下午，愛因斯坦正在辦公室裡忙著，忽然聽見敲門聲。開門一看，原來是一位衣衫襤褸的窮畫家。

不等他開口，那位窮畫家卻先請求道：「愛因斯坦先生，請您讓我為您畫一幅像吧！」

「不行不行，我沒有時間。」愛因斯坦立刻搖手拒絕，並準備關門謝客。

但是窮畫家卻固執地推著門：「可是我非常需要賣這幅畫，我快沒有飯吃了。」

愛因斯坦馬上改變了態度：「哦，那就應另當別論了，你進來吧！我坐下來讓你畫。」說完，便敞開了辦公室的大門。

大智慧：

這個故事，對那個窮畫家來說，他向愛因斯坦坦率直陳自己的窘境，沒有阿諛諂媚、花言巧語、欺詐蒙騙，才打動了愛因斯坦的悲憫之心，答應給他畫像。就愛因斯坦來說，體現了他的慈悲與謙卑。

誠實是一切美德的根本，而說謊是個可恥的缺點。謊言或花言巧語，也許最初很受用，但是事後被拆穿，就再也沒有人信任了。

曾昭旭教授曾說：「誠實是拯救苦難人生的唯一靈藥，因為人生的苦難來自說謊。」駱志伊說：「繪製美麗天堂的藍圖，一定要使用誠實的彩筆。」林肯總統說：「你能在所有的時候欺騙某些人，也能在某些時候欺騙所有的人，但你不能在所有的時候欺騙所有的人。」德國哲學家康德說：「誠實比一切智謀都好，而且它是智謀的基本條件。」法國文學家巴爾札克說：「虛偽的耶穌比撒旦可怕。」

愛因斯坦於一九二一年獲諾貝爾物理學獎，當時年僅二十六歲。此後他對物理學的研究繼續不斷。他曾在一九三九年向美國總統羅斯福介紹原子彈的巨大威力，要美國政府加快對原子彈的研究。但是，當一九四五年八月六日，第一顆原子彈在日本廣島爆炸時，他感到無限的悲哀，尖銳地指出把原子彈作為戰爭武器，其可怕的後果是令人類滅亡。

愛因斯坦具有正直、謙虛、睿智的性格。曾經有人問他說：「您老可謂是物理學界空前絕後的人才了，何必還要孜孜不倦地學習呢？怎不舒舒服服地休息呢？」他並沒有立即回答他這個問題，而是找來一支筆、一張紙，在紙上畫了一個大圓和一個小圓，對那位年輕人說：「在目前情況下，在物理學這個領域裡，可能是我比你懂得略多一些。正如你所知的是這個小圓，我所知的是這個大圓，然而整個物理學知識是無邊無際的。對於小圓，它的周長小，即與未知領域的接觸面小，他感受到自己的未知少，而大圓與外界接觸的周長大，所以更感到自己的未知東西多，會更加努力地去探索。」

愛因斯坦有句傳世名言：「一個人的價值，應該看他貢獻什麼，而不是應當看他取得什麼。」

了解了這些以後，愛因斯坦答應那位窮畫家為他畫像的心路歷程，我們就明白了。

屠格涅夫與乞丐

俄國大作家屠格涅夫，有一次在大街上遇到一個乞丐，乞丐伸手向他討錢。他搜遍了全身上下的口袋，卻連一分錢也找不到。他感到非常不好意思，便走向前去，緊緊握住乞丐的手，說：「朋友，真對不起，我今天出門確實一分錢都沒有帶。」

乞丐趕緊回答：「不，我寧願接受你的握手。」

大智慧：

屠格涅夫是個俄國著名的文學家，擁有真善美的心靈。他身上一文不明，力不從心，無法對乞丐施捨，感到慚惶，於是緊握乞丐的手致歉。然而乞丐表示寧願接受他的握手，因為乞丐得到他極大的尊重。

世上的人，雖然有性別、年齡、膚色、相貌、職業、宗教信仰、富貴貧賤、身分地位等差異，然而這並不代表人格上也有差異，每一個人都有被尊重的權利與渴望，即使最卑微的人，哪怕是一個乞丐，都應該得到他人的尊重，因為每一個人的生命都是無價的，每個人都有自己的人格尊嚴。所以我們要尊重任何一個人，不要隨意踐踏別人的人格與尊嚴，如果隨意踐踏他人的人格與尊嚴，其實就是讓自己的人格尊嚴掃地。所以，大陸學者周國平先生說：「一個有自己人格和尊嚴的人，必定懂得尊重他人的尊嚴與人格。同樣，如果你侮辱了他人，就等於侮辱了你自己。」

然而，我們也不必因貧窮等而自卑，沒有人願意去做乞丐，沒有人想讓自己永遠貧窮，更沒有人想讓自己永遠被人冷漠和鄙視。

屠格涅夫的尊重乞丐，是尊重他人人格尊嚴的典範。

委婉含蓄的黑人女經理

黃勤在美國留學時，在一家快餐店打工。

有一天，他錯把一小包糖當作咖啡，給了一個女顧客。女顧客非常惱火，因為她正在減肥，必須禁食糖和一切甜點。她大聲嚷叫：「哼！你竟然給我糖！難道你還嫌我不夠胖嗎？」

黃勤一下子愣在那裡，不知所措。

黑人女經理聞聲而來，在黃勤耳邊輕輕地說：「如果我是你，馬上道歉，把她要的快給她，並且把錢退還給她。」黃勤照著女經理的話做了，再三道歉。那位女顧客又哼哼了幾下就不出聲了。

黃勤等著經理來斥責或辭退。可是經理只是過來對他說：「如果我是你，下班後會把這些東西認真熟悉一下，以後就不會拿錯了。」令黃勤感動不已。

後來，黃勤無論在學校上課，還是在其他地方工作，很少直截了當地對人說「你怎麼做成這樣？你以後不能這麼幹」，而是委婉地說：「如果我是你，我大概會這麼做……」因為這句話不會使人感到難堪、沮喪，而會感到溫暖、鼓勵。

大智慧：

就黑人女經理來說，她具有極大的寬容，以同理心面對黃勤的犯錯，釋出善意。她沒有疾言厲色，沒有破口大罵，更沒有暴跳如雷地斥責黃勤，反而以委婉含蓄的語言，面授機宜，指導黃勤怎樣善後。如此處置，顧及黃勤的自尊心，黃勤自然感激莫名。女經理具有大智慧，具有良好的情緒管理與善巧的說話藝術。

就黃勤而言，他犯了錯、闖了禍以後，必定忐忑不安，等待女經理的斥責，甚至辭退工作。不料女經理不但沒有對他斥責，反而以委婉含蓄的語言，善意指導他善後及以後如何應付類似的局面，他心中如釋重負，自然感激得五體投地，以後在學業上及工作上都銘記女經理的教導，事事以女經理為典範。

人與人之間必須相互溝通與交流，而最便捷的溝通交流工具就是語言。除非是啞巴，人人都能使用語言說話，但並非人人都「會說話」。所謂「會說話」，並非口若懸河，巧舌如簧，伶牙俐齒。

我們每天都必須跟別人說話，所講的話，對方聽來，可能是金玉良言，也可能是毒言惡語。俗語說：「良言一句三冬暖，惡語傷人六月寒。」其意猶如「口說一句好話，如口出蓮花；口說一句壞話，如口吐毒蛇。」因為良言好話充滿善意，暖人心扉，給人以希望、鼓勵與信心；而惡語壞話則滿帶怨毒，使人傷心、氣餒、氣憤。人人都喜歡聽良言好話，有誰高興聽惡語壞話呢？

表面上看來，說話是一件稀鬆平常的事，其實，要把話說好說對是一件很難的事。因為要把話說好說對，必須注意到說話的時間、場合、對象與所說的內容和語調語氣等。不能花言巧語，不能「失人」，也不能「失言」，所以說話是一種藝術。

俗話說：「病從口出，禍從口出。」又說：「一言既出，覆水難收。」話說錯了，對人對己總會造成某種程度的傷害，雖然事後或許可以澄清、可以道歉，但是傷害卻已經造成了。古人說：「一言可以興邦，一言可以喪邦。」所以說話不得不謹慎。

古往今來，和氣待人都被視為美德，在面對別人的犯錯，而能以委婉含蓄的語氣加以寬慰並指導善後，更是難能可貴。以委婉含蓄的語氣說話，往往比咄咄逼人，更能使人接受。「有理不在聲高」，並非說話有稜有角、咄咄逼人才有分量。對別人的意見或言行有不同的看法時，或糾舉別人的錯誤時，切忌直言陳述，當面反駁，這樣只會引起別人的不悅，無法讓對方接受我們的意見。語氣委婉含蓄既不傷害他人的自尊心，也不使他人尷尬難堪，所以委婉含蓄的語言，是勸說他人的法寶。

如果動不動就和人爭辯，發生衝突，是非常不明智的，這樣不僅解決不了任何問題，而且會讓自己顯得愚不可及。如果想要對方接受我們的意見，應該放棄威脅和強迫的手段，改以冷靜陳述的方法，讓對方感覺我們不是在對他施壓，給他逼向絕路。

根據行為學家的統計，人與人之間面對面談話，雙方所得到的訊息，竟然有百分之七十以上是得自於非口頭語言的部分：諸如表情、舉止、情境、工具等。語言具有多元面向，有口頭語言、情緒語言、情境語言、肢體語言；它既是信息、符號、工具，又是武器、技巧。所以我們在和別人說話時，還要注意情緒、表情、肢體語言等。

每一個人都有優點和長處，也都有缺點和短處。只有盡心向別人學習其優點和長處，以補自己的缺點和短處，才能進步成功。我們也要善於以別人的短處為借鏡，才可免重蹈覆轍。我們要跟黑人女經理學習，在勸導別人時以「如果我是你」開頭，表現委婉含蓄的語氣；如果以「我們」替代「你」，也將會獲得意想不到的結果。

自命不凡的博士

有一位自命不凡的博士搭船過江。在船上，他和船夫閒談。

他問船夫：「你懂文學嗎？」船夫回答：「不懂。」又問：「那麼歷史學、地理學、生物學呢？」船夫仍然搖搖頭。博士嘲笑他：「你樣樣都不懂，是個十足的飯桶。」

不久，天色突變，風浪大作。船即將傾覆，博士嚇得面如土色。

船夫問他：「你會游泳嗎？」博士回答說：「我什麼都會，就是不懂游泳。」

而後船就翻了，博士大呼救命。船夫一把抓住他，把他救上岸，笑著對他說：「你笑我什麼都不懂，是個『飯桶』。而你什麼都懂，就不懂游泳。要不是我這個『飯桶』救你，恐怕你早就變成『水桶』了。」

大智慧：

故事中的博士，自命不凡，以為自己無所不知，無所不能，因此看不起船夫。可是這位博士不會游泳，當船翻覆後，要不是船夫把他救上岸，他早就一命嗚呼了。

唐代韓愈作〈師說〉，說：「聞道有先後，術業有專攻。」每一個人各有他的專長「術業」、專精的「術業」，而且同一術業，每個人專精的程度也不同。所謂的「博士」，其實並非無所不知，無所不能，只是針對某一專題做了深刻廣泛的研究，取得極大的成就而已。宇宙的學問之大，如浩瀚大海，豈能一人所能盡飲？如果以為擁有博士頭銜，就可以勝任各種業務、各種職位，那就「自命不凡」了。

「尺有所短，寸有所長」，每個人都有長處優點，也有短處缺點，如果拿自己的優點長處來嘲諷別人的短處缺點，猶如故事中的「博士」，只是顯露自己的膚淺而貽笑大方而已，若是以自己的短處缺點，嫉妒別人的長處與優點，那就更不可取了。

北齊顏之推《顏氏家訓・勉學》說：「鄴下諺云：『博士買驢，書券三紙，未有驢字。』」這種博士，簡直和「鄉間粗鄙的閒人」沒有兩樣，假如我們拜這樣的人為師，會被他氣死（按這是顏氏之意）。顏氏說：「鄉間粗鄙的閒人，言語鄙陋，舉止粗俗，沒有節操，和人相處，頑固武斷，一點本事也沒有，問他一句話，他就回答幾百句，假如再進一步問他意旨的歸向，他就辭不達意，無法說出要點來。」

再說，謙虛是一種為人處世的基本態度，治學的人更應該具有謙虛的美德。尚謙是老祖宗留給我們的寶訓，《易經．謙卦》：「謙謙君子，卑以自牧。」又：「人道惡盈而好謙。」《尚書．大禹謨》：「滿招損，謙受益，時（是）乃天道。」把謙虛提高到「天道」的高度了。

孔子以「不如老農」、「不如老圃」回答學生請教莊稼與種菜的問題，對於別人的讚譽總是以謙虛的態度回應。老子主張不爭、守柔、處下，要人以水為師，因為使天下的河流匯歸，才能成百川之王的江海。故俗語說：「水唯能下方成海，山不矜高自及天。」明代的王守仁說：「謙者眾善之基，傲者眾惡之魁。」西方孔子蘇格拉底，學識淵博，但從不自滿，他說：「我唯一知道的就是自己一無所知。」莎士比亞說：「一個驕傲的人，結果總是在驕傲裡毀滅自己。」泰戈爾也曾說過一句非常經典的話：「當我們開始謙卑的時候，便是我們接近於偉大的時候。」

故事中的「博士」，恃才傲物，自命不凡，深為智者所不取，我們應該以他為誡。

寬和忍讓的劉寬

東漢的劉寬，幼承庭訓，通經明禮，稟性純厚，一向以溫、良、恭、謙、讓自律，不和別人計較。

桓帝時，劉寬累官東海相，延熹八年（一六五），徵拜尚書令，遷南陽太守。靈帝時為太尉，遷光祿卿。

有一次劉寬乘牛車外出，途中突然來了一個漢子，自稱他的牛不見了，特來找尋。走到劉寬車前一看，認為拖車的牛正是他失去的那頭，牽著就走。劉寬既未加斥責，也不爭辯，就下車步行回家。

過了一會兒，那個漢子找到了自己的牛，把劉寬的牛送回劉寬，並叩頭請罪說：「我實在對不起您老人家，隨便您處置好了。」

劉寬一點也不生氣，和顏悅色地說：「一切東西都有很多相類似的，事情也可能有疏忽錯誤的。你已經把我的牛送回來，我哪能再處罰你呢？」

這件事傳遍州里，無人不佩服劉寬氣量寬宏，溫仁多恕。

劉寬即使遇到突發事件，也未嘗疾言厲色，給人難堪。他的夫人為了試探他是否真像人們所說的那麼仁厚，便讓婢女在他穿好朝服準備上朝時，奉上肉羹，故作不小心把肉羹倒翻在劉寬的朝服上，弄得狼藉不堪。劉寬不僅沒有發脾氣責怪，反而和藹地問這侍婢說：「肉羹有沒有燙傷妳的手？」

大智慧：

本故事記述劉寬的兩件事，在今天看來，簡直不可思議。因為現在一般人，如果發生這種事，不是惡言相向，就是大打出手，甚至訴諸法律，對簿公堂了。

以眼還眼，以牙還牙，是一些人慣用的處世方式，但是，這樣除了加深矛盾衝突，它幾乎一無用處。若以武力拳頭來解決問題，一定是兩敗俱傷；訴諸法律、對簿公堂，耗時費力，而且各有勝負，到底有傷和氣。只有寬恕才能雙贏。因為寬容傷害自己的人，得饒人處且饒人，往往能讓自己避免更深的傷害，也給傷害我們的人一條退路，說不定以後還能意外得到他的幫助。

寬恕是一種智慧、一種修養、一種力量，一種無聲的力量。如果一個人老是盯著別人的缺點和過錯不放，那麼他的眼裡看到的只能是令他不滿的現象，在他的生命中上了一道道無形的枷鎖。

寬恕豁達是一種人格修養，是一種成大事的強者風範。寬恕本身，除了減輕對方的痛苦之外，事實上也是在昇華我們自己。

忍讓有時候會被認為是屈服、軟弱，但是如果從長遠來看，忍讓其實是非常務實、通權達變的智慧。凡是智者，都知道在恰當時機忍讓，畢竟獲取勝利靠的是理性，而不是意氣。所以弘一大師說：「包容別人的缺點，寬厚對待，不但增長自己的修養，也是博得他人信賴與尊重的做人策略。」

愛是一門藝術，寬容則是愛的具體呈現。劉寬既寬恕又仁慈，仁慈是他寬恕的基礎，而寬恕又是他仁慈的具體呈現。就修行的境界來說，劉寬的忠恕仁慈，已到了「無我」的境界，在他的心中，已經沒有「我的牛」「你的牛」的概念了。一個人有了寬廣的胸懷，才會有大的境界。

豁達大度的宰相狄仁傑與呂蒙正

武則天稱帝時，對反對她的人無情鎮壓；但對賢才則不計較門第出身，資格深淺，破格拔擢，大膽任用。所以，她手下有一大批能臣，宰相狄仁傑就是其中一個。

當狄仁傑還是豫州刺史時，因為勤政愛民，執法嚴明公正，政績卓著，武則天就把他調到京師當宰相。

有一天，武則天想考驗他，便命他前來覲見，對他說：「你在豫州的時候，很有名聲，可是也有人在我面前彈劾你。你想知道是誰嗎？」

狄仁傑辭謝道：「一定有說我不好的人，如果陛下認為臣的確犯有那些過失，那請對臣直言，臣一定改正；如果陛下認為那不是臣的過錯，就不必為此勞神。無論如何，我都不想知道誰彈劾我。因為只有這樣，臣才可以繼續友善地對待他。」

武則天被他的寬大器量打動了，不但更加賞識他，還非常敬重他，甚至尊稱他為「國老」。狄仁傑年老後，多次上書請求告老還鄉，可是武則天一直捨不得讓他走。狄仁傑去世後，武則天常痛惜道：「老天為何要這麼早就奪走我的國老呢？」

北宋年間，呂蒙正歷仕三朝，三度出任宰相，胸懷寬廣，時人推崇為大度宰相，史書也稱讚他「質厚寬簡，有重望，以正道自持」。

呂蒙正身為宰相，卻毫不倨傲，從不計較別人的過失。他初任參知政事時，有位官員在朝堂簾內指著呂蒙正說：「這小子也能當上參知政事呀！」呂蒙正卻裝作沒有聽見。同僚們非常憤怒，力主斥責，呂蒙正急忙制止。下朝以後，同僚們仍然忿忿不平。呂蒙正則說：「何必追究呢？不知也沒有什麼傷害，倘若知道是誰了，終生忘不了，而這位同僚也會惴惴不安，心存芥蒂，還是不知道好。」

當時在朝官員都佩服他豁達大度。那位官員後來親自到他家致歉，並彼此結為好友。

又呂蒙正與同窗好友溫仲舒同年中舉，溫仲舒因犯案被貶多年。呂蒙正任宰相後，屢次向宋太宗大力舉薦。後來溫仲舒為了顯現自己，常在皇帝面前貶低呂蒙正。有一次，呂蒙正又誇讚溫仲舒，太宗說：「你總是誇他，可是他卻把你說得一文不值呢！」呂蒙正笑說：「陛下讓我擔當宰相重任，我只知全力以赴，至於別人怎麼批評我，那就不是我職權之內的事了。」

此後宋太宗更加敬重呂蒙正。

大智慧：

襟懷博大是非凡生命的特質之一，縱觀歷史，我們可以發現，一個真正成就大業的人，都有恢宏豁達、寬厚閑遠的氣度與襟懷。

俗語說：「將軍額上能跑馬，宰相肚裡能撐船。」狄仁傑與呂蒙正，都是一個「肚裡能撐船」的宰相，而且襟懷博大的事蹟，如出一轍。

容忍小人、寬恕小人，確實是很難做到的，對一般人來說都已經不容易了，何況是個堂堂大宰相呢！一般人往往為了一點點小事斤斤計較，爭吵不休，既傷感情，也無益於成就大事。

面對犯了錯的對方，理解、寬容永遠比暴怒、懲罰更具力量，它不但能讓我們和對方都有後路可退，還能讓對方知錯而回頭是岸。

忍耐是成就事業所必需的，有人認為忍耐的人軟弱可欺。實際上忍耐是一種修養，有涵養的人，面臨毀譽泰然自若，不卑不亢。

忍讓還是一種策略，一種做人的哲學。忍讓不是軟弱，也不是窩囊；不是無能，也不是麻木，不是放棄原則，而是一種厚積薄發的境界，是一種懂得取捨的胸懷。

季羨林先生說：「寬容是一種美德，但是要擁有這種美德，首先得先有豁達的心態。倘若終日斤斤計較，心胸狹窄，眼中容不下半粒砂，處處挑剔別人的壞處，從不為人遮掩難堪，不懂得原諒人，他人必然會覺得你實在難以相處，難免生出疏離之意。」

「海納百川，有容乃大；壁立千仞，無欲則剛。」狄仁傑與呂蒙正的豁達大度，給後人為官做人樹立了典範。

寬容的盤珪禪師

盤珪禪師是日本德川時代的名僧，備受尊崇。

有一次，他的學生因行竊被抓，眾人紛紛要求將他逐出師門。盤珪禪師卻原諒了他。

不久，他竟然再度偷竊被抓。所有人都認為他舊習難改，賊性難移，要求重罰他。但是盤珪禪師依然沒有處罰他。其他學生很不服氣，聯合上書，表示如果再不處罰他，他們就集體離開。

盤珪禪師於是把全部學生都叫到跟前來，說：「你們都能夠明辨是非，我感到很欣慰。你們是我的學生，如果認為我教的不對，完全可以離去，但是我不能不管那個行竊的學生，因為他還不能明辨是非，如果我不教他，那誰來教他呢？所以，不管如何，即便你們都離開我了，我也不能讓他離開，他還需要我的教誨。」

學生們這才體會到禪師的用心良苦，那位偷竊的學生更是感動得熱淚盈眶，心靈因而淨化了，再也沒有犯偷竊的過失。在盤珪禪師圓寂之後，他繼承了衣缽，也成了一代高僧。

大智慧：

盤珪禪師是一位得道的高僧，很多誤入歧途的人，都因他的悲心感化而獲得新生。故事中他感化這個偷竊的學生，只是一例而已。

人生在世，誰能無錯？古人說：「人非聖賢，孰能無過？過而能改，善莫大焉。」明代袁了凡說：「吾輩身為凡流，過惡猬集，而回思往事，常若不見其有過者，心粗而眼翳也。」所以《了凡四訓》的第二篇是〈改過之法〉，論述在行善積德之前，須先端正自己的心念，將自身缺點過失一一改正。

「凡人常不見己過，故過多；聖人常不見己德，故德高。」人之所美，莫善於聞過能改；人生最大的勇氣，就是認錯改過，不論大過小錯，都應及時悔改。孔子說：「過則勿憚改。」子貢說：「君子之過也，如日月之食（蝕）焉，過也，人皆見之；更也，人皆仰之。」蘇軾〈論君子能補過〉說：「朝而為盜跖，暮而為伯夷，聖人不棄也。」弘一大師說：「諸君應知改過之事，乃是十分光明磊落，足以表示偉大之人格，過而能改，可以謂明。知而能改，可以即聖。諸君可不知乎！」因此，我們不怕犯過，只怕有過不改。改過是積善的先決條件，假使一味「文過飾非」，如何能夠自新長進而有所成就呢？改過向善的人，才能贏得別人的信任與尊敬。

要改過自新，不僅需要犯過者在意識上能夠覺悟自省，有接受錯誤的勇氣，更需要別人給他寬恕，給他改過的機會。然而，世人對於行錯的人，多懷嚴苛責備之心，對屢勸不改者，更視之為不可救藥之輩，往往唾棄厭之。這樣只會使犯錯的人更加自甘墮落沉淪，每況愈下。

如果我們對別人的過錯沒有寬恕之心，便等於一直在用別人的錯誤懲罰自己，所以，寬恕別人對別人而言是一種恩賜，而對自己來說是一種解脫。寬恕別人，其實就是善待自己，寬容是一種充滿智慧的處世之道。給人懺悔改過的機會，其結局多會皆大歡喜。

盤珪禪師以一己的慈悲心，寬恕了偷竊的學生，換來的是學生真心的悔改，融化了心靈的堅冰，不能不讓人敬佩。

見贍法師說：「以慈悲柔軟的心常行寬恕，任心遨遊，得大自在，是我們處世乃至社會安定、世界和平的活水源頭，也是成就一切功德、自利利他的善行。」

佛陀說：「你永遠要寬恕眾生，不論他有多壞，甚至傷害過你，你也一定要放下，才能得到真正的快樂。」

仙崖禪師寬恕徒弟

仙崖禪師有一個貪玩的徒弟，耐不住寺院的寂寞，常常在傍晚時分趁著禪師不注意偷偷溜出去玩，天快亮時才悄悄地溜回來。

一天傍晚，他在後院的高牆下又放置一張高腳凳，翻牆出去了。仙崖禪師在院子裡散步，忽然發現了牆角這張凳子，就知道有徒弟違規越牆出去閒逛了，禪師並沒有動怒，而是走到牆邊，把凳子搬到一邊，就地而蹲，等待溜出去的徒弟歸來。

夜深人靜了，那位徒弟盡興而歸，不知道牆下的凳子已被搬走，黑暗中踩著禪師的脊背跳進了院子。當他雙腳落地的時候，才發現剛才踩的不是凳子，而是自己的師父，頓時嚇得魂飛魄散，木然站在那裡，連大氣都不敢喘一口。

但是，令他想不到的是，師父並沒有厲聲責備他，反而關心地說：「夜深天涼，快回去多穿一件衣服。」

徒弟回到住處，坐臥不安，輾轉反側，不能成眠，生怕第二天師父會當著所有學僧的面批評他。但是，一天天過去了，師父從來沒有提到此事，也沒有第三個人知道。徒弟這才逐漸恢復了內心的平靜，並深感自責。從此以後，他再也不敢偷偷溜出去玩，而是一心一意跟隨師父學習，最後成為一代有造詣的高僧。

大智慧：

仙崖禪師慈悲為懷，沒有當場斥責那一位貪玩的徒弟的過錯，而是以善巧的智慧，用無聲的教育，以寬容的方式，以柔和的方法，讓徒弟自悟改過。

一般人都認為每個人都應該為自己所犯的錯誤付出代價，這樣才合乎公平正義，所以寬恕他人的過錯是很難做到的，常見家長面對孩子的錯誤及學校老師面對學生的過錯，情緒失控，大發雷霆，施以嚴厲的打罵處罰，結果反而引起孩子或學生的埋怨、憎惡，甚至報復。家長也不諒解，到學校對老師興師問罪。這樣對家長或老師自己而言，怒火在心中燒，只會燒傷自己，沒有什麼好處。

有人說，面對別人的過錯而生氣，便等於以別人的過錯在懲罰自己，不是明智之舉，這時需要用寬恕的心來原諒他，才會解開心鎖，釋放自己。所以寬恕的受益者，不僅僅是被寬恕者，還有寬恕者自己。只有寬容，我們「才能奏出和諧的生命之歌」。

弘一大師說：「包容別人的缺點，寬厚對待，不但增長自己的修養，也是博得他人信賴與尊重的做人策略。」

大陸學者季羨林先生說：「寬容對別人是一種恩賜，也是對自己的一種解脫。真正聰明的人，是不會用別人的錯誤來懲罰自己的，他們會從別人的錯誤中告誡自己不要犯同樣的錯誤。」他又認為：「缺少寬容，生活中的很多人會為瑣碎小事，耿耿於懷，衝冠一怒，甚至彼此惡語相傷。缺少寬容，會使正常的生活陷入斤斤計較的泥潭，生活暗淡無光。」

南懷瑾大師有許多解脫的大智慧。他說：「寬容是一種巨大的人格力量，如一股麻繩，有強大的凝聚力和感染力，使人團結於自己的周圍；寬容是一種豁達和摯愛，如一泓清泉，可澆滅怨艾、嫉妒和焦慮之火，可化衝突為祥和、化干戈為玉帛；寬容是一種深厚的涵養，是一種善待生活、善待他人的境界，能陶冶人的情操，帶給人心理的寧靜和恬淡、慰藉和昇華自己的心靈世界。」

或許有人以為仙崖禪師的態度太柔和了，而有收不到效果的疑慮。殊不知，柔和不是軟弱，而是一種品質與風格；柔和也不是喪失原則，而是一種更高境界的堅守；柔和更不是退讓，而是一種水滴穿石的堅韌。這也就是老子的柔弱哲學：「天下莫弱於水，而攻堅者莫之能勝。」

李叔同（弘一大師）認為：「使人從狹隘自私中解脫的是寬容，對家人寬容，收穫的是團聚、圓滿的親情；對他人寬容，收穫的是輕鬆、快慰的心情。一顆不肯寬容的心，只會使事情變得更糟糕，心情變得更壞，只會使自己陷入痛苦中不能自拔，沒有寬容，很多不幸的事便不可避免，使人追悔莫及。」

當我們遇到孩子或學生犯錯的時候，請即刻想起仙崖禪師這種無聲之教——寬恕，也想想許多高僧大德、大哲對寬容的開示吧！

種蘭花的慧宗禪師

唐代的慧宗禪師，酷愛種蘭花。他常雲遊各地講經弘法。

有一次，臨行前吩咐弟子看護好寺院的數十盆蘭花。於是弟子們非常殷勤照顧蘭花。但是一天深夜，突起狂風暴雨，而弟子們卻一時疏忽，仍將蘭花放在戶外。第二天清晨，花架傾倒、花盆破碎，株株蘭花憔悴不堪，遍地狼藉，弟子們後悔不已。

幾天後，慧宗禪師回來了。眾弟子忐忑不安地上前恭迎，準備受罰。禪師得知原委後，泰然自若，平靜安詳。還寬慰弟子們說：「當初，我不是為了生氣而種蘭花的，我種蘭花，一則用來供佛，二則美化寺廟環境。大家不必太自責了。」

弟子們聽後，有如醍醐灌頂，頓時大徹大悟，對禪師更加肅然起敬。

大智慧：

慧宗禪師對犯錯的弟子們，沒有生氣，沒有火冒三丈，沒有暴跳如雷，沒有痛責，反而泰然自若，神態安詳，和顏悅色地安慰弟子。這種寬容、寬恕的胸懷，已將每株蘭花栽種在自己和弟子們的心田，使大家都擁有蘭心蕙質，心境盈滿幽香、快樂、幸福。

凡人總是容易受情緒的影響，如果讓情緒牽著鼻子走，無法控制，無法擺脫，因而怒氣沖天，火山暴發，就會害己傷人。

斤斤計較、看不開、想不透、小肚雞腸的人容易生氣，而寬宏大量、心胸開闊、看開一切的人，知道寬恕別人，則不容易生氣，甚至不會生氣。容易生氣只能證明自己的愚蠢，因為別人犯錯而我們自己生氣惱怒，那不就是拿別人的過錯來懲罰自己？

美國研究應激反應的專家理查德・卡爾森說：「我們的惱怒有百分之八十是自己造成的。」佛陀也說一切法都由心生，心地如果充滿真誠、清淨、平等、正覺、慈悲，那麼我們所看到的一切人事物，必然都是美好的；反之，假如心地充滿不平、忿恨、邪曲，那麼我們所接觸的人事物，必然都是醜惡的、可厭的。蕅益大師也說：「境緣無好醜，好醜起於心。」所謂「境」是物質環境，「緣」是人事環境。人事環境與物質環境，實在沒有好壞、善惡、是非之別，一切好壞、善惡、是非，都是由我們自己的心生起的。

俗話說：「人生就像一場戲，別為小事發脾氣，回頭想想又何必，別人生氣我不氣，氣出病來無人替。」

一點都沒有錯，經常生氣是百病之源，為一些雞毛蒜皮、微不足道的小事生氣是不值得的。據學者研究得知，應激反應是在頭腦中產生的，即使是非常輕微的惱怒，人體也會分泌出更多的應激激素，使呼吸道擴張，大腦、心臟和肌肉系統吸入更多的氧氣，血管擴大，心臟加快跳動，血糖血壓升高，血液會快速衝上頭部，引起腦中風。所以醫生會經常告誡心臟病和高血壓患者，要避免刺激，不要激動，更不能生氣發火。據統計，容易生氣的人，患癌症和神經衰弱的可能性，要比正常人大得多。

就修心養性而言，生氣也是一大忌諱。《易經．損掛》說：「君子以懲忿窒欲。」集南宋理學大成的朱熹，在〈白鹿洞書院學規〉中，也提到「懲忿窒欲」。佛家講慈悲，以「貪嗔癡」為三毒，嗔就是生氣惱怒。佛陀認為，氣惱是人世間銷蝕武器的鐵銹，氣惱使心驕慢，一般人如果被氣惱覆蓋著，便被黑暗覆蓋著，給氣惱蓋住的人，看不見道理正義，便會捨棄善事，行非作惡。英國作家蕭伯納也說：「以憤怒開始的事情，往往以悔恨告終。」

遇事一味生氣，是一種消極愚蠢的表現，最終受害的也是我們自己。遇事不生氣，不發怒，不僅是明智的處世良方，也是良好的養生之道。

生氣是解決不了問題的，當我們要生氣時，應該想起種蘭花的慧宗禪師，先冷靜理解別人、理解事情的始末，因為在慌亂的心田，是開不出智慧的花朵的。對別人要常觀功念恩，表現感激與讚美之情，那麼別人會高興，自己也會高興，千萬不要為微不足道的小事而失去理智，觀過念仇。應激反應的專家理查德・卡爾森也認為，防止激動的方法是「請冷靜下來，要承認生活是不公正的。任何人都不是完美的，任何事情都不會按計畫進行。」

懷著豁達的心態去生活，學著不生氣，是人生的另一個境界。當我們要生氣時，冷靜點、謙虛點，火氣自然就會煙消雲散，矛盾也就化解了。心懷豁達、寬容與感恩，生命永遠陽光明媚。

法師遇莽漢

某法師有一天要外出，正要開門出來，不料，迎面撞上一位彪形大漢。那大漢剛巧撞在法師的眼鏡上。眼鏡碰青了眼皮，跌碎在地上。而那滿臉絡腮鬍撞人的大漢，毫無愧疚之色，反而理直氣壯說：「誰叫你戴眼鏡？」

法師心想：世間事多由因緣和合而生，有善緣，也有惡緣，唯有慈悲才能解決惡緣。因此，便以歡喜豁達的心胸來接受被撞的事實。

大漢見法師以微笑慈容回報他的無理，非常訝異地問：「喂！和尚，你為什麼不生氣？」

法師借機開示說：「為什麼一定要生氣呢？生氣既不能使破碎的眼鏡復原，又不能使臉上的淤青立刻消失，苦痛解除。再說，生氣只會擴大事態，如果我生氣，對您破口大罵或是動粗，必定造下更多的惡緣，甚至傷害了身體，仍然不能化解事情。以因緣果報來看這件事情，我早一分鐘或遲一分鐘開門，都可以避免相撞，而我們卻撞了，或許這麼一撞化解了我們過去的一段惡緣，因此，我不但不生氣，反而還要感謝您！」

大漢聽後十分感動，還問了許多佛法及法師的稱號，然後若有所悟地離去。

很久以後的某一天，法師接到了一封掛號信，還內附五千元，原來正是那大漢寄來的，信中寫道：

師父慈鑑：

「非常感謝您，那天撞了您，卻救了三個人的命，事情是這樣的：我年輕時本來不知用功進取，畢業之後，在事業上高不成低不就，十分苦惱，常常自怨自艾。結婚之後，也不知善待妻子，常常拿妻子出氣。有一天，我外出上班，忘了拿公事包，中途返家提取，沒想到卻發覺妻子與一名男子在家中談笑，我極度生氣，衝動地跑進廚房，拿了一把菜刀，想殺死他倆，然後自殺。不料，那男子驚慌回頭，臉上的眼鏡碎落地上，一時，我憶起慈悲的師父，師父的一句『生氣不能解決問題』，使我冷靜下來。我想：妻子越軌，我必須負完全責任，因為，過去我實在不該冷落她。經過這件事，我悟到許多為人處世的道理，再也不會暴躁莽撞了。目前，我們一家和樂相處，在工作上更順利了。師父的開示，改變了我的人生觀，一生受用不盡，為了感謝師父的恩德，我匯上五千元，賠償師父的眼鏡，還請師父為我們祈福……。」

大智慧：

證嚴法師說：「有智慧不起煩惱，有慈悲沒有敵人。」故事中的法師，以歡喜心、慈悲心接受橫逆，喚醒莽漢沉睡的良知，不但化解了一場惡緣，並且使莽漢不但知道懺悔改過，還能做功德。法師說得很對，世間事多由因緣和合而生，有善緣，也有惡緣。解決惡緣之道，唯以慈悲寬容待之。有聯語說：「眼前都是有緣人，相知相惜，怎不滿腔歡喜；世上盡多無奈事，看開看破，何妨皆付東流。」

生氣是不能解決問題的，只會擴大事態而已。如果破口大罵，或是打鬥動粗，必定造下更多更大的惡緣。所以法師不但不生氣，反而感謝莽漢化解他們之間過去的一段惡緣，而以歡喜豁達的心胸來接受被撞的事實。

俗話說：「一碗飯填不飽肚子，一口氣能把人撐死。」可見世人不乏因生氣、盛怒而身亡者。寬容別人，其實也是寬容我們自己。給予別人寬容的同時，我們的生命也會有更廣闊的空間。有人說：「寬容不等於縱容，也不是免除對方應該承擔的責任，否則對方會一而再再而三地犯錯，這就成了有害的寬容。真正有益的寬容，不是毫無原則地一再退讓，而是給悔改的人送去一點燭光，讓他看到前方不遠處還有希望。」（《左手哈佛家訓　右手劍橋家訓全集》頁三十七）。

大陸學者季羨林大師認為，「寬容不僅是愛心的體現，更是為人處世的極高境界。一個人的心胸有多寬廣，他就能贏得多少人心。寬容他人的冒犯，可以收穫無窮。放棄一切報復的決定，寬容所有人，是一種需要巨大精神力量支持的行為。」（《季羨林大師的人生哲學課》頁七十六）

南懷瑾大師認為，佛曾經說：「學會寬恕別人，是對自己的一種解脫。只有寬恕，才能以更好的姿態繼續生活，如果不原諒他人的過錯，心靈就會被怨恨占據，受傷害的終究是我們自己。」

禪師與小偷

有一位禪師住在山中的茅屋修行。有一天晚上他散步歸來，見到小偷光顧他的茅屋。禪師怕驚動了小偷，一直站在門外等候，並且早已脫下外衣拿在手中。小偷找不到任何財物，準備離開時，在門口撞見了禪師。

小偷滿臉驚愕，卻聽到禪師說：「你走老遠的山路來探望我，總不能讓你空手而歸呀！夜深了，帶上這件衣服走吧！」

說著，禪師就把衣服披在小偷的身上。小偷不知所措，低著頭走了。

禪師看著小偷的背影消失在山林之中，不禁感慨地說：「可憐的人！但願我能送一輪明月給他，照亮他下山的路。」

第二天，禪師在晨光中睜開眼睛。他看到自己昨晚披在小偷身上的外衣，整整齊齊地疊好放在門口。禪師高興地說：「我終於送了他一輪明月！」

大智慧：

釋迦牟尼說：「以恨對恨，恨永遠存在；以愛對恨，恨自然消失。」

佛家慈悲寬大，忍讓包容，視世間萬物為無物，不怨天尤人，從自然，呈本性，體現超脫修心的學問。有了這種心境，人就會豁達堅強，遠離仇恨，避免災難，獲得人生的成功。

每個人都會犯錯誤，這是很正常的，因此，寬容地對待別人，成為每一個人應該具備的美德。要如佛陀一樣，以愛對恨，以德報怨。

面對偷竊的小偷，禪師既沒有責罵，也沒有告官，而是以寬廣的心胸原諒了他，「送了他一輪明月」。這輪明月照進了小偷原本黑暗的心房，照亮了小偷原本齷齪的靈魂，終於使小偷醒悟了。然而，送一輪明月給小偷的禪師，自己也沐浴著月光，輕鬆、瀟灑、磊落、舒心。

秦浦《道家做人．儒家做事．佛家修心大全集》中說：「為人處世，面對磨擦和誤會，我們若能心不存憤恨惡念，語不帶尖酸刻薄，不傷害、誹謗他人，以寬廣的心胸堅守善美的心念、清淨的語言，便可在心地栽種一株株慈悲的草、寬容的花。如此，一朝人生的大原野就能綠意遍滿，白雲游天，馳騁其間，就是『只要自覺心安，東西南北都好』的瀟灑自在。」沒有錯，淨化心靈，洗去心靈的塵垢，才能以輕鬆快樂的心態去直面現實的人生。禪師已用慈悲寬容的心，淨化了小偷的心靈。

法國十九世紀的文學大師雨果說：「世界上最寬闊的是海洋，比海洋寬闊的是天空，比天空更寬闊的是人的胸懷。」

禪師有寬闊的胸懷，他對小偷的寬容不是縱容，也不是免除小偷應該承擔的責任，也不是毫無原則的退讓，而是給小偷悔改的機會，給小偷無聲的教育，是給小偷的一種恩賜，也是給自己的一種解脫，因為他沒有用小偷的錯誤來懲罰自己。

有一則類似的小故事：

有一個小賊晚上去偷大和尚的財物，老和尚看著他把僅有的東西都包好了，在他正要走出門的時候，便開口對他說道：「你偷完了沒有？」

小賊先是一楞，才發覺老和尚並沒有入睡，然後回答道：「完了！」

老和尚笑了對他說道：「唉！可惜啊！那麼貴重的東西你怎麼不偷呢？」

小賊聽完之後來了興趣：「你說什麼？哪裡還有個貴重的東西啊？」

老和尚便指給他說：「你看那高天之上一輪明月，從古懸空到如今。古往今來的人都見過它，普天之下的萬物又都被它照著，你說是不是大寶呢？」

「啊！」小賊又是一楞，月亮真是大寶啊，可我又該怎麼去偷啊！

小賊當下大悟，便拜老和尚為師。

我們依然十分讚嘆老和尚對小賊寬容的心懷，也讚嘆老和尚對小賊善巧的開示，更讚嘆小賊具有悟性，拜老和尚為師修行，痛改前非。

可惜，當今之世，像這個小賊的人並不多，而多的是那些偷梁換柱的大賊，能夠洗面革心的太少了。

老子《道德經》說：「大音希聲，大象無形。」大寶是非一般人所能看到、聽到、嗅到、嘗到、觸到、意識到的，所以不知它是大寶。如果你強指給人家看，反而會遭到斥笑猜疑，甚至要傷害你。可不是嗎？古時候楚國卞和在楚山上得到一塊璞玉，獻給楚厲王，厲王不信他的話，便刖去他的左腳。楚武王即位，他又去進獻，又被刖去了他的右腳。等到了楚文王在位時，卞和便抱著璞玉，在荊山下哭泣。文王便派人前去問候，並請人治這塊璞玉，果然是一塊價值連城的璧玉，被稱為「和氏璧」。

大寶難識，誠然。在我們日常生活中，白開水是最寶貴、最健康的飲料，任何人終生都離不開它。可是有很多人卻不以它為寶，偏要花錢去喝各類飲料，甚至花重金去喝各類名酒，結果損害身體的健康，甚而亂性敗德。

華盛頓不念舊惡

一次，華盛頓率軍駐防亞歷山大市。正值佛吉尼亞州議員選舉，威廉・佩恩反對華盛頓支持的候選人。

因此，兩人展開了一場激烈的爭論。華盛頓失口，說了幾句侮辱性的話。佩恩怒不可遏，以山核桃木手杖，將華盛頓打倒在地。

華盛頓的部下聞訊趕至，要為長官報仇雪恨。華盛頓極力勸阻並說服他們平靜地退回營地，一切由他自己來處理。

第二天上午，華盛頓託人帶一張便條給佩恩，約他到當地一家酒店會面。佩恩以為華盛頓會要求他道歉，以及提出決鬥的建議，料想必有一場激戰。

到了酒店，大出佩恩所料，他看不到手槍，只看到酒杯。華盛頓站起身來，笑容可掬，伸手迎接他。華盛頓對他說：「佩恩先生，人都會犯錯。昨天確實是我的不對。你也採取行動挽回面子了。如果你覺得已經夠了，那麼就請握住我的手，讓我們做個朋友吧！」

這件事就這樣了結了。從此以後，佩恩成了華盛頓的崇拜者和堅定的支持者。

大智慧：

「不念舊惡」的意思，是不把別人過去的惡劣行為放在心上，這樣才不會跟別人結下仇怨。《論語‧公治長》孔子說：「伯夷、叔齊不念舊惡，怨是用希（稀）。」伯夷、叔齊是商朝末年孤竹國國君的兩個兒子。孤竹國國君死後，兄弟互相讓位，同時離去，打算投靠西伯（即周文王），後來遇見武王伐紂，他們攔路勸阻，武王不聽。到了武王滅商，他們不屑於吃周朝糧食，於是隱居首陽山（在今河南省偃師縣境），採食野菜維生，結果雙雙餓死。孔子說他們是求仁得仁的賢者。司馬遷《史記》，把他們的生平放在列傳的第一篇，以表達崇高的敬意。

華盛頓以他的聰明睿智，不念舊惡，寬恕仇敵，忍讓仇敵，放下仇怨，最終化敵為友，得到珍貴的友誼與堅定的支持。

在日常生活中，我們總會和別人發生利益或者感情上的衝突，真正能夠化解衝突的，並不是爭吵或是大打出手，而是寬恕與忍讓。

諺語說：「讓禮一寸，得禮一尺。」愈是謙遜退讓的人，愈能得到利益。忍讓可以消除無窮的災悔。《捨與得的人生智慧課》中說：「退讓不僅是一種機智，也是一種堅忍的毅力和頑強的意志。瞬間的忍耐，有限的退讓，將使狹隘的人生之路變得無限廣闊。」

弘一大師說：「退讓不但是一種胸懷、一種品質、一種風度，更是一種坦然、一種達觀、一種睿智、一種超越。這種做法，需要一種勇氣，也需要一種超脫。」

法國作家巴爾札克說：「忍讓是支持工作的一種資本。」

而寬恕對別人是一種恩賜，也是對自己的一種解脫。缺少寬容，常會因瑣碎小事耿耿於懷，衝冠一怒，彼此惡語相傷，甚至大打出手。唯有寬恕，才可澆滅怨艾之火，化干戈為玉帛。所以，得饒人處且饒人，不念舊惡，才能得到心理的寧靜和恬淡，昇華自己的心靈世界，得到珍貴的友誼，如華盛頓一樣。

不責小人過，不發人隱私，不念人舊惡。三者可以養德，亦可以遠害。

天性善良的羅斯福總統

羅斯福總統年輕的時候，在家鄉的一座大農場工作，農場主人德里斯是個既刻薄又吝嗇的人。

有一次，羅斯福在工作上出了一點點紕漏，德里斯居然以此為藉口，扣發全部工資。羅斯福氣不過，將他告上法庭。可是他提早拉來農場工人作偽證，羅斯福當然敗訴，不但沒有討回薪水，還賠了一筆訴訟費。從此，兩人結下了仇怨。

二十多年後，羅斯福成了美國總統。在一個周末，他家裡來了一個不速之客——農場主人德里斯。

原來，由於經濟危機，他的農場急需資金周轉，否則就要破產。可是，他一向吝嗇，沒有人願意為他擔保。他借不到錢，只好硬著頭皮去找當年曾被自己欺壓的羅斯福。

羅斯福聽完他的哭訴後，完全不顧一旁妻子的眼神，毫不猶豫地決定為他擔保，讓他可以度過難關。

德里斯走後，妻子生氣地說：「難道你忘記他當年是怎麼對待你的嗎？你為什麼還要幫他？」

羅斯福慢悠悠地說：「假如一個人真的善良，那麼善良就是他的天性，不會因為面對的是善人或惡人而改變。如果面對一個惡人，自己也變得凶惡，這還是真正的善良嗎？」

大智慧：

羅斯福總統天性善良，不念舊惡，以德報怨，胸懷寬大。他是美國歷史上一位偉大的總統，也是唯一一位坐在輪椅上、又連任四屆的總統。

棄惡揚善是人類社會所推崇的行事的重要準則。中國傳統文化，歷來都是追求一個「善」字：為人處事強調心存善意；與人相處講究與人為善，樂善好施；對己要求善心永駐，獨善其身而後兼善天下，而《大學》也要我們能夠達於「止於至善」的終極目標。

孔子弟子顏回說：「人善我，我亦善之，人不善我，我亦善之。」這種品德與態度，深得孔子的嘉許。這種品德與態度，羅斯福總統也將它體現了，當然他也得到世人的敬佩。

中國有句古訓說：「行善積德。」天性善良的人，必然行善積德。有的人心懷善心，同情弱者，幫助他解決困難；有的人施以善舉，慷慨解囊，濟人之困；有的人扶善抑惡，挺身而出，見義勇為。這些善行義舉，都彰顯出人類高尚的品格。

「助人為快樂之本」，助人是一種高尚的行為，就像陽光一樣，無私地普照著大地，讓每一位熱愛生活的人，都能感受到陽光的溫暖。

心胸寬廣的肯納爾

肯納爾任利比里亞國家元首的第二年，應邀去法國訪問。不料，在他出訪的第二天，國內軍隊政變，推翻了他的政府。

肯納爾不得不中斷訪問，祕書向他轉告有人要殺他的消息。肯納爾並沒有恐慌及憤恨。他透過外國電臺，平靜而緩和地向利比里亞國民廣播：「我們每個人都有上臺的機會，也都有下臺的時候。當我聽到國內有人想解除我的職務，我沒有怨言。希望利比里亞人民消除歧見，團結友好，為保持局勢平穩，支持新政府。」

肯納爾豁達大度、充滿理性的演講，不僅使新政府放棄了對他的暗殺計畫，而且隨即發表聲明，歡迎在適當的時候，讓肯納爾回國養老。肯納爾用超人的豁達、寬容、大度，化險為夷，度過危機。

大智慧：

一般人總免不了和別人摩擦矛盾，何況是政治人物。政治人物之間摩擦矛盾，往往是非常劇烈的，爭得你死我活，而受到傷害的，不止是政治人物本身而已，有時全體國民都成為受害者。

肯納爾元首在出訪法國之際，他的政府被推翻了。肯納爾元首並沒有恐慌，更沒有憤恨，反而平靜和緩地呼籲他的人民消除歧見、團結友好、支持新政府，保持局勢的穩定與和平。這是何等的政治睿智，更是何等的豁達、寬容、大度。

肯納爾元首沒有一句話為自己辯解。李敖先生說：「有時解釋是不必要的，敵人不信你的解釋，朋友無須你的解釋。」肯納爾審時度勢，懂得放棄，進退有度，於是承認失敗的事實，以智慧和勇氣，在失敗之中把握進退。其實，他並沒有失敗，他是成功的，他是令他全國人民（包括他的對手）敬佩的。

肯納爾元首並沒有偏執於他的成見。美國歷史上最偉大的總統之一林肯說：「凡是成功的人必不偏執於個人成見。與其為爭路而被狗咬，毋寧讓路於狗。因為即使將狗殺死，也不能治好被咬的傷口。」

豁達大度的人，不會憤恨他的對手或敵人。英國偉大的戲劇家莎士比亞說：「不要為了敵人而過度燃燒心中之火，不要燒焦自己的身體。」任何人都難免會受到他人的誤解、批評、辱罵，甚至於謀殺。這時，不要失去理智，獲勝的唯一戰術，就是以和平的心態面對，如果相互爭吵、辱罵、仇恨，只會給雙方帶來更大的煩惱和傷害，而政治的鬥爭，甚且給人民加深痛苦。用平和的態度去化解衝突矛盾，才會立於不敗之地。

佛說：「學會寬恕別人，是對自己的一種解脫。只有寬恕，才能以更好的姿態繼續生活，如果不原諒他人的過錯，心靈就會被怨恨占據，受傷害的終究還是我們自己。」

《聖經》有這麼一段話：「現在我要告誡你們：愛你們的仇敵，並為那些迫害過你們的人祈禱，這樣你們便能成為天之父的子孫，因為上帝讓陽光普照壞人和好人，讓雨水滋潤良民與歹徒。」

真正的強者不會仇恨和厭惡對手。肯納爾元首是一個真正的強者。新政府不僅放棄了對他的暗殺計畫，還歡迎他回國養老。這證明一件事實：以寬大的胸懷處事，往往後福無窮。

蔡踐《弟子規全鑑》中說：「一個懂得寬恕的人，他的天地一定廣闊；一個懂得寬恕的人，他的精神一定充實；一個懂得寬恕的人，他的人生一定美麗。原諒是一種風格，寬容是一種風度，寬恕是一種風範。」

胸襟博大寬容的曼德拉

南非的曼德拉，因為領導反對白人種族隔離政策而入獄，被關在荒涼的大西洋小島羅本島上二十七年，受到殘酷的虐待。因為他是要犯，有三名獄警看守他，都對他極不友善，總是找理由虐待他。

在牢獄裡，他學會了如何處理遭遇的痛苦，控制情緒，改掉暴躁的脾氣，並以堅韌的毅力，感恩與寬容。

獲釋當天，他的心情極為平靜，他說：「當我邁過通往自由的監獄大門時，我已經清楚，自己若不能把悲痛與怨恨留在身後，那麼我其實仍在獄中。」

一九九一年，曼德拉當選南非的總統，在就職典禮上他的一個舉動震驚了全世界。就職儀式開始後，曼德拉起身致辭，歡迎來賓。他依次介紹了來自世界各國的政要，然後說，能接待這麼多貴賓，他深感榮幸，但他最高興的是，邀請到當年在羅本島監獄看守他的三名獄警也光臨。隨即請他們起身，並把他們介紹給大家，令那些殘酷虐待他二十七年的白人汗顏，也讓所有在場的人肅然起敬。大家看到年邁的曼德拉緩緩站起來，恭敬地向三個獄警致敬。在場的所有來賓以至整個世界都靜了下來。

大智慧：

一九九四年，南非選出第一位黑人總統曼德拉，這個典範成了世界上經過政治迫害的國家學習的對象。

事後，曼德拉總統解釋說，他年輕時性子很急，脾氣暴躁，正是那段漫長的牢獄歲月給了他思考的時間，讓他學會了控制自己的情緒，學會了如何處理自己的痛苦。磨難使他清醒，逆境使他克服了個性的弱點，也成就了他最後的輝煌。

我們要成就一番事業，一定要有面對挫折、逆境敢於挑戰的不服輸的精神。「風雨過後才會有彩虹」，挫折與逆境是人生的導師，面對挫折的時候，要承受它的打擊，用堅持不懈的努力來開闢平順的前途。

自古以來，在不幸中掙扎的人不計其數，然而只有能堅持希望的人才能脫穎而出。在人生的戰場上，我們不能沒有跌倒之後再爬起來奮鬥的毅力與勇氣。面對艱難困苦，想開了就是天堂，想不開就是地獄。所以我們不能把生活中的坎坷和曲折，作為退卻甚至是失敗的藉口。人生沒有逆境，因為逆境並不代表自己的窮途末路。

雖然別人的屈辱，對曼德拉總統來說，使他有沮喪、頹廢、悲涼的一面，但是它也使曼德拉總統激憤、奮進，化辱為榮的積極因素。所以，如果一個人正視自己所遭受的屈辱，那麼屈辱就可以成為奮發成功的動力。

其實，挫折是成功的前奏曲。挫折就像一雙手，把正在攀爬的堅強者拉上希望的山峰，也把氣餒的懦弱者推向絕望的谷底。苦難是孕育智慧的搖籃，它不僅能磨煉意志，而且能淨化人的靈魂。倘若沒有那些坎坷和挫折，我們絕不會有這麼豐富的內心世界。正是逆境的磨煉，增強了曼德拉對人生的自信，讓他成就了生命的輝煌篇章。

但是，更重要的是曼德拉總統的寬容。曼德拉總統原諒那些讓他坐了二十七年牢的人時，這個寬恕的態度所帶來的力量，改變了他的國家，也震撼了全世界。

武器可以殺死人，卻不能征服人心。真正能夠征服人心的，不是武器，而是寬恕的美德。佛陀說：「以恨對恨，恨永遠存在；以愛對恨，恨自然消失。」《聖經》說：「愛你們的仇敵，善待恨你們的人；詛咒你的人，要為他祝福；凌辱你的人，要為他禱告。」讓我們的心靈不受傷害和扭曲，最大的法寶就是愛，只有懂得不去記住侮辱、傷害，才能真正了解什麼是愛。擁有了這顆純真的愛心，就能看到了佛陀與耶穌基督的心。

曼德拉總統已經具足這顆純真的愛心，因為他知道，如果我們以仇恨的心來看世界，這個世界便充滿仇恨；如果我們以愛心來看這世界，這世界便充滿和平與歡樂。他也知道，面對仇人或敵人，普通人是恨不得殺之而後快，如果這樣，恰恰最具毀滅性，冤冤相報，最終會導致更大的悲劇發生。放下對別人的仇恨，才能得到心靈的解脫。當我們選擇寬恕、放下仇恨的時候，便獲得了應有的自由。

曼德拉總統之所以能夠寬恕他的仇人，因為他「不念舊惡」。孔子說：「伯夷叔齊不念舊惡，怨是用希。」《文中子・止學》說：「君子不念舊惡，舊惡害德也；小人存隙必報，必報自毀也。和而弗爭，謀之首也。」意思是說，君子不計較以往的恩怨，計較以往的恩怨會損傷君子的品行。小人心存隙怨，一定要報復，這樣只能讓自己毀滅。與人和諧而不爭鬥，這是謀略首先要考慮的。古今中外成大事功者，都是能夠從長計議、向前看、而不追憶別人過去過錯的人。

蘇俄作家屠格涅夫說：「生活過，而不會寬容別人的人，是不配受到別人的寬容的，但是誰能說是不需要寬容的呢？」荷蘭裔美籍近代著名歷史學家房龍，著有《人類的歷史》與《寬容》。《寬容》一書是他研究歷史的心得，他認為：人類之所以進步，是因為寬容。因為有寬容，容忍了異端的存在，也才有了其他的可能。

人生難免會遇到怨恨，有很多人不懂得如何去對待愛恨情仇，所以總是活得很累。其實這都是在跟自己過不去。面對怨恨，應該像曼德拉總統一樣把它忘記，這樣內心才會永遠安寧平靜。莎士比亞說：「不要由於你的敵人而燃起一把怒火，讓心中的烈焰燒傷自己。」所以，我們也應該向曼德拉總統學習「以德報怨」，懂得寬恕，不去記恨曾經凌辱我們的人。

周國平先生說：「真正富有人道精神的人，所擁有的不是那種淺薄的仁慈，也不是那種空洞的博愛，而是一種內在的精神上的豐富。因為豐富，所以能體驗一切人間悲歡。也因為豐富，所以對情感的敏銳感應不會流於病態纖巧。他細膩而不柔弱，有力而不冷漠，這是一顆博大至深的心靈。」曼德拉總統就具有這樣「一顆博大至深的心靈」。

容納異己是人類最崇高的美德。《我有一個夢》中說：「用愛心打開仇恨的牢獄，懷希望遠離憂鬱的暗房，醒來就是無雲萬里天，和平的花朵放出恆久的清香。」

忍辱寬厚的夢窗禪師

有一次，德高望重的夢窗禪師搭船渡河。船剛離岸，來了一位騎馬佩刀的將軍，大聲喊道：「船夫，等一等，我要過河。」

船上的人都說：「讓他搭下一趟吧！船都已經開了，怎麼回頭呢？」於是，船夫也大聲向那將軍喊道：「請等下一趟吧！」將軍一聽，急得團團轉。

坐在船頭的夢窗禪師對船夫說：「船家，現在船離岸還沒有多遠，我看那將軍很急，您就給行個方便，掉頭回去載他吧！」船夫看是一位出家人開口求情，就同意把船開回去。

將軍上船後，發現連一個空位都沒有。當他看到坐在船頭的夢窗禪師時，粗野地罵道：「你這個老和尚沒長眼睛嗎？看到本大爺上船了，還不讓座！」說著，就一鞭子打了過去。正好打在夢窗禪師的頭上，鮮血直流。禪師沒說一句話，而是平靜地讓位給了那位蠻橫的將軍。

船上的人都為禪師抱不平，但是害怕將軍，只得在一邊竊竊私語。將軍從大家的議論聲中，知道了事情的真相，原來是禪師幫助了自己，而自己卻打了他。頓時感到非常慚愧，但是礙於面子，又不願意當眾認錯道歉。

船靠岸後。夢窗禪師下船，默默走到水邊，撩起河水，洗去臉上的血汙。這時，將軍再也受不了良心的譴責，走到夢窗禪師跟旁，跪在他的面前，懺悔道：「禪師，我真對不起您。」

夢窗禪師心平氣和地說：「沒什麼要緊的，出門在外，難免有心情不好的時候。」

大智慧：

夢窗禪師是唐玄宗開元年間的一位高僧，德高望重，既是有名的禪師，也是當朝國師。

人與人之間的交往與相處，難免會產生摩擦矛盾，甚至於受到別人無理的冒犯和傷害，這時，有的人選擇逃避，有的人選擇怨恨，有的人則極端的選擇報復。然而，最明智的選擇卻是寬容，猶如夢窗禪師寬容了恩將仇報、蠻橫無理的將軍。假如當時夢窗禪師對將軍以牙還牙、以眼還眼，這樣只會讓怨恨越結越深，仇怨越積越多，冤冤相報何時了。寬恕別人，才能後福無窮。

我國古語說：「將軍額上跑得馬，宰相肚裡能撐船。」這不是一句虛話。法國大文豪雨果說：「世界上最寬闊的是海洋，比海洋寬闊的是天空，比天空更寬闊的是人的胸懷。」但凡真正的大人物，都有相當廣闊的胸襟。

寬容是一種無聲的教育。明代教育家呂坤說：「別人做了不好的事，原諒他，甚至要替他隱藏幾分。這樣渾厚地待人，可以使自己胸懷廣闊。」夢窗禪師一句「出門在外，難免有心情不好的時候」，所包容的寬容與善意，使彪悍的將軍瞬間丟盔卸甲。寬闊的胸懷，感化了冒犯他的人，如春風化雨。這種風範，令人肅然起敬。

老子說：「天下莫弱於水，而攻堅者莫之能勝。」以弱勝強，以柔克剛，這是道家哲學的基本觀點。以柔克剛，衝突自可迎刃而解，若以剛克剛，必致兩敗俱傷。因此，柔和的力量是強大的，聲音柔和，就能夠滲透到更遠的空間；月光柔和，輕輕拂過，便能捲起心扉的窗紗；表情柔和，與人的溝通及交流便更容易。以柔克剛，以退為進，才是一種人生的大智慧、大境界。

佛說：「一個人如果不能從內心去原諒別人，那他就永遠不會心安理得。」又說：「不寬恕眾生，不原諒眾生，是苦了自己。」又有聯語說：「眼前都是有緣人，相見相親，豈不滿腔歡喜；世間盡多難耐事，自作自受，何妨大肚包容。」弘一大師勸誡人說：「人褊急，我受之以寬容；人險仄，我待之以坦蕩。」或許很多人不以為然，嗤之以鼻，然而，一個真正心胸寬廣的人，必定能夠理解這些話。南懷瑾大師則勸誡我們：「學佛修道，要嚴於律己，恕以責人。」我們講道德，結果往往都以道德標準去要求別人，而不是要求自己；而學佛修道的人，也往往以佛法去要求別人，而不是要求自己，好像將佛法當成照妖鏡，只是照別人而不自照。

假如我們發現別人有錯，甚至於受到別人無理的冒犯，千萬不要「得理不饒人」，非置對方於死地才甘心罷休，而要學習夢窗禪師的寬容，「得饒人處且饒人」。星雲法師說：「得理而能饒人，是謂厚道。厚道則路寬；無理而又損人，是謂霸道，霸道則路窄。」

夢窗禪師滿懷慈悲心，才能寬容別人、寬恕他人。慈悲是撫慰人心的良藥，更是救急扶危的聖藥。常懷慈悲心，才能度己度人。人人慈悲為懷，這個世界將不再有寒冷與黑夜。

父親節的禮物

有個大約四十多歲的中年人，行動有些不方便，講話也不太清楚，三不五時會來3C賣場，偶爾也會買點像滑鼠或耳機之類的小東西。

久而久之，售貨員都對他很熟，成了好朋友，親切地和他寒暄。

有一年的黃金周，公司推出很多優惠產品。他來光顧賣場，一直詢問某廠牌的萬用鍋要如何使用和價格，讓售貨員出乎意料。他先是靦腆地笑笑，然後用不太清晰的口語說：「我爸爸很喜歡做菜，每天都弄得滿頭大汗，十分辛苦。父親節快到了，我存了很久很久的錢，想已經夠買個萬用鍋，而且黃金周有優惠，我想買來送給我爸爸！」

售貨員對他說：「黃金周還有買一送一的活動，買萬用鍋就送果汁機。」他以為果汁機是要另外花錢買，一直推說不用不用，經售貨員費力解釋後，他才肯收下，等他看到發票上只有萬用鍋的金額，才露出開心的笑容，高高興興地提著萬用鍋和果汁機回家。

他的孝心令人感動不已。

大智慧：

父親喜歡做菜，為人子女者體諒父親做菜燒飯的辛勞，父親節買個萬用鍋給父親當禮物，是很平常的事。但是，對故事主角——那位四十多歲的殘障青年來說，他的孝心孝行，則具有非常特殊的意義，令人特別感動。

《百孝經》說：「羔羊跪乳尚知孝，烏鴉反哺孝親顏。」人豈可不如禽獸？孝順父母是為人子女者天經地義的事，有孝心行孝道，是一個人處世的基本德行。為人之道，在感恩圖報，滴水之恩，當湧泉相報，何況父母之恩，昊天無極呢！

清代史襄哉《中華諺海》：「萬惡淫為首，百行孝為先。」《青年守則》說：「孝順為齊家之本。」家齊而後國才能治，國治而後才能平天下。

儒家以孝為倫理道德的起始與根源，孔子認為孝是「至德要道，以順天下，民用和睦，上下無怨。」如果人人皆以孝為修身入德的階梯，就可以建立和睦幸福的家庭，建設和諧安樂的社會。

《大學》、《中庸》、《論語》、《孟子》中論孝之處很多，而《十三經》中有《孝經》專門談孝。《孝經》為孔子為曾子陳述孝道者，雖非孔子所作，然其義都出於孔子。《孝經》以孝立教，匯集聖賢論孝的精髓，是中華民族傳統寶典之一。漢代經學大師鄭玄，視《孝經》為「六經總匯」；清末民初國學大師章太炎，視《孝經》為「國學統宗」；中國民間則視《孝經》為「兩千年教子第一書」。

至於行孝之方，有居則致其敬、養則致其樂、病則致其憂、喪則致其哀、祭則致其嚴、及繼志述事諸端，可詳見筆者編著的《向歷史人物學品格：孝順篇》。

古哲有言：「樹欲靜而風不止，子欲養而親不待。」行孝要及時。人生有二事不能等，就是行孝與行善。

母親是活佛

有一個人虔誠信佛，每天吃齋，誦經，燒香拜佛，極想見見活佛。他籌備好路費，帶足乾糧，辭別老母，要去名山古剎尋找活佛。他跋涉千山萬水，終於來到一座古剎。方丈接待他。他向方丈述說一路的艱辛勞頓，並懇求方丈讓他見見活佛。

方丈對他說：「你即刻下山回家，路上會有個人披著衣服，反穿著鞋，散著頭髮來開門接你，那就是活佛。」

他聽後大喜，欣然下山。一路上投宿好幾家，可是沒有遇上方丈所說那樣的人。夜半時分，到了自己家門，飢寒交迫的他叩響了家門。

母親焦急地出來給他開門，正是披著衣服、反穿著鞋、散著頭髮。剎那間他頓悟了，淚流滿面，跪在母親的面前。

大智慧：

故事的主角這一跪，是良心的覺悟，更是對母親至誠的敬仰，此後，敬親如敬佛。

《增廣賢文》說：「堂上二老是活佛，何用靈山朝世尊。」俗話也說：「佛在家中坐，何必遠燒香？」正是方丈要對主角說的話。佛只是一個虛無的存在，木頭的佛燒不出舍利子來。「泥佛不渡水，金佛不度爐，木佛不渡火，真佛內裡坐。」真佛就是堂上雙親二老，他們是活菩薩。孝順父母，就彷佛遠去靈山朝拜釋迦牟尼佛了。

《心靈寶筏．及時行孝》說：「廳堂上有佛二尊，可惜世人多不識；既非金彩去裝成，更非楠檀所雕刻；乃是現存之父母，渠如同釋迦彌陀。若能真誠盡善孝養，何須別處求功德，何必靈山燒清香，只須堂上敬爹娘。父母恩情深似海，人生莫忘父母恩，生兒育女循環理，世代相傳自古今；父母不親誰是親，不重父母重何人？你若重他有八兩，後代兒孫還一斤。羔羊尚知跪乳恩，烏鴉亦有反哺情；當家才知柴米貴，養子方知父母恩。樹欲靜而風不止，子欲養而親不待；父母原來樹木同，豈能免得落秋風？勸君盡力生時養，死後悲號總是空。千兩黃金萬兩銀，有錢難買父母身；在堂父母百年稀，生時不孝死徒悲；在生之時不敬重，死後空勞拜孤墳。在家不可言相激，一旦拋離便不回；要見面時難得見，要他歸時難得歸；若要父母重見面，除非三魂夢裡隨。父子原是骨肉親，爹娘不敬敬何人？養育之恩不圖報，望子成龍白費心；養人子女要孝順，不孝之人罪逆天；勸君趁早行孝道，定保兒孫世代昌。」

「天地為大，親師為尊」，所以，子女感念親恩，孝順父母，既是一種生活態度，更是一種道德情操。

「本來佛心在人心，何必山水苦相求。」每位父母親都是觀世音菩薩的化現，雖然他們只是一位凡夫，我們為人子女者，依然可以得到菩薩的加持。如果我們不能這樣地思維，不僅看不到父母親的功德，反而不斷地觀他們的過，因此，雖然長時待在雙親的身旁，卻沒有生起任何證量。

佛陀說：應該對一切有情升起「如佛想」，何況是對我們的父母呢？尤其是母親，佛說：「母親有許多恩德是無以回報的，例如懷胎時百般照顧保護胎兒，任憑胎兒拳打腳踢，晝夜難眠；生產時，性命交關，務必要先知道孩子平安，勝過自己所受的劇烈苦痛，乃至命在旦夕也不顧；為養育孩子，不惜自己挨餓受凍，一生奔波勞苦；孩子遠行，天天擔憂掛念，直到看見平安歸來，才放下不安的心；遇逆境時，願代孩子受苦，無限體恤愛憐；從小孩出生到自己兩眼閉上，不能照顧了，這份愛仍永無休止。」

在真實的生活中，我們心頭的那一尊佛，就是我們自己的父母。即使自己身陷黑暗，偉大的父母也會為子女的心靈灑下陽光。子女是父母永遠的牽掛，只有父母，才能保護我們、關心我們、指引我們走過漫漫的人生路。

母愛是最偉大的、最神聖的、最無私的。母親不僅給予我們生命，也給予我們終生的力量。古今中外，不知有多少人歌頌母愛，對母愛讚嘆不已。在《左手哈佛校訓　右手劍橋校訓全集》書中有這樣一段話：「母愛像綿綿的春雨，滋潤著我們渴望的心靈，母愛在所有的生命中都是一樣的偉大。母親的心是最柔軟也是最堅強的。她始終像一隻超載的輪船，任憑風吹浪打，歷經千辛萬苦，也總是毫無怨言。」

筆者按：

這則故事的主角，實有其人。《德育古鑑．功過案．孝順》：「太和楊黼，辭親入蜀，訪無際大師。遇一老僧，問所往。黼曰：『訪無際。』僧曰：『見無際不如見佛。』黼問：『佛安在？』僧曰：『汝但歸，見披衾倒屣者即是也。』黼遂回。暮抵家扣門。其母聞聲，喜甚，不及衫襪，遽被衾倒屣而出。黼一見感悟，自此竭力孝親。年八十而逝。」

明代楊黼，雲南省太和縣（今大理市）人。品端學博，曾注釋《孝經》。他感悟那老和尚的禪語後，盡力孝順慈母。他活到八十高齡，某一日，沐浴淨身後，召集子孫們環侍在側，吩咐大家：「明天，我就要走了。」果然第二天恬然逝世。

一碗餛飩

一個倔強的女孩，為了一點小事跟母親吵嘴後離家而去，發誓再也不回家。

夜幕漸漸低垂，她沒吃晚飯又身穿單衣，感覺越來越冷了。等到華燈初上時，她已經快支持不住了，可是身上一塊錢都沒帶，她又氣惱又委屈。

這時，路邊賣宵夜的老太太叫住了她：「小姐，還沒吃晚飯吧！來！這裡吃一點吧！」

「可是，可是我沒帶錢。」她猶豫著，下意識地按早已飢腸轆轆的肚子。

老太太說：「不要緊，我也快收攤了，還剩下一點餛飩，我們就一起吃吧！」

看著那碗熱騰騰的餛飩，她的眼淚滴了下來。「阿婆！連妳都對我那麼好，我媽媽卻狠心不管我。」

老太太驚訝道：「傻孩子，我怎能跟妳媽媽比呢？我只不過給妳煮一碗餛飩，而妳的媽媽卻已經給妳做了幾十年的飯啊！如果妳為此便感激我，妳該如何感激妳媽媽呢？」

她一下子愣住了，連聲謝謝都來不及說，便扔下筷子跑回家。

果然，家門還沒關，而媽媽正倚門而望。看到女兒回來，喜出望外：「哎呀！妳跑哪兒去了，媽媽都等了妳三個小時了，飯菜都涼了。」

女孩淚崩了。

大智慧：

大陸學者周國平說：「在人生的航行中，我們需要冒險，也需要休息。家就是供我們休息的溫暖的港灣。在我們的靈魂被大海神祕的濤聲陶冶得過分嚴肅以後，家中瑣屑的噪音，也許正是上天安排來放鬆我們精神的人間樂曲。」

周國平又這樣說：「漁燈暗，客夢回，一聲聲滴人心碎。孤舟五更家萬里，是離人幾行清淚。」哪個異鄉遊子不想家呢？家是遊子夢魂縈繞的永遠的岸。

義大利文藝復興的旗手但丁，在世時一直希望能夠重回故鄉佛羅倫斯，但未能如願。他在他偉大的史詩《神曲》中這樣說：「世界上有一種最美麗的聲音，那便是母親的呼喚。」

愛是世界上最美麗的語言，愛具有最神奇的創造力。在這個世界上，有一種愛亙古綿長，無私無求，不會因為季節的更替而改變，也不會因為名利的浮沉而變化，那就是父母之愛。因為深愛著兒女，父母之愛的力量，可以創造出任何人都難以想像的奇蹟，締造一個天衣無縫的愛的世界。父母之愛是其他情感都無法企及的，包括愛情。它不但能夠寬恕一切無知與罪惡，還能夠把一切無知與罪惡轉變成善良與赤誠。父母縱然有時有苛刻的要求，嘮叨，喋喋不休，但是，那是對子女的愛之深責之切。

王卿在《小故事大道理》中說：「沒有任何東西能讓人無比幸福和富有，除非是擁有母親的愛；沒有任何遭遇可以稱得上悲慘，除非失去了母親的愛。」

廣欽老和尚這樣說：「父母對子女愛深責切，若子女嫌父母嘮叨，多管閒事，離開父母外出別住，不但自棄父母的依恃，且讓父母怨嘆，自失其利又傷及父母。」

俗話說：「兒不嫌母醜，狗不嫌家貧。」

其實，事實上不止是故事中的這個倔強的女孩，大多數的人又何嘗不是如此呢？我們可以對陌生人的一點點小恩小惠，就感恩戴德、感激涕零，卻對自己父母積年累月的付出與關愛，視若無睹，總是認為那是理所當然的。

周國平先生說：「『母親』這個詞意味著孕育的耐心，撫養的艱辛，不求回報的愛心。然而，要深切體會母愛的分量，是需要相當閱歷的。在年少時，我們往往心安理得地享受著母親的關愛，因為來得容易也就視為當然。直到飽經了人間的風霜，或者自己也做了父母，母親的慈愛形象在我們心中才變具體、豐滿而偉大。」

儒釋道三家的經典都提倡孝道，儒家有《孝經》，佛家有《佛說父母恩重經》，道家有〈文昌帝君勸孝文〉、〈呂祖勸孝文〉。儒家講「孝為第一善」，佛家講「孝為第一福」，道家講「孝為第一事」。

我們嘴裡所能發出最美好的字眼就是「母親」，最動人的呼喊就是「媽媽」。這平凡而偉大的稱呼，意義深長的字眼，充滿溫暖與慈愛。母親是我們的菩薩，使我們一生受福；母親是我們人生海洋中小船上的舵手。這樣似海的深情，千生難報。

鍾茂森博士〈母親的愛〉詩說：「我們也愛母親，卻和母親愛我們的不一樣。我們的愛是溪流，母親的愛是海洋。岌岌草上的露珠，又圓又亮，那是太陽給予的光芒。四月日子，半是爛漫，半是輝煌，那是春風走過的地方。我們的歡樂，是母親臉上的微笑；我們的痛苦，是母親眼裡深深的憂傷。我們可以走得很遠很遠，卻總也走不出母親心靈的廣場。」

因此，我們對父母要知恩報恩，反哺行孝，並且行孝及時，千萬別留下「風木之悲」的遺憾。

不棄糟糠之妻的晏子

晏子，名嬰，字平仲，是春秋時期齊國的賢相，曾輔助靈公、莊公、景公，以節儉力行為齊國所敬重。

齊景公挑選女婿時選中了他。能娶到公主，不知多少人夢寐以求，可是晏子卻高興不起來，因為他早已與妻子海誓山盟，要白頭偕老，永不離棄。

晏子決定冒死拒娶公主，於是邀請齊景公到自己的家裡，故意讓自己的夫人斟酒侍奉，然後刻意表現出十分憐惜疼愛夫人。等夫人退下去之後，齊景公說：「唉，你的夫人真是又老又醜，哪裡比得上我那年輕貌美的女兒！」

晏子立刻跪下去，恭敬地回答說：「臣的糟糠之妻的確是又老又醜，可是這是因為她把青春年華都給了我，我怎麼可以棄她於不顧呢？而且婚姻本是夫妻相互託付終身的大事，我跟她結婚，就是承諾終身照顧她。守諾是任何一個人都應該遵守的道德準則，身為君侯將相更應當以身作則，為全民表率。所以，請您收回成命。」

大智慧：

晏子，名嬰，字平仲，春秋末期齊國東萊夷維（今山東高密）人，出身於士族家庭，而非齊國的望族，齊景公時任齊相國，輔佐景公長達四十餘年，是著名的政治家、思想家、外交家，是齊國繼管仲之後的傑出人物。

糟糠就是酒渣和米糠，用來比喻粗劣的食物。「糟糠之妻」就是貧困時曾經共食糟糠、共患難的妻子。北宋蘇軾《東坡志林》說：「居高貴者不易糟糠。」後有「糟糠之妻不下堂」一語，是戒人不可以遺棄與自己共患難的妻子。

齊景公見晏子的妻子又老又醜，便想把自己年輕貌美的女兒嫁給他。若一般人則求之不得，可是晏子辭謝了景公的美意。他認為自己妻子現在是老而醜，但她也曾經年輕貌美。女子年輕時託身於人就是為了一直到老，一直到變醜。她已託身於我，我也已經接受了，怎麼能辜負她的委身相託呢？可見晏子是個言而有信，不為美色所動的人。雖然他榮華富貴，可是不棄糟糠之妻，這種道德品質，應該稱頌。

而後有宋弘，也不棄糟糠之妻。《後漢書・宋弘傳》：「建武二年（筆者按：建武為東漢光武帝年號），代王梁為大司空。……時帝姊湖陽公主新寡，帝與共論朝臣，微觀其意。主曰：『宋公威容德器，群臣莫及。』帝曰：『方且圖之。』後弘被引見，帝令主坐屏風後，因謂弘曰：『諺言：貴易交，富易妻，人情乎？』弘曰：『臣聞貧賤之知不可忘，糟糠之妻不下堂。』」宋弘婉拒了公主的求婚，不讓晏子專美於前。

婚姻制度是人類為了自身的生存和繁衍種族才形成的一種制度，這種制度也是一種社會性的契約，每個國家都會制定《婚姻法》，我國的《民法‧親屬篇》，對婚姻有詳細的規範與約束。雖然如此，離婚率卻非常高，中外皆然。可見婚姻無法只靠法律來維繫，而要靠道德的認知與愛情。恩格斯說：「沒有建立在愛情基礎上的婚姻是不道德的。」人類賦予婚姻純淨神聖的意義，因為婚姻是愛情的最後選擇。

培根說：「妻子，是青年時代的情人，中年時代的伴侶，老年時代的守護。」

婚姻是男女兩人相互託付終身的人生大事，一旦走入，便不論歲月變遷、容顏老去，雙方都要嚴格遵守對另一方的莊嚴承諾，不可因對方年老色衰而變心出軌。猶如晏子及宋弘，不棄糟糠之妻。

然而，當今之世，婚姻已是一本非常難念的經。理論雖如上述，實際上幸福美滿的婚姻難求，因為人類物質與精神生活提高，社會極為開放，人類不再僅僅是以傳宗接代、生育子女作為婚姻的唯一目的，婚姻的基石遂日漸薄弱，婚外情奇多，不幸的婚姻隨時隨處而有，所以離婚率奇高。

作家柏楊有句經典的話：「妻子不貞，丈夫有一半責任；丈夫不貞，太太也有一半責任。如果把對方逼得落荒而逃，責任就更大。」所以，美滿幸福的婚姻是要夫妻雙方認真妥善經營的，幸福美滿的婚姻，緣自夫妻相互信任、欣賞、尊重、疼愛、理解、幫助、諒解。

一杯牛奶

一個小男孩名叫霍華德・凱利，家境貧困，為籌措學費並貼補家用，挨家挨戶推銷商品。一天，推銷很不順利，他疲憊萬分，飢寒交迫，身上只有十美分，根本就不夠買東西吃。他決定向一戶人家討飯吃。他敲了門，一位美麗的女孩來開門，他不知所措，臉紅了起來，沒有要飯，猶豫後只求女孩給他水喝。

女孩卻倒了一大杯熱牛奶給他。他說：「對不起，我只有一角錢。」女孩笑著回答：「不用付錢，我媽媽教我，要以愛心布施，不圖回報。」凱利說：「那麼，就請接受我由衷的感謝吧！」說完，凱利就離去了。

二十年之後，經過苦學、奮鬥，凱利已經是一位大名鼎鼎的醫生了。一天，他服務的醫院收治一位得了一種罕見重病的婦女，需要多位專科醫生會診治療，凱利也是這個醫療團隊的成員。當他聽說病人來自那個熟悉的小城鎮時，憶起往事，馬上起身到她的病房。

凱利一眼就認出她就是二十年前曾經給他一杯熱牛奶的人。他決定要竭盡所能來照顧她、治好她的病。所幸手術很成功順利，將她從死亡邊緣救了回來。

凱利要求把醫藥費通知單送到他那裡，他看了一下，就在通知單旁邊簽了字。

她想醫療費將會花費她整個餘生來償還，當醫藥費通知單送到她的病房時，打開來看，看到通知單旁邊的那行字：「醫藥費已付，一杯熱牛奶。霍華德‧凱利（簽名）」

她熱淚盈眶。

大智慧：

這個故事的重點並不在這個故事的情節，而是在於這個故事的中心思想：善有善報、感恩報恩。

行善與感恩，都是快樂的源泉。「青年守則」說：「助人為快樂之本。」佛家說：「諸惡莫作，眾善奉行。」佛教又以布施列為「六度」之首。布施的本義，是教人去除貪鄙之心，由不執著於財物，進而不執著於一切身外之物，乃至於這塵世的生命。而俗眾借布施積善圖報，寺廟靠布施斂財致富，實在是小和尚念歪了老祖宗的經。崔瑗的〈座右銘〉不是說嗎：「施人慎勿念，受施慎勿忘。」其實，就佛家的觀點來說，行善可以化冤解業、趨吉避凶；行善可以使心靈自在、延年益壽；行善可以增長福慧、改變命運；行善可以帶來吉祥如意、幸福喜樂。這已經是最大的福報了，又何須受惠者的報答呢？

但是，受人之恩是必須要感恩圖報的。一流清淺，一定有源頭活水；一棵大樹，一定有泥土滋養。人生在世，不也會感受到來自別人的恩情嗎？每個人的一生當中，必定曾經得到過別人的幫助。受了別人的幫助，就應該心存感恩，滴水之恩，也要湧泉相報。俗話說：「羊有跪乳之義，鴉有反哺之恩。」動物尚且有感恩之心，何況我們人類呢？在西方有「感恩節」，可見感恩是人類的美德之一。

大陸學者陸杰峰在《厚道》書中說：「助人是一種高尚的行為，就像陽光一樣，無私地普照著大地，讓每一個熱愛生活的人都能感受到陽光的溫暖。在我們的生活中，總會有地方需要別人的幫助。同樣，我們身邊的人也需要我們的幫助。只有互相幫助，我們才能生活得更美好、更快樂。與此同時，擁有一顆善心，多行善行，也能夠讓我們得到許多人的尊敬和愛戴，讓我們擁有許多朋友，再也不寂寞。」

感恩讓生活充滿陽光，讓世界充滿溫馨。感恩是一種做人的準則，也是一種生活智慧。大陸學者賈丹丹在《北大哲學課》書中說：「感恩是一盞燈，照亮你我前行的路；感恩是一棵樹，讓我們疲倦的時候有個棲息的地方；感恩是一股甘冽的清泉，能夠滋潤你我乾涸的心田；感恩更是一種動力，推動你我去努力拼搏、進取。」

擁有一顆感恩之心的人，即使物質生活貧窮，也可以擁有很多的快樂。因為感恩，而能平靜地面對人生的悲喜；因為感恩，所以知足；因為知足，而內心愉悅。快樂的人都是心懷感恩的，不知感恩的人不會快樂。

故事中的小女孩，在霍華德・凱利飢寒交迫之際，送給他一杯熱牛奶，原本只是出於憐憫之心，並不要求得到對方來日的回報。哪知後來霍華德・凱利苦學有成，當了有名的醫生，回過頭來治療了這個小女孩（當時已是一名婦女）的重病。他深知「滴水之恩，當湧泉相報」之理，而沒有收取她分文的醫藥費。這小女孩的施小惠，正印證了「幫助別人就是幫助自己」。有人說「幫助別人而不求回報是大善，能包容一切是大智。」付出了愛，才能贏得愛。付出是回報的前提，越是不圖回報地幫助別人，別人便越會記住他的恩德，並在適當的時機給他更為豐厚的回報。得到他人的關愛是一種幸福，而關愛他人更是一種幸福。

一位哲人說，世界上最大的悲劇和不幸，就是一個人大言不慚地說：「沒有人給過我任何東西。」如果每個人常懷感恩的心，人與人、人與社會、人與自然會變得更和諧、更親切可愛；我們只要懷有一顆感恩的心，就能發現生活的美好、世界的美麗，而永遠快樂地生活在溫暖的陽光裡。

一碗白飯

二十年前某日黃昏，有一名大學生模樣的男孩，在臺北街頭一家自助餐店前徘徊，等到客人大致都離開了，他才面帶羞澀地走進店裡。

「老闆！請給我一碗白飯。」男孩低著頭說。

剛創業的年輕老闆夫妻，見他沒有選菜，極為納悶卻不便多問，立刻就遞給他滿滿一碗白飯。男孩付錢時，不好意思地問：「我可以在白飯上淋點菜湯嗎？」

老闆娘笑答：「沒關係，你儘管用，不要錢。」

他飯吃到一半，想到淋菜湯不必錢，於是又叫了一碗。

「一碗不夠是嗎？這次我給你盛多一點！」老闆娘熱情回應。

「不是的，我要拿回去裝在便當盒裡，明天帶到學校當午餐。」

老闆心裡猜想，他可能來自南部鄉下經濟不好的家庭，獨自北上求學。於是悄悄在餐盒的底部先放入店裡招牌的肉燥一大匙，還加一顆滷蛋，才將白飯滿滿覆蓋上去。

老闆娘見狀，知道老闆想幫助他，但不懂為甚麼不將肉燥大大方方地加在飯上？老闆貼著妻子的耳說：「他若一眼就見到肉燥，一定會以為我們是在施捨他，這不是傷了他的自尊嗎？這樣，他以後一定不好意思再來。如果轉到別家一直只是吃白飯，哪有體力讀書呢？」

「你真是好人，助人還顧及對方的面子。」

「我不好，妳會願意嫁給我嗎？」

老闆夫妻相視而笑。

「謝謝！我吃飽了，再見！」男孩起身提著一個沉甸甸的餐盒離去。

當男孩拿到沉甸甸的餐盒時，不禁回頭望了老闆夫妻一眼。

「要加油喔！明天見！」老闆向男孩揮手致意。

此後，男孩除了連續假日以外，每天黃昏都會來店裡吃一碗白飯，再外帶一碗，當然帶走的那一碗白飯底下，每天都藏著不一樣的菜。

往後的二十年裡，男孩就不曾在這家自助餐出現。某一天，老闆夫妻突然接到市政府強制拆除違章建築店面的通告，面對中年失業，經濟陷入困境，不禁在店裡抱頭痛哭。就在此時，一位像是大公司經理級的人突然來訪。

「你們好，我是某大企業的副總經理，總經理命我來，希望請你們在我們即將啟用的辦公大樓裡開自助餐廳，一切的設備與食材都由公司出資準備，你們只要帶領廚師負責烹煮菜餚，至於盈利則雙方各分一半。」

「你們的總經理是誰？為甚麼要對我們這麼好？我們沒有這麼高貴的親友！」老闆夫妻一臉

疑惑。

「你們是我們總經理的大恩人兼好朋友，他尤其喜歡吃你們店裡的滷蛋和肉燥，其他的等你們見面再談吧！」

終於，那每次用餐只叫一碗白飯的男孩現身了，他已經成功地建立自己的大企業。

老闆夫妻將告辭時，總經裡起身對他們深深一鞠躬，說：「加油喔！公司以後需要靠你們幫忙了。」

大智慧：

這也是一則善有善報、受恩報恩的故事。故事中的自助餐店老闆夫妻施恩行善，那位貧窮的大學生受恩報恩，都令人感動與敬佩。

這一則故事的情節，和上一則「一杯牛奶」極為類似，一中一外，可見行善施惠與受恩報恩，不分中外，是人類共通的美德。其哲學智慧的闡發已在「一杯牛奶」的「大智慧」中，此處不再贅述。惟有一點，自助餐店老闆行善施惠的善巧方式，顧及受惠者的尊嚴，是特別值得注意的。自尊心強烈的人，是不肖受「嗟來之食」的。授惠報恩的雙方都應以平常心行之，才能彼此自在而安然。

施恩是人生最高深的智慧，感恩是人生最有價值的財富。感恩可以幫助我們消解內心的積怨，可以滌蕩世間漂浮的塵埃。

季一冉《論語之處世十大法》中說：「生活似海，感恩如舟，泛舟於海，方知海之博大；生活似山，感恩如徑，循徑登山，方知山之巍峩。所以感恩是靈魂最純美的源頭，是發自內心的純真與善良，更是對生命真諦的領悟，是追求永恆幸福的處世哲學，是一種積極的人生態度，是對一切真善美的詮釋和昇華。」

晉文公的廚師

春秋時的晉文公酷愛吃烤肉，專為他烤肉的廚師便受到特別優厚的待遇。其他廚師起了嫉妒心。有一位廚師竟然偷偷地在已經烤好即將呈給晉文公的烤肉上放了一根頭髮，企圖以此陷害烤肉廚師，被晉文公治死罪，然後自己乘虛而入，取而代之。

果然，晉文公看到烤肉上的那根頭髮後勃然大怒，命人押來烤肉廚師，想立即治他的罪。烤肉廚師磕了頭說：「公若治鄙人的罪，請將三條大罪一起懲治。」

晉文公覺得奇怪，問他為什麼自稱有三條大罪。

烤肉廚師不慌不忙地說：「第一，我把刀磨得飛快，卻沒能切斷這根頭髮；第二，我一一把肉丁串到籤子上，卻沒發現有根頭髮；第三，我把爐火燒得很旺，把肉烤熟了，卻沒能燒掉這根頭髮。」

晉文公頓時有所領悟，便問他意指何人。烤肉廚師便把那個一直跟他過不去的廚師報了上來。晉文公命人將他帶來審問，他一進門便雙腿發抖，沒問幾句就認罪伏法了。

晉文公拍拍額頭說：「唉！我差點錯怪好人。」

大智慧：

諺語說：「明有所不見，聰有所不聞。」意思是說：視力再好也有看不到的地方，聽力再好也有聽不到的聲音，再聰明的人也有失察的時候。

眼見不足為憑為信，而道聽塗說更不必說了。只有小心求證，才能知道真相。如果不明察事情的真相，往往會「錯怪好人」，而使壞人得到僥倖。然而，真相極為難明，我們遇事時首先要冷靜分析，不能情緒化，不要單從事情的表面去判斷其原因而匆忙行事，否則就很容易因一時衝動做了不應該做的事。

許文娟《每天一堂北大人文課》說：「（我們）不可百分之百地相信別人所說的話，人心隔肚皮，對任何人都需要聽其言而後觀其行，才能真實地認清一個人的人品與修養，平時不要過於相信自己身邊的人，即使對方與我們關係很親密，也要多留一個心眼，不要太相信自己的耳朵，而是要仔細觀察對方的行動，澈底了解對方的人品和道德。」

古希臘哲學家說：「沒有理性，眼睛是最壞的見證人。」

故事中，「其他廚師」因嫉妒「烤肉廚師」，有取而代之之心，於是用計來陷害「烤肉廚師」。好在晉文公明察秋毫，真相大白。

嫉妒是一劑害人傷己的毒藥，是極要不得的。且看下列有關「嫉妒」的智慧警語：

嫉妒是一種本能，有了想要齊同、想要超越的欲望，才能夠砥礪進步，但是，若以貶抑他人來成就自己，則將反而凸顯人格卑劣的一面。

（《改變念頭，就能改變結果》頁一六九）

黑幼龍說：「嫉妒阻礙了人的成長，嫉妒使人無法做一個樂於與他人合作的人。嫉妒使人只能聘請不如自己的人為你工作。嫉妒阻擋人分享他人的成功的喜悅。嫉妒孤立了一個人。嫉妒推倒了心中仰慕的對象。嫉妒像是一把雙面利刃的刀，割傷別人，割傷自己。

（《中國時報》一九九三年一月三日）

馬銀春說：「雖然嫉妒是人天生的缺點，但我們不可不知它的危害性，它是一種病態，嫉妒會使人心中充滿惡意、傷害。嫉妒是對與自己有聯繫的、而強過自己的人的一種不服、不悅、仇視，甚至帶有某種破壞性的危險情緒，嫉妒的人總是拿別人的優點來折磨自己。

（《在北大聽到的二十四堂哲學課》頁十二）

法國作家巴爾札克說：「嫉妒者承受的痛苦比其他人遭受的痛苦更大，因為他自己的不幸和別人的幸福都會使他痛苦萬分。」

其實嫉妒和喜怒哀樂一樣，是人類的一種心理本能。看見誰比自己強，或是原來不如自己的人現在反而超過自己，心裡常常會不好受，這時嫉妒心便升起了。其實有一點嫉妒也並不全是壞事，一個人能嫉妒，證明他看到了自己和別人的差距，其次說明他不甘於這一差距，而且還有上進之心，不甘落人之後。但是嫉妒之度須控制好，把嫉妒變成奮進的力量，面對嫉妒，最好的方法是超越對方，若不能，就要停止嫉妒。

佛教倡導用「隨喜」來對治嫉妒這種病態心理。人得如己得，人成如己成，真誠恭喜祝賀超過自己的人，進而見賢思齊，取長補短，這樣豈不皆大歡喜？

弘一大師說：「嫉妒的人為智者所輕蔑，為愚者所嘆服，為阿諛者所崇拜，而為自己的嫉妒所奴役。」

糶米倉中見斧頭

有個農夫遺失一把斧頭，懷疑是鄰居的兒子偷的。農夫注意盯著鄰居兒子，愈覺得他是小偷。看他走路的神態，是偷了斧頭的神態；瞧他臉上的表情，是偷了斧頭的表情；聽他講話的口氣，是偷了斧頭的口氣。總之，從他的各種神態、說話、動作、態度來看，真像偷了斧頭的樣子。

過了幾天，農夫要挑穀出倉去糶賣，在穀倉裡扒穀堆時，竟然發現了那把斧頭。原來自己不經意遺忘在穀倉裡，後來倒入新穀而把它埋住了。

斧頭失而復得，農夫心情大快。第二天，又見到鄰居的兒子，覺得他的神態、講話、舉動、表情，都全無半點像是偷了斧頭的樣子了。

大智慧：

這則故事，原出於《列子》。《列子・說符》：「人有亡鈇者，意其鄰之子。視其步行，竊鈇也。顏色，竊鈇也。言語，竊鈇也。動作態度，無為而不竊鈇也。俄而掘其穀而得其鈇。他日復見其鄰之子，動作態度，無一似竊鈇者矣。」

又《韓非子・說難》：「宋有富人，天雨牆壞。其子曰：『不築，必將有盜。』其鄰人之父亦云。暮而果大亡其財。其家甚智其子，而疑鄰人之父。」

王少晨《佛家人生智慧》，引南宋呂本中《東萊雜志》云：「疑心生暗鬼。賦性多疑的人，常疑神疑鬼，財物遭竊，『知情』的人和相關的人都犯了嫌疑，誰都脫不了關係。如要偵查，也必是先從相關者和知情者下手。若尚未破案，這個疑團便永遠存在。當被人懷疑時，那位鄰居兒子可曾有半點委曲、甚至辯解？他只管正常自然，不用叫屈，自然不屈。」

事物的真相難明，古今同嘆。宋代蘇東坡〈題西林壁〉說：「橫看成嶺側成峰，遠近高低各不同，不識廬山真面目，只緣身在此山中。」俗語說：「當局者迷，旁觀者清。」為什麼呢？因為當事人，有利害得失的牽絆糾葛，怎麼能非常客觀、平實、真確、公允地告訴我們真相呢？

人常說：「眼見為實」，其實不然，有時候眼睛也會欺騙我們，讓我們做出錯誤的判斷。當年，至聖先師孔子周遊列國，在陳蔡絕糧，整整七天，未嘗米粒，只能喝一點野菜湯。根據《呂氏春秋》載：他們白天休息，顏回出去乞討米糧，討回來後就起火煮飯。飯將熟時，恰巧孔子看見顏回正伸手抓鍋裡的飯偷吃。過了一會兒，飯煮熟了，顏回親自進呈給孔子。

孔子假裝沒看見顏回偷吃飯，只說：「剛剛我夢見祖先，有人自己先吃了飯，然後再祭祀他們。」顏回恭敬地回答說：「不是這樣的啊！剛才炭灰掉進鍋裡，弄髒了米飯，丟掉又不吉祥，所以我就將髒的地方抓來吃。」孔子聽了以後，嘆息地說：「我們相信親眼所視，可是眼睛看到的仍不可信；我們相信自己的心，可是自己的心也不可靠。弟子要記住，要了解一個人真不容易啊！」因此，古希臘哲學家說：「沒有理性，眼睛是最壞的見證人。」

眼見尚且不足為信為憑，那道聽塗說更不用說了。事物的真相難明，疑心則生暗鬼。在未水落石出、真相大白之前，我們不要疑神疑鬼，妄加惴測，冤枉別人。

成人之美的張穆王

唐朝的謝原精通詞賦，善作歌詞，所作的歌詞在民間流傳甚廣。

有一年春暖花開的時節，謝原到張穆王府做客。張穆王親自盛宴款待他。酒酣耳熱，極為歡暢。張穆王讓自己的小妾談氏在簾後彈唱助興，謝原細聽，歌詞竟如此熟悉，她唱的正是自己所作的一首竹枝詞。張穆王見謝原聽得十分入神，索性叫談氏出來拜見。談氏貌美非凡，婀娜娉婷，她把謝原所作的歌詞都唱了一遍。

謝原遇知音，十分高興，對談氏產生了愛慕之情。他說：「承蒙夫人厚愛，感激不盡，只不過夫人所唱的是我的舊作。我應該新作幾首好詞，以備府上之需。」次日，謝原就奉上新詞八首，談氏一一譜曲彈唱，兩人配合得天衣無縫。謝原和談氏日久生情，終於有一天，謝原忍不住向談氏表白了。談氏雖然十分欣喜，但自知是張穆王的小妾，身不由己。

於是謝原親自去請求張穆王成全。

謝原本以為張穆王會盛怒，但張穆王聽後卻哈哈大笑，說：「其實我早有此意。雖然我也很喜歡她，但你們一個作詞，一個譜曲；一個吹拉，一個彈唱，不是天造地設的一對嗎？我怎能不成人之美呢？」

謝原未料到張穆王如此大度。為報答張穆王，謝原把此事作成詞，談氏譜成曲，四處傳唱。張穆王成人之美的美名，立即傳播開來，很多有識之士都紛紛投靠他。

大智慧：

《論語・顏淵》載：孔子曰：「君子成人之美，不成人之惡；小人反是。」意謂：君子幫別人完成好事，不幫人別人完成壞事；小人恰好跟君子這種做法相反。

《荀子・不苟》說：「君子能亦好，不能亦好；小人能亦醜（惡、不好），不能亦醜。君子能則寬容易直（親切、直爽）以開道（導）人，不能則恭敬繜絀（放低姿態）以畏事人；小人能則倨傲僻違以驕溢人，不能則妒嫉怨誹以傾覆人。故曰：君子能則人榮學焉，不能則人樂告之；小人能則人賤學焉，不能則人羞告之。」君子心靈充實，有自信心，所以胸襟開闊，樂於與人為善、成人之美；不僅不成人之惡，還會「忠告而善導之」。小人則心靈空虛，缺乏自信，所以胸襟狹隘，總是見不得別人好，而百般掣肘、打擊；不僅成人之惡，甚至親身參與、與他人狼狽為奸。

佛家見人行善，即讚嘆隨喜。隨喜之意，是看到別人行善積德，從內心中感到歡喜，跟隨著歡喜。隨喜可以治療人的嫉妒心。自己沒有親身去做善事，如能隨喜別人，其功德與親自去做無別。

成人之美是我們快樂的根本。張笑恆《北大清華人文課》書中說：「一個有德行、有涵養的人自然是願意見到別人過得更好的，當別人有了好事，君子都樂於分享、祝福；當別人遇到困難，君子也願意伸出援手。無私的人心裡永遠會為他人考慮，做任何事都會考慮到別人的利益，當自己的利益和他人利益相衝突的時候，往往會捨棄自己的利益去成全他人的利益。」

張穆王就是這樣一個能夠成人之美的君子。

小和尚掃落葉

師父給每個小和尚分配工作。一個小和尚分到打掃落葉，心裡甚為高興，因為比起挑水、劈柴、做飯，這顯然輕鬆太多了。

過了幾個月，小和尚便發現不是那樣，因時值深秋，每天大清晨都站在冷颼颼的西北風裡掃地，真不舒服。漸入冬季，晚風越來越大，無論前一天多賣力把地掃乾淨，第二天早晨總是滿地落葉。

怎麼樣才能輕鬆些呢？小和尚坐在臺階上苦思。挑水的小和尚恰好從面前經過，把自己的煩惱向他訴說。挑水的小和尚對他說：「這很簡單啊！在打掃以前，你使勁搖樹幹，把快落下的黃葉統統搖下來。這樣，你第二天不就可以省些力氣了嗎？」

「對啊！我怎麼沒想到呢！」掃落葉的小和尚喜不自勝地說。然後就真的猛搖起樹幹來，果然，樹葉紛紛落下來。

第二天，雞還沒叫，小和尚從夢中驚醒，便迫不及待地披衣起來，他要看看自己昨天努力的結果。可是剛出屋門，他便傻眼了，只見地上依然處處落葉，而且沒有比原來少。

這時，老和尚從他面前經過，看到他一臉哭喪，再看看滿地的落葉，老和尚頓時明白了怎麼回事。於是對他說：「我小時候也幹過這種蠢事，直到十幾年後才明白：無論你今天怎麼用力，明天還是會有葉子落下來，除非樹上不再有葉子。人生當中的苦痛也是如此啊！」

大智慧：

宇宙萬物萬事的發生、發展與變化，都有其內在的自然規律，道家把這個自然規律稱為「道」。做事必須依「道」而行，凡事順其自然。助蛹破繭為蛾或揠苗助長，都不合「道」，故事中的小和尚掃落葉，也不合「道」。

順其自然之義，就是遵循事物自然的規律，按部就班，循序漸進，萬事萬物自然瓜熟蒂落、水到渠成。蛹破繭成蛾的過程，原本就非常艱辛與痛苦的，只有經過這個過程，才能成蛾變蝶而翩翩飛舞，外力的幫助，反而對它造成傷害，所以最終讓蝶蛾悲慘死去；而揠苗助長的農夫，也終使禾苗枯槁而死，徒勞無功。小和尚把全院子樹上的黃葉全部搖落，以為這樣可以一勞永逸，第二天第三天可以不必掃了。殊不知每天必有枯黃的落葉，天天都要掃的。

順其自然並不是消極的等待，也不是宿命之論，聽從命運的擺布，更不是隨波逐流，而是告誡我們在遵守自然規律的前提下，積極處事。

世上有很多事情是不能提前預做或完成的，唯有認真地活在當下，才是最務實的人生態度。正如生命總是苦樂相隨，即使我們預支了明天的煩惱，只會徒增今天的重負，也依然於事無補。因此，與其為未來而憂傷，惴惴不安，不如把握住當下的快樂。

急功近利、急於求成的人，做一件事情恨不能馬上完成，最終只會導致失敗。急於求成的人，往往性格浮躁，心浮氣躁的人，如何思考如何處事呢？殊不知浮躁是成功路上的絆腳石，一旦心浮氣躁，就會盲目、淺薄、暴躁、耐不住寂寞、經不起挫折。「慌亂的心田是開不出智慧的花朵的。」而俗話也說：「心急吃不了熱豆腐。」因此，我們遇事不可躁進，在達成目標的過程中，內心要有凝神聚魄的定力，厚積薄發，自然水到渠成。

許文娟《每天一堂北大人文課》中說：「心浮氣躁的人，做人缺乏和善，做事缺乏耐心，勢必會時時讓人生陷入僵局。」又說；「人生如練武，心浮氣躁只會讓你走火入魔，自廢武功。浮躁是人生的天敵，一個浮躁的人，必然缺乏凝神聚魄的定力，缺乏拚殺搏擊的勇猛。一顆浮躁的心，必然是無根的浮萍，缺乏內涵與魅力。」又說：「用焦急與浮躁打造的船，只能將我們埋葬在失敗的汪洋大海中。」

我們要活在當下。所謂「當下」，就是指現在正在做的事、待的地方、四周的人。活在當下就是把關注的焦點集中在這些人事時地物上，全心全意地接納、品嘗、投入和體現這一切。可是，大多數的人都無法專注於「當下」，總是想著明天、明年、甚至下半輩子的事，將力氣耗費在未知的未來，而對眼前的一切視若無睹，所以，永遠也不會得到快樂。

「不雨花猶落，無風絮自飛」，這就是自然之道。「欲速則不達」，為人處事都必須順此自然之道，腳踏實地，不可好高鶩遠。自作聰明，最終總會給自己帶來加倍的懲罰。

再者，須知掃地並不是一件簡單的事，不但要會掃，還要能高高興興地掃，否則，掃地掃得起煩惱，無明業障反而纏上來。

不懂禮貌的大學生

一個北京大學的新生初來乍到，由於要到一些單位報到填表，隨身攜帶的行李沒地方放，非常著急。

這時，他看到一位踽踽獨行的老人走來，連招呼都不打，就對老人說：「幫我看著行李。」老人就看著行李，直到這個新生回來。他輕鬆地拎起行李就走了，沒有說個「謝」字。

令新生訝異的是，在開學典禮上，他又看到這位老人端坐臺上。主持人介紹說，這位就是我國文化泰斗季羨林先生。

不獨有偶，類似的事也發生在清華大學。一個大學生騎著單車在校園裡橫逛，不慎碰倒了一位老人。大學生當場生氣地說：「你長眼睛了嗎？」老人莫名其妙，教了一輩子的書，萬萬也不敢相信清華學生竟然這樣粗魯、這樣不講理。

大智慧：

孔子的倫理道德體系，以仁為核心，以禮為形式。自古以來，儒家思想為中華文化的主流，因此，中華文化被視為「禮」文化，而中華民族被稱為「禮儀之邦」。

但是，時至今日，國人似乎不重視禮了，國人的禮貌禮節已遜於外國人，已經是「禮失而求諸野」了。北京大學及清華大學的學生都這樣沒有禮貌，這樣言行粗魯，遑論是一般人了。

那麼，臺灣的大學生又如何呢？從臺大哲學系傅佩榮教授在所著《拓展生命的深度與寬度》書中記載一事，即可見端倪。此事是：「義美企業的經營者，看到大學畢業生沒有向公司的科長行禮問好，就認為臺灣教育培養出來的學生，是知識豐富的野獸。」

當然，我們不能一竿子打翻一條船，說兩岸的大學生全都沒有禮貌，彬彬有禮的大學生還是多數。然而，今天的青年，價值觀扭曲，道德觀式微，也是不爭的事實。

禮是內在生命的道德特質，禮與仁都是生命之美的德行。禮之為用大矣，就個人說，禮是立身之本，是日常生活言行的規範與準則，所以，孔子教誨其子孔鯉「不學禮無以立」。《禮記•曲禮上》說：「人有禮則安，無禮則危。」今日諺語則說：「有禮走遍天下，無禮寸步難行。」

釋家也重視禮節，《法句經》說：「能善行禮節，常敬長者，四福自然增色力壽而安。」意謂：能夠善行禮節，常常尊敬年長的人，他的四種福運自然而然都會增長，身體就安康長壽。

就治國而言，禮亦至為重要。孔子論為政，要「道（導）之以德，齊之以禮」，百姓才能「有恥且格」。齊桓公宰相管仲說：「禮義廉恥，國之四維；四維不張，國乃滅亡。」

香港《公正報》曾說：「富者有禮高質，貧者有禮免辱，父子有禮慈孝，兄弟有禮和睦，夫妻有禮情長，朋友有禮義篤，社會有禮祥和。」

《季羨林大師的人生哲學課》書上說：「禮貌是一種柔韌的智慧，它能形象地表達對別人的尊重，不激起對方的反感，也就自然給自己拓寬了很大的回旋空間，禮貌也能反映一個人的修養。禮貌不僅僅是一些刻板的虛文假套，它是一個人修養和品格的體現，是一個人內心世界的表徵。對每個人來說，文明禮貌是做人的『身分證』，是我們隨身攜帶的『教養名片』。」

西班牙女王伊莉莎白也這樣說：「禮節乃是一封通行四方的推薦信。」沒有禮貌的人，是會舉步維艱的。

我們立身處世，必先明禮，進而行禮。一個人如果全然不講禮節，無疑是教別人也無禮來怠慢自己，或是不尊重自己。反之，一個人言行舉止彬彬有禮，氣質高雅，一定會得到他人的認可、尊重、讚賞、支持。有禮貌，從一定程度上反映出一個人的內在品格和道德修養。

然而，不可諱言的，當今國人似乎不講禮節了，這是社會的亂源之一，萬不可輕忽。各級學校加強品格教育，推行禮貌運動成為當務之急。

禪師背女子過河

一位禪師和徒弟下山弘法。走到橋邊，遇上山洪暴發，把唯一的橋梁沖毀了。此時，一位年輕貌美的小姐也要過河，看到橋梁斷了，萬分著急地跺著腳。

禪師見狀，便走上前問：「小姐，妳要過去嗎？我來背妳過河。」小姐因為家中有急事，顧不得男女有別，回答：「好啊！好啊！」於是，禪師就背著她涉水過去了。一到對岸，禪師把她放下，雙方各奔前程。

徒弟卻一直耿耿於懷，師父常跟我們說：「男女授受不親」，今天遇到這麼一位美麗的小姐，卻很高興地背著她涉水過河，但自己是徒弟，也不敢說什麼。

可是，一天、兩天、三天、一個月、兩個月、三個月過去了，徒弟心裡仍然放不下那件事。終於有一天，他跑去師父面前說明他不以為然的意見。

禪師聽後，不禁撫掌大笑：「哎呀！徒弟，你太辛苦了！我在背那個小姐過河後，就放下了，你怎麼還把她背在心上，而且一背就是三個月，真是太辛苦了！太辛苦了！」

徒弟目瞪口呆。

大智慧：

禪師給他徒弟說的人生大智慧就是「放下」二字，因為徒弟放不下師父背女子過河的那一件事，其實，禪師在背女子過河以後就把她「放下」了。

人生猶如一趟長遠的旅途，在旅途上，每一個人都背負各種各樣的行李在艱難前行。行李有有形的和無形的，無形的行李，也許是工作、是過去、是感情、是成敗、是榮辱、是不屬於自己的一切。沉重的行李，是對人的折磨，放下一些，才能輕鬆前行，才能把握和珍惜真正屬於自己的美好。

對於一個高僧或高人來說，沒有什麼東西是放不下的；但是對凡夫俗子來說，放下是非常不容易的一件事。我們要放下的，豈止是功名利祿的追求，還有心中的壓力、肩上的重擔、對人事物的成見仇恨，還有得意時的驕氣與失意時的悲傷、沮喪。

手中的東西抓得越緊反而越容易失去，鬆開手後卻能更好地把握，這就是放下的妙趣。其實，放下是一種失去，也是一種獲得。要享受人生，就要在適當的時地，懂得鬆手放下一些東西。

《佛說做事的道理》中說：「現代人總是對自己的擁有牽腸掛肚，無法放下；放不下不公平的人和事，活在不平、痛苦與挫敗感中，心生憎恨；放不下犯過的錯誤，活在自責的陰影中，心生悔恨；放不下成功的榮耀，活在自滿的妄執之中，心生我慢。所以，人活得很辛苦，像有千百斤的重擔壓在身上。」

星雲法師《人生的階梯》【提起與放下】說：「不斷汲取的人生充滿失落的恐懼，且衍生求不得的痛苦，在熙熙攘攘的人間逆旅，何不學幾分布袋和尚的灑脫，在提起和放下之間，隨緣隨分；當提起時要提起，當放下時要放下，就像一只皮箱，旅行時提起，不用時放下。懂得『放下』的智慧，就能了澈五欲的追逐之外，還有個無求的天地；百年的壽命終了，還有個不死的法身。」星雲法師在《佛光菜根譚》中文說：「超脫榮辱毀譽，就是解脫；看淡成敗得失，就能放下。」

「提起與放下」也就是「得與捨」。捨與得是一種人生智慧和態度，也是一門處世的大學問和做人做事的藝術，二者相輔相成，既對立又統一，沒有捨就沒有得。人生無處不充滿了捨與得的智慧，參透捨與得的智慧，實踐於日常行事之中，才能真正體會到生活的樂趣，為自己締造幸福而無悔的人生。

拳王阿里

拳王阿里稱霸拳壇多年，在他的回憶文章裡，記載了許多感人至深的行為。幾位年輕選手曾經是阿里手下敗將，賽後找到阿里請教如何出好勾拳。阿里退掉了已經訂好的飛機票，手把手地教他的對手，並且把如何才能打敗自己的拳法也毫無保留地教給對方。

這種做法，讓許多人都大惑不解。記者們也為此事對阿里進行求證和採訪。阿里坦然解釋說：「誰若能戰勝我，那就說明拳擊事業已經發展了。這是我終身不變的追求——發展拳擊事業。」

大智慧：

阿里，原名凱謝爾斯・馬塞勒斯・克萊。是世界上最偉大的拳擊手之一，以他的偉大拳擊職業生涯和激進的政治主張而名滿全球。一九九九年，他被《體育畫報》雜誌評為世紀最佳運動員，同時也被很多人認為是二十世紀最偉大的運動員之一。

在日常生活中，我們時常會和別人從事各種大大小小的競賽或競爭，不管是動態的、靜態的或是腦力的、體能的。在競賽或競爭時的氣氛是緊張的、激烈的。誰都想勝出，都希望贏過對方。有些人得失心相當重，贏了以後得意忘形，擺出一副趾高氣揚、不可一世的姿態，甚且惡意嘲諷譏笑對手；有些人輸了以後垂頭喪氣、嫉妒對手，甚且懷恨對手，或怪裁判不公。這兩種人都失去了風度，不了知競爭或競賽的目的與真諦。

殊不知，競爭或競賽的目的，不是在打敗對方，而是最大限度地表現自己。競爭或競賽的真諦，在盡力發掘自己的潛能，而不是想方設法令別人表現失常、失敗。

競爭或競賽是一種光明磊落的公開比賽，要全力以赴，表現自己，以期超越對方，更要尊重對方，彼此坦誠相待。不虛偽、矯情、做作，不不擇手段以求勝利，也不文過飾非。其次，要欣賞別人的優點，不嫉妒別人，也不降低人格、失去尊嚴去阿諛逢迎別人，更不可為他人設置障礙或陷阱，阻止別人獲得勝利。因為這些態度與行為，只能說明自己的無知、才能的淺陋和品德的卑劣而已。

我們要善待對手，因為有了他們，才能使自己有卓越的表現。我們要感激對手，因為有了他們，才加速了自己成功的步伐。真正激勵一個人不斷努力的、獲取成功的，不是鮮花和掌聲，不是親朋好友的讚美，而是那些可以置人於絕路的打擊和挫折，以及那些一直想要打敗我們的對手、期望我們失敗的同業。

阿里之所以成為拳王，稱霸拳壇多年，當然是他技高一籌，打倒群雄，而更重要的是他澈底了解競爭或競賽的目的與真諦，所以他勝而不驕，感激對手，甚至於大公無私地把拳法毫無保留地傳授給對方，他唯一的目的是發展拳擊事業，這種風度比他的拳擊更值得讚賞，這才是阿里最成功、最偉大之處。

阿里於一九四二年一月七日，出生在美國肯塔基州路易斯維爾。一九六四年贏得世界重量級拳王榮銜，使世界拳壇進入「阿里時代」。一九六四年加入非裔美國人激進宗教組織「伊斯蘭國度」，並改名阿里。

阿里於二〇一六年六月三日病逝於美國亞利桑納州鳳凰城，享年七十四歲。他一生精彩萬分，三度奪下世界重量級冠軍，更以獨特的「蝴蝶步」打法稱霸拳壇，在人生舞臺的表現也是可圈可點，特別是他爭取民權，堅持反戰的勇氣，更足以為後人表率。

滿村菊香

智德禪師在寺院裡種了一棵菊花。轉眼三年後的秋天，寺院裡長滿了菊花，香氣隨風飄到了山下的村莊。

到禪院來的善男信女們都對菊花讚不絕口。有一天，有人開口向智德禪師要幾棵菊花回去種在自家的院子裡。智德禪師答應了，他親自動手挑了幾棵開得最盛、枝葉最粗的，連根挖出送給那人。消息傳開了，前來要花的人絡繹不絕，接踵而至。智德禪師有求必應。

不久，寺院裡的菊花都送走了，滿院變得淒涼，弟子們忍不住說：「真可惜，這裡本來是滿院飄香的呀！」

智德禪師微笑著說：「你們想想，這樣不是更好嗎？因為三年之後，就會是滿村菊香四溢了。」

弟子們聽了以後，臉上的笑容立刻就像盛開的菊花一樣燦爛起來。

大智慧：

智德禪師認為：我們應該把美好的事物分享給別人，讓每一個人都感受到快樂，即使自己一無所有了，心裡也是快樂的，這時候我們才真正地擁有幸福。與人分享幸福，比自己獨占幸福更幸福。菊花種在寺院或他處，其實並無不同。因此，他對菊花並不留戀，遂將菊花全部送給別人。然而弟子們卻非常不捨，覺得非常可惜。這就是「欲念」，就是「我執」。我們一旦有了

「欲念」及「我執」，往往就對事物產生不滿或不捨，而墜入苦海之中。

在佛家看來，人生無論是苦還是樂，都在一念之間。有苦必有樂，有樂必有苦，因此，苦和樂都是「我執」。解脫之道，就是滅盡「我執」，達到超情絕欲、四大皆空、六根清淨的無我境界。

試想：不捨一株菊花，哪得滿村的菊香？俗話說：「心底無私天地寬。」古今中外的真君子，之所以能夠品行正、修養好、境界高，是因為擁有坦蕩的胸懷，大公無私，不會因一己的得失榮辱而耿耿於懷。

得與失、捨與得都是互相辯證的、互為因果的，往與復本來也是自如的。佛無分別心，就無煩惱掛礙，心境圓融通達。

俗話說：「施比受更有福。」且看以下幾則有關捨與得的智慧語：

捨得、捨得，先有捨才有得；不捨不得，小捨小得，大捨大得，捨即是得。

（《修心——生命的敬畏》頁十七）

人生無處不充滿了捨與得的智慧。捨與得既對立又統一，參透捨與得的智慧，才能真正體會到生活的樂趣，為自己贏得幸福而無悔的人生。

（《捨與得的人生智慧課．代前言》）

捨得是一種人生智慧和態度，也是一門處世的學問和做人做事的藝術。捨與得相輔相成，既對立又統一。如果能夠真正掌握了捨與得的人生智慧，便等於掌握了打開人生幸福之門的鑰匙和通往成功之路的機遇。

（《捨與得的人生智慧課》頁四）

學會放棄是一種超越，睿智的人都懂得該放棄時就放棄。不吐故就無法納新，看似艱難的取捨，可以讓我們走出人生的迷途。當你能夠放棄一切，做到簡單從容的時候，人生的低谷就已經過去。

（《捨與得的人生智慧課》頁十九）

當你學會分享、給予和付出時，你會感受到捨己為人，不求任何回報的快樂和滿足。不吝於付出，既是一種道德與精神力量的感召，同時也是一種處世智慧的快樂之道。

（《捨與得的人生智慧課》頁一五九）

實際上沒有無緣無故的得到，也沒有無緣無故的失去。吃虧是福，生命中吃點虧算什麼？吃虧了能換來難得的和平與安全，能換來身心的健康與快樂，吃虧又有什麼不值得的呢？況且，在吃虧後，我們可以重新調整我們的生命，並使它放射出絢麗的光芒。

（《南懷瑾教你掌控人生三十六計》頁一四七）

人生在世，不能夠貪戀任何事物，要學會放棄，只有學會放棄，生活才會更加輕鬆，才能向更高的人生頂峰衝刺。

（《淡定的智慧》頁二十九）

敬慎克己內省

磊落坦蕩的魯宗道

北宋真宗時，教導皇太子的諭德官魯宗道，喜歡喝酒，經常到酒店喝酒。

有一天，皇帝要召見他。當使臣來到他家卻找不到他，原來魯宗道又上街喝酒去了。過了很長的時間，他才醺醺然地回來，已經超過了皇帝召見的時間。使臣只好先離去，並問他：「如果聖上怪罪你來遲了，你當如何回答？」魯宗道說：「應該實話實說。」使臣好心地提醒他說：「這樣會得罪聖上。」魯宗道說：「我好喝酒，這是人之常情，聖上會原諒我的，但是欺君的罪過可就大了。」使臣把他的原話稟告了皇帝。

魯宗道入朝，皇帝問他為什麼去酒店喝酒。魯宗道謝罪說：「臣家境貧窮，買不起上好的酒器，只好到酒店去喝。今天正好有位親戚遠道而來，便邀他去喝幾杯。但臣事先已特意換了官服，所以也無傷為官的體統。」

皇帝聽後笑道：「你身為朝廷大臣，竟敢上街飲酒，此事如果傳出去，恐怕被御史彈劾，所以你才這麼狡辯吧？」皇帝雖然這麼說，可是心裡認為他很老實，是個可以信賴倚重的人。

果然，後來魯宗道做了參知政事（即副宰相）。

大智慧：

魯宗道私自到酒店喝酒，因為忠誠老實，坦蕩磊落，坦白向皇帝承認，終被皇帝諒解，受到重用。魯宗道後來做了參知政事，果然為人正直敢言，邪妄之人都怕他三分。當時的人稱他為「魚頭參政」。

宋真宗雖然不是什麼明君，但也可稱得上寬宏大度，重用說實話的魯宗道，對匡正吏風，大有助益，因為那些擅長搬弄是非、欺君罔上的小人們知道稍事收斂。

法國大文豪雨果說：「把誠實放在生活的賭桌上去換取名譽，使大家都承認他是一個正人君子。」

羅曼・羅蘭說：「凡是拿虛偽作武器的，在沒有損害別人之前，先在損害自己。」

卡瑟拉說：「誠實是力量的一種象徵，它顯示著一個人的高度自重和內心的安全感與尊嚴感。」

林肯說：「你可以暫時欺騙所有的人，也可以永久蒙騙一部分人，但是你不能永久地蒙騙所有的人。」

莎士比亞認為：誠實不僅是一種美德，也是人生的一大優勢和財富，儘管誠實的人有時會被人嘲笑，但誠實絕不是成功的障礙，只要堅持，最終會得到別人的獎賞。

海涅說：「生命不可能從謊言中開出燦爛的鮮花。」
培根說：「人性的優點，就是在於對真的探討，誠實和率真的態度是人性的光榮。」
曾昭旭教授說：「誠實是拯救苦難人生的唯一靈藥，因為人生的苦難來自說謊。」
駱志伊說：「繪製美麗天堂的藍圖，一定要使用誠實的彩筆。習慣於作假的人，從不知誠實是何物。他戴上了假面具，周旋於人與人之間，獲取不正當的利益，還自以為得計。其實人世間的禍害，無過於不誠實；由於不誠實，而導致造謠、中傷、誹謗和陷害。如此與謀害並無不同。須知社會上萬般罪惡都是由於心地虛偽而引生；由於心地虛偽，自然黑白顛倒，是非混淆，於是不仁不義的事情，接二連三發生。」
大陸學者季羡林說：「要說真話，不講假話。假話全不講，真話不全講。就是不一定把所有的話都說出來，但說出來的話一定是真話。」
毫無疑問的，古今中外豪傑，為人行事總是光明磊落的，都是誠實守信的。一個人最重要的品質就是誠實，誠實是一切美德的根本，是每一個人立身處世的基本準則。誠實是人世間最珍貴的寶物，即使是向人誠實，承認自己的錯誤，而受到嚴厲的懲罰，也應該誠實。德國哲學家康德說：「誠實比一切智謀都好，而且它是智謀的基本條件。」
欺騙別人的人，最終被欺騙的是自己。我們要時時把誠實牢記在心頭，不要因為貪圖一時的小利，而丟棄最重要的美德——誠實。

任勞任怨的林則徐

林則徐（一七八五～一八五〇），是滿清鴉片戰爭時期傑出的政治家和民族英雄。

林則徐年輕時，擔任廈門同知書記。有一天，福建巡撫來公文稱他犯罪，要捉拿他。縣令雖然不相信他有罪，但是巡撫令不可違，於是勸他逃亡。

林則徐自認清白無罪，非但不逃亡，反而自行到巡撫處澄清。巡撫張師誠看見他來了，又驚又喜。對他說：「聽聞你文筆卓越，文牘辦得不錯，我要見你。」張巡撫即時招他入幕府。

每年過年都要上奏皇上賀歲，張巡撫請林則徐擬稿，擬就後在奏摺上改了兩個無關宏旨的字，要林則徐重新謄寫。

府中同事們各個都忙著回家過年，但是，林則徐並不因此而埋怨生氣，反而心平氣和，將奏摺再十分工整地寫了一次。張巡撫原來是在考驗他的。

張巡撫對他說：「你將來的功業大我萬倍，國家要靠你了。」果然林則徐後來成了清朝的大臣，他領導禁菸抗英和探求西方科技的努力，在近代歷史上起了鉅大的影響。

大智慧：

清仁宗嘉慶二十五年（一八二〇）林則徐出任江南監察御史。清宣宗道光之際，西方國家（尤其是英國），為了掠奪中國更多的白銀，把鴉片傾銷中國，造成中國的經濟危機，而人民的健康，也受到極大的危害。一些愛國的大臣，向皇帝建議嚴禁鴉片。宣宗於是指派林則徐為欽差大臣，到廣州查禁鴉片。

林則徐迫使英商交出三萬多箱鴉片，於一八三九年六月三日，在廣州的虎門銷毀。翌年，英國便發動對中國的鴉片戰爭。

鴉片戰爭雖然中國打了敗仗，然而禁鴉片的林則徐，遂成為一位不朽的民族英雄。正兌現了當年福建巡撫張師誠對他說的話：「你將來的功業大我萬倍，國家要靠你了。」我們很佩服張巡撫的知人識才，當然更要欽佩林則徐。

在歷史的長河上，古今中外的很多偉人，都是因為忠誠敬業而建功立業的，林則徐就是個例子。起初，林則徐只是一個文書小吏，因為忠勤敬業，受到長官的賞識提拔，最後更受到朝廷的重用，成為社稷大臣，繫乎國家的安危。

老鎖匠找接班人

有一位老鎖匠一生修鎖造鎖無可數計，技藝高超，待人親切和藹，深受敬重。

老鎖匠年紀越來越大了，唯恐自己的技藝失傳，決定找人接班。他挑選了兩個年輕人跟他學習技藝。一段時間以後，兩個年輕人都學得相當不錯，但是，老鎖匠的絕技只能傳給其中一個，於是老鎖匠決定對他們進行一次考驗。

老鎖匠在兩個房間裡各放一個保險櫃，讓兩個徒弟去打開，花時間比較短的勝出。結果大徒弟不到十分鐘就打開了，而二徒弟卻花了半個小時。眾人都以為大徒弟必勝無疑。大徒弟也不禁沾沾自喜。

老鎖匠問大徒弟：「告訴我保險櫃裡有什麼？」大徒弟說：「師父，裡面有很多錢，全是千元大鈔。」又以同樣問題問二徒弟，二徒弟支吾了半天才說：「師父，我沒有看見裡面有什麼，我只專心開鎖而已。」

老鎖匠十分高興，鄭重宣布二徒弟為他的接班人。大徒弟不服，眾人也莫名其妙。老鎖匠微笑著說：「不管幹什麼行業都要講一個『信』字，尤其是鎖匠這一行，要有更高的道德操守。我收徒弟是要把他培養成一個技藝高超的鎖匠，更要做到心中只有鎖而無其他，對錢財視若無睹。

否則，稍有貪念，登門入室或打開保險櫃取財物，又易如反掌，取不義之財，害人害己。我們修鎖的人，心上都要有一把不能打開的鎖。」

大智慧：

一個人的成就往往是與德行的修養成正比的，要想取得事業上的成功，就必須先具有高尚的品德。立業必先立德，做事必先做人，連人都做不好，還談什麼事業呢？

每一行業都有其必守的職業道德，而開鎖這一行更要有非常高的職業道德。老鎖匠因此把品德作為選拔接班人的標準。二徒弟雖然比大徒弟才能差，但最終因為品德高尚而雀屏中選，這充分顯示老鎖匠的智慧，也在告訴世人德比才重要。

有的人有德無才，有的人有才無德，有的人無德又無才，有的人德才兼備。當然德才兼備是最理想的人才，但是德才兼備的人不容易找。那麼用人之道該如何呢？有道是：「有德有才是正品，重用；無德無才是廢品，不用；有德無才是副品，利用；有才無德是毒品，慎用。」何以「毒品」還慎用呢？因為有些毒品像嗎啡、毒蛇可分別作麻醉劑、鎮痛劑，還有藥用價值。

德比才重要。漢代司馬遷說：「才者，德之資也；德者，才之師也。」就是說才能是成為道德高尚的人的重要保證，而品德高尚卻是才能的師父，才能只有在高超品德的教導下，才可以發揮作用。明代洪自誠《菜根譚》也說：「德者才之主，才者德之奴。有才無德，如家無主而奴用事矣，幾何不魍魎而猖狂？」意謂品德是才智的主宰，才智是品德的奴隸。有才智而無品德，就好像家中沒有主人而奴隸當家管事，他們哪能不無法無天、胡作非為呢？《菜根譚》又說：「德者，事業之基，未有基不固而棟宇堅之者。」

有德無才的人，無論怎樣是不會危害別人的，而有才無德的人，會運用一切手段求得成功，獲取他所要的東西，犧牲別人，甚至危害社會國家，其才華越高，危害則越大。因此，南懷瑾大師說：「有德無才難成事，有才無德辦壞事。」

德比才重要，輕才而重德，捨大徒弟而取二徒弟，老鎖匠具有大智慧。老鎖匠所說的「一把不能打開的鎖」，就是「貪欲」的鎖。有貪欲的人，本領越大，危害社會國家也越大。我們要用「一把不能打開的鎖」，來鎖住貪欲。

建築師與製藥公司女職員

有一位技術精湛的建築師，為老闆蓋了許多漂亮的房子，老闆非常滿意。

這位建築師自覺年紀大了，請求老闆讓他退休。老闆很捨不得他走，請他再建造最後一座房子。建築師答應了。

但是，建築師在建造這座房子的過程中，心思已經不在工作上了，也只用次級的建材。

房子蓋好後，老闆把房子的鑰匙交給他，並且很爽快地說：「這座房子是我送給你的退休禮物。」

建築師頓時目瞪口呆，愧悔交加。

有個女生剛從醫學大學藥學系畢業，被一家製藥公司聘用，試用期為三個月。

兩個月後，公司決定要裁掉一員。因為她的資歷最淺，決定裁她。再過兩天，她就必須離開公司。

本來，她可以在公司把薪水結清就走，但是，她認為在公司一天，就還是公司的員工，就有義務認真工作。上班的最後一天，同事叫她下午不必上班了，工作由他們分擔。但是，她沒有同意，仍然和平時一樣賣力地工作，把工作臺洗刷得一乾二淨，把用過的燒杯、試管，洗淨後排放得整整齊齊。

她的敬業精神，深深感動了老闆。她回到家的第二天，接到老闆的電話，請她再回公司繼續上班。

大智慧：

這個製藥公司的女生與那個建築師的工作態度，南轅北轍，差異非常大。有道是「態度決定高度」，一點都不錯，態度甚至可決定成敗呢！

工作態度比工作能力重要多了，工作能力很強，可是工作態度不好：敷衍塞責、陽奉陰違、虎頭蛇尾、假公濟私、個人英雄主義、缺乏團隊精神等等。這樣的人，必然成事不足，敗事有餘；反之，工作能力差一點，然而工作態度極好：積極、敬業、合作、富責任感，依然會有極佳的業務績效，而得到同仁的敬重與老闆的賞識。

機關或公司絕對不歡迎工作態度不佳的人，僱用新進的人員時，注重工作態度已甚於工作能力，即使工作能力強而工作態度不佳，必不錄用；對於員工的考核，工作態度也甚於工作能力，格外注重了。

良好的工作態度，並不是臨時能造作出來的，也不是一朝一夕養成的，必須長期不斷地涵養與陶治，而極其自然地表現在生活中和工作上。世界上沒有卑微的工作，只有卑微的工作態度。積極的態度，締造成功的果實，而消極的態度，孕育失敗的萌芽。

責任是生存的基礎，有責任感的人，一定有良好的工作態度。社會學家戴維斯說：「放棄了自己對社會的責任，就意味著放棄了自身在這個社會中更好生存的機會。」

察楠楠《受益一生的北大品德課》中說：「著名管理大師德魯克認為，責任是一名高效能工作者的工作宣言。在這份工作宣言裡，你首先表明的是你的工作態度；你要以高度的責任感對待你的工作，不懈怠你的工作，對於工作中出現的問題能敢於承擔，這是保證你的任務能夠有效完成的基本條件。」

一個人成就的大小，不在於現在所處的高度，不在於文憑，也不在於智商的高低，而在於工作的態度。身在職場，如果對工作挑挑揀揀，不如全力以赴，盡力而為。

守信的諸葛亮

諸葛亮有一次與司馬懿交鋒，司馬懿死守陣地，不肯向蜀軍發動攻擊，雙方僵持數天。諸葛亮派大將姜維、馬岱把守險要關口，以防魏軍突擊。

有一天，長史楊儀到帳中稟報諸葛亮說：「丞相規定士兵一百天一換班，今已到期，不知是否照常換班。」諸葛亮說：「那當然，依規定換班。」眾士兵聽到消息，立即收拾行李，準備離營。

忽然探子來報說魏軍已逼近城下。蜀軍頓時慌亂起來。楊儀說：「魏軍來勢洶洶，丞相是否留下要換班的四萬士兵，以便一起退敵？」諸葛亮揮揮手說：「不可，行軍打仗，以信為本，讓那些換班的士兵離營吧！」眾士兵聞訊感動不已，紛紛大喊：「丞相如此愛護我們，我們無以回報，絕不離開丞相一步。」蜀軍士氣大振，奮勇殺敵，魏軍終於潰敗。

大智慧：

諸葛亮克敵制勝的關鍵在對待士兵誠信，深受士兵感動而奮勇殺敵。《孫子兵法・計篇》說：「將者，智、信、仁、勇、嚴也。」諸葛亮誠信率兵，智慧得自《孫子兵法》明矣。

《周易・乾・文言》說：「忠信所以進德。」

《詩經・大雅・抑》：「白圭之玷，尚可磨也；斯言之玷，不可為也。」意謂：潔白的玉有汙點還可以磨掉；講話有汙點（按指不誠信），就不好辦了。

《禮記》說：「忠信，禮之本也。」又說：「君子寡言而行，以成其信。」《禮記・儒行》：「不寶金玉，而忠信以為寶。」

《大學》在釋「止於至善」時說：「與國人交，止於信。」

《左傳・僖公十四年》：「無信患作，失援必斃。」《左傳・襄公二十二年》：「失信不立。」《穀梁傳・僖公二十二年》：「言之所以為言者，信也。」

《論語・顏淵》：子貢問政。子曰：「足食足兵，民信之矣。」子貢曰：「必不得已而去，於斯三者何先？」子曰：「去兵。」子貢曰：「必不得已而去，於斯二者何先？」子曰：「去食。自古皆有死，民無信不立。」《論語・為政》：子曰：「人而無信，不知其可也，大車無輗，小車無軏，其何以行之哉？」其意是說：一個人倘若沒有誠信，我不曉得他可以憑什麼跟人家交往，好比牛車上沒有聯結車轅和車軛的輗，馬車上沒有聯結車轅和車衡的軏，那麼駕駛人將靠什麼來使車子行進呢？《論語・憲問》：子曰：「見利思義，見危授命，久要不忘平生之言，亦可以為成人矣。」是說：看見利益時要考慮它的正當性，看見別人危急時不惜捨命救助；平日跟人家約定的事情，雖然過了很久，也不會忘記，這樣或許可以算是一個成人了。《論語・衛靈公》：子張問行。子曰：「言忠信，行篤敬，雖蠻貊之邦行矣！言不忠信，行不篤敬，雖州里行乎哉？」

《孟子・離婁上》：「是故誠者，天之道也，思誠者，人之道也・至誠而不動者，未之有也，不誠，未有能動者。」

《荀子・樂論》：「著誠去偽，禮之經也。」《荀子・不苟》：「端愨生通，詐偽生塞，誠信生神，誇誕生惑。」

《老子》第六十三章：「輕諾必寡信，多易必多難。」《老子》第八十一章：「信言不美，美言不信。」

《墨子・修身》：「原（源）濁者流不清，行不信者名必耗。」

《管子・樞言》：「誠信者，天下之結也。」（案：「結」謂樞紐。）

《呂氏春秋・貴信》云：「君臣不信，則百姓誹謗，社稷不寧；處官不信，則少不畏長，貴賤相輕；賞罰不信，則民易犯法，不可使令；交友不信，則離散鬱怨，不能相親；百工不信，則器械苦偽，丹漆染色不貞。」

唐代魏徵，視誠信為治國的大綱，他說：「為國之基，必資於德禮，君之所保，惟在誠信。誠信立則下無二心，德禮形則遠人斯格。然則德禮誠信，國之大綱。」

北宋大儒程頤說：「人無忠信，不可立於世。」

蘇東坡說：「有能推至誠之心而加以不息之久，則天地可動，金石可移。」

西方人也非常講誠信。

弗勞德說：「當今世界的所有惡劣品質中，不真誠是最危險的。」

羅曼・羅蘭說：「凡是拿虛偽做武器的，在沒有損害別人之前，先在損害自己。」

美國故總統羅斯福說：「失足，你可以馬上恢復站立；失信，你也許永難挽回。」

誠信是每一個人安身立命的法寶，是做人處事的基本準則，是與人交往的前提，是營建和諧的人際關係、進行社會活動的基礎。有人說：誠信是最美麗的外套，是心靈最聖潔的鮮花，是人最堅固的堡壘。

香港首富李嘉誠先生說：「不論在任何地方、任何場合，信用都是最重要的。一時的損失，將來可以賺回來，但是損失了信譽，就什麼事情也做不了了。」

古人說：「一諾千金。」承諾別人的事情就努力去做到，如果確實無能為力，幫不上忙，千萬不要輕易向對方許諾，否則如果許下的諾言無法兌現，那就會失信於人。

擁有誠信的美德，等於擁有了一張「人生通行證」，可以走遍天下。

守信的老舍

老舍，本名叫舒慶春，滿族人，一八九九年二月三日，生在北京旗族之家，一九六六年八月二十四日逝世。他是中國現代與當代最優秀的作家中，唯一的少數民族作家，是富於創新精神的語言藝術大師，主要的著作有：《老張的哲學》、《趙子曰》、《二馬》、《小坡的生日》、《離婚》、《貓城記》、《駱駝祥子》、《火葬》、《四世同堂》、《茶館》（話劇）、《鼓書藝人》、《牛天賜傳》、《正紅旗》等。他的筆始終向著下層社會的小人物，不單曲盡人們的悲慘經歷，更能真正步入他們的心靈深處，展現他們的精神創傷。

關紀新在所著《老舍評傳》中說：「老舍為世間留有等身的文學作品。中國的廣大民眾，正重新從這浩繁的作品中間，發現一片美輪美奐的藝術天地。」又說：「老舍及其作品，正以更加有力的步伐，走向人民，走向世界。只要中國以及人類的文化還在，老舍就活著。」

老舍有篤實坦率的性格。一九四三年，老舍住在重慶，因抗戰中，生活非常艱難，家中的家具以及各種陳設都非常簡單。但屋中掛著一幅齊白石的畫，畫中有一隻大雞籠，一群小雞正四處覓食，活潑可愛，這幅畫為這簡樸的家平添許多情趣。

他的朋友著名編輯趙家璧夫婦來訪，盛讚這幅畫逗人可愛，很想也能得到白石老人一幅畫。

老舍連聲應允，說等到抗戰勝利，一定求白石老人贈畫給他們。

二十年後的一個假日，趙家璧去老舍家玩，老舍興致勃勃地取出一幅畫來，說：「白石老人這幅畫，雖是從畫商那裡買來的，但掛在你家再合適不過了，你們一定會喜歡的。」趙家璧喜出望外，手捧著畫很激動地說：「二十年了，你還牢牢記住著自己的一諾，真難得啊！」

大智慧：

誠信是一個人為人處世的基本準則，是使友誼永固的法寶。它不僅是人格的象徵，更是珍愛名譽的體現。如果沒有了它，我們的人生將變得不堪一擊；而擁有了它，等於擁有一張「人生通行證」，才能走遍天下。

俗語說：「一言既出，駟馬難追。」又說：「一諾千金。」要做到誠信，必須有信守諾言、遵守約定的生存智慧。所以許諾要謹慎，一旦承諾，必須兌現，不可食言而肥。

老舍對趙家璧一諾就是二十年，依然兌現了，真是難能可貴，令人感動。

在社會中，輕諾寡信、食言而肥的人不在少數，有些人是不好意思拒絕別人而向他人承諾，而有些人則喜歡胡亂吹噓自己的能力，隨隨便便向別人誇下海口，承諾自己根本辦不到的事情，結果不但事情沒有辦成，自己的人緣、人格、信譽反而搞臭了。

清代大儒顧炎武，曾經以詩來表達自己堅守信用的態度，詩曰：「生來一諾比黃金，哪肯風塵負此心。」

老舍本名叫舒慶春，是富於藝術創新精神的語言藝術大師，他的筆始終向著下層社會的小人物。他除講誠信之外，為人也甚謙卑，他不承認自己是作家，總是謙恭地把自己稱為「寫家」。傳世佳作《駱駝祥子》，是他最滿意的作品。

克制欲望的楚莊王

春秋時期，楚國令尹子佩邀請楚莊王赴宴，楚莊王立刻爽快地答應了。

可是當子佩在京臺將宴會準備就緒時，卻不見楚莊王大駕光臨。子佩只好再次去拜請楚莊王，楚莊王對他說：「我聽說你是在京臺擺盛宴，京臺這地方，向南可以看到料山，腳下是方皇之水，左邊是長江，右邊是淮河。在那種地方飲酒作樂，會讓人快活得忘記了必有一死的痛苦。我德性淺薄，難以承受如此的快樂，很怕自己會流連忘返，耽誤了治國的大事，所以改變了初衷，決定不赴宴。」

令尹子佩聽了以後，慚惶不已，對楚莊王更加敬佩。

大智慧：

楚莊王為了克制自己享樂的欲望，不去京臺赴宴。因為他能夠與欲望隔絕，才能專心治國，且為臣民表率，是一位明君，終究成為春秋五霸之一。

克制欲望，為凡夫俗子之所難為，何況是貴為國君的楚莊王！

「欲」為七情之一，人人都有欲望。所以欲望是人生哲學道德論的基本問題。欲望本是人類進步的動力，但是除了正常的欲望之外，禁不起物質的誘惑，一旦與「享受」劃上等號，就淪為貪婪的人了。一般人把幸福、快樂寄託在物質上，以為物質充分滿足，便是幸福快樂。事實上，物質只能供給感官的享受，而感官的滿足容易麻木。欲壑難填，欲望又像海水一樣，越喝越渴。欲望是無法滿足的，一味追求欲望的滿足，必然陷入痛苦的深淵。

因此，儒釋道三家都主張人類要離苦得樂，就必須要輕利寡欲。孔子「謀道不謀食，憂道不憂貧」，故「飯疏食，飲水，曲肱而枕之，樂亦在其中矣；不義而富且貴，於我如浮雲。」夏禹「菲飲食、惡衣服、卑宮室」而致力於治水；弟子顏回，「簞食瓢飲，居陋巷而不改其樂」，皆為孔子所讚許，而管仲不儉，有「三歸」（即三座公館），被孔子認為器量狹小。弟子中根多欲，孔子不許他是剛強不屈的人。孟子也主張寡欲，孟子說：「養心莫善於寡欲，其為人也寡欲，雖有不存焉者，寡矣；其為人也多欲，雖有存焉者寡矣。」

道家老子也主張恬淡寡欲。他自己以「慈、儉、不敢為天下先」為「三寶」，並「持而保之」。他認為：繽紛的色彩使人眼花撩亂；嘈雜的急管繁絃使人震耳欲聾，聽覺失靈；山珍海味、美酒佳餚使人口不辨味；縱情騎馬打獵，射雕逐鹿，使人精神放蕩發狂；金銀珠寶、鑽石瑪瑙，使人犯法悖德，行為不軌。是以聖人只求維持基本的生活需要，而不沉湎於感官的享樂。老子說：「知足不辱，知止不殆，可以長久。」又說：「禍莫大於不知足，咎莫大於欲得，故知足之足常足矣。」而莊子則主張無欲，莊子本身是一個超然物外，不慕榮利、齊萬物、超生死、逍遙自由的人。

至於釋家言「空」，也主張無欲。《四十二章經》說：「斷欲守空，即見道真。」《八大人覺經》說：「多欲為苦，生死疲勞。從貪欲起，少欲無為，身心自在。」當今高僧星雲大師說：「我們凡事不要向錢看，比金錢寶貴的東西很多，慈悲、道德、智慧、和諧、歡喜、關懷、情義等等，才是取用不盡的財富。」聖嚴法師說：「多貪多欲的人，縱然富甲天下，還是無法滿足，等於是個窮人；經常少欲知足的人，才是無虞匱乏的富人。」

古羅馬哲人西塞羅說：「不貪婪即是富有，不花費即是收入。只有滿足於一己所有的，那才是最真實的財富。」培根說：「任何個人財富，都不能成為個人最終的生命價值。」叔本華說：「導致痛苦的不是貧窮，而是貪欲。」

宋代的理學家張載，並不排斥物質欲望，但是過分追求欲望的滿足，就會危害「天理」。而程朱卻把理與欲對立起來，提出「存天理，滅人欲」之說。

清代乾嘉時期的戴震，強調批判將理欲對立的謬誤，認為理學家「理欲之辨」，適成「以理殺人」。他主張「理存於欲」，在戴震看來，人生而有欲、情、知三者，都是血氣心知之自然。凡有血氣的生物，莫不有欲，欲是人類奮發向上的動力，推進社會文明，如果沒有欲望，就個人來說，便無進取之志；就全體人類來說，便不會有日新月異的文明。故古聖先王之治天下，應體恤民情，使人人的基本物質欲望，都能實現、滿足。戴震又指出人欲之失，在於「私」與「蔽」，私就是自私，蔽就是無知。如果為了要滿足私欲，利令智昏，有悖逆詐偽之心，作淫佚作亂之事，則為道德天理所不容。

愛魚不受魚的公儀休

春秋時期，魯國的宰相公儀休酷愛吃魚。這一嗜好，被魯國人民知道了，凡有求於他的人，都花盡心思，送來好魚、奇魚，但是公儀休都婉拒了。

一天，公儀休又拒絕人家送來的一條大鯉魚，他的學生終於忍不住好奇地問道：「老師，您那麼喜歡吃魚，僕人每天都得到市場上給您買魚，為什麼別人送魚來，您卻不接受呢？」

公儀休答道：「因為我真的喜歡吃魚啊！」學生迷惑不解，他解釋道：「你想想看，假如我收了別人送我的魚，就要替別人辦事，便犯了受賄與濫權的罪，因而失去相國的職務。到那時，我再喜歡吃魚，也不會有人送了，而且我也會沒有錢天天買魚吃。但是，如果我始終廉潔奉公，保住宰相的位置，我的俸祿便足夠天天吃魚的。」

大智慧：

公儀休愛魚而不受魚，不徇私受賄，具有廉潔的品德，實在難能可貴，可為居官者的表率。

但是，也許有人會認為，依據公儀休自己的論調來看，他愛魚而不受魚，只是為了保住他的宰相之位，以期自己有俸祿可以買魚，可以常吃魚。但是，即使是這樣，清廉不受賄仍然是一般人難以做到的，很多人雖然明白有得必有失的道理，然而很難擋住眼前的誘惑。而公儀休怎能說自己廉潔呢？

擋不住眼前的誘惑，便會失去未來的快樂與幸福。清代文人李汝珍說：「人見利而不見害，魚見食而不見鉤。」我們在生活中難免會遇到很多的誘惑，包括名與利。如果只是貪圖眼前一時的小名小利，而像魚一樣只見食而不見鉤，就極容易上當受騙，墮入罪惡的淵藪而不自知。

追求非分的名利就是貪婪，人類本性中的貪婪，總是會在面對誘惑時，極輕易地暴露出來，而貪婪的人，絕對會因此而付出代價，因為貪婪會帶來災禍，令人戴上一生的枷鎖。生命中太多的禍患都是由於過度的貪婪造成的，所以貪婪是萬惡之本。古羅馬哲人西塞羅說：「不貪婪即是富有，不花費即是收入。只有滿足於一己所有的，那才是最真實的財富。」又說：「沒有比貪婪更可憎的罪惡了，尤其是身居要職、掌握國家政權的人貪婪，那更是如此，因為利用國家謀取私利，不僅是不道德的，而且也是有罪的、可恥的。」

人的嗜好往往成為被別人利用的弱點。當時有求於公儀休的人，就是利用公儀休愛吃魚的嗜好，送魚行賄，好在公儀休婉拒，不損其廉潔之風。所以對自己的嗜好，宜提高警覺，正視它，守好它，才不致被人利用。

廉潔慎獨的楊震

東漢的楊震，自幼聰敏好學，精通典籍，是著名的儒學大師，被尊稱為「關西孔子」。他年輕時，曾多次婉拒朝廷的舉薦，不肯做官，只以教書和租地務農為生。後來，大將軍鄧騭屢次邀他做官，他不好拒絕，便出任荊州刺史，後因政績卓著，調任東萊太守。

在上任東萊太守途中，楊震路過昌邑縣城。縣令王密正是他的學生，而且也是他任荊州刺史時舉薦的。王密為了謝老師的大恩，半夜時分，懷著十斤金子，悄悄來到楊震住處，奉上金子，並感激地說：「我本是荊州寂寂無聞的書生，幸得老師提攜，才有今天。此恩此德，學生沒齒難忘。」

楊震先是一愣，繼而笑說：「我們師生多年，應當彼此了解了。可是我了解你，而你卻不了解我呀！」

王密再次懇求道：「這只是學生的一點心意，而且這些金子是自家之物，絕非貪賄所得。再說，半夜三更，也沒人知道的。」

楊震勃然大怒，說：「怎麼沒人知道？天知、地知、你知、我知，趕緊收回去吧！」

王密既慚愧又尷尬，只得收起黃金悄然離去。

大智慧：

楊震拒絕收受王密的重金，是廉潔與慎獨的典範。他所說的「四知」，實質上是指社會道德準則，也就是俗話所說的「天地良心」。天地良心雖然看不見、摸不著，然而確實存在於人們的心中。

俗話說：「君子愛財，取之有道。」這個「道」，不僅是途徑、管道、方法，也包括道德、道理，是正道而非邪道。《禮記・曲禮上》說：「臨財毋苟得，臨難毋苟免。」「毋苟得」就是不貪取非義之財。貪婪是人生的大忌，是萬惡之本。追求非分的名利就是貪婪，一貪婪即要惹出禍患來，令人戴上一生的枷鎖，所以佛家以「貪、嗔、痴」為三毒，誡人不可貪取非義的名利。

《左傳・襄公十五年》載：宋國有人得到美玉，把它獻給子罕，子罕不受。獻玉的人說：「我拿給玉匠看過，玉匠認為是寶物，才敢進獻給您。」子罕說：「我以不貪為寶，你以美玉為寶，如你把美玉給我，我們都喪失了寶物，不如各人保存自己的寶物。」楊震拒絕收受王密的重金，猶如子罕拒受美玉，終能保存自己的寶物。

楊震還有「慎獨」的美德。《大學》講「三綱八條目」，三綱就是「明明德，親民，止於至善」，而八條目即：格物、致知、誠意、正心、修身、齊家、治國、平天下。」在解釋「誠意」

時說：「所謂誠其意者，毋自欺也，如惡惡臭，如好好色，此之謂自謙，故君子必慎其獨也。小人閑居為不善，無所不至，見君子而後厭然，揜其不善而著其善。人之視己，如見其肺肝然，則何益矣？此之謂誠於中，形於外，故君子必慎其獨也。」《中庸》也說：「是故，君子戒慎乎其所不睹，恐懼乎其所不聞。莫見乎隱，莫顯乎微，故君子必慎其獨也。」

東漢鄭玄注《中庸》，把「慎其獨」解釋為「慎其閑居之所為」，南宋朱熹則進一步認為，「獨」是「人所不知而己獨知之地」。《辭海》解釋「慎獨」說：「在獨處無人注意時，自己的行為也要謹慎不苟。」《辭源》解說：「在獨處時能謹慎不苟。」所以「慎獨」者，就是不欺暗室，仰不愧於天，俯不怍於地，中間不愧於人。無論何時何地，面對種種誘惑，都能把握住自己的言行，自覺地遵守道德，謹慎不苟。慎獨是對人格和情操的考驗。人生而有欲，若不慎獨，則如同放任「病毒」吞噬自己健康的身體。

宋代陸九淵說：「慎獨即不自欺。」宋人袁采說：「慎獨即處世當無愧於心。」清代曾國藩說：「慎獨則心安。自修之道，莫難於養心；養心之難，又在慎獨。能慎獨，則內省不疚，可以對天地、質鬼神。」在曾氏著名的「日課四條」：慎獨、主敬、求仁、習勞，以慎獨為根本。

要做到慎獨，就要頂住誘惑，人前人後，表裡如一，心中坦蕩蕩。俗話說：「若要人不知，除非己莫為。」果若楊震受取了王密的重金，雖在夜裡，無第三人知曉，可是日久天長，必然為天下人所知。有道是：「蒼蠅不叮無縫的蛋」，其身正，邪氣自逃；心無貪欲，行賄者便無所施其技。

現代的人生活節奏越來越快，欲望與誘惑也越來越多，但是價值觀則越來越偏斜不正，往往經不起名利的誘惑，利令智昏，收受非義之財，甚至自己費盡心思去謀取非義之財，貪婪無度，終至身繫囹圄，身敗名裂。宋天天在《儒家妙語話人生》書中說：「自省、慎獨是儒家提出的重要修身方法，幾千年來對人們修身養性，追求高尚的道德情操，起到了巨大的促進作用，今天仍是當代青年培育高尚道德人格的重要途徑。」

林則徐拒賄

清朝嘉慶二十五年（一八二〇），林則徐被任命為江南監察御史，他巡視江南各地，到了澎湖寓所剛歇下，就有個自稱「花農」的人獻上一盆玫瑰花，還請他要換個大盆栽種。林則徐知道其中必有蹊蹺，就一腳踢翻花盆，盆裡現出一個紅包，包裡是一隻半斤重的金老鼠和一紙信箋，箋上寫著：「林大人親收，張保敬獻。」林則徐當場將金老鼠沒收，上繳國庫。

道光十九年（一八三九），林則徐赴廣州查禁鴉片。五月間，英國商務代表義律請林則徐到他的私邸參加宴會，並將一只精緻方盒捧送給林則徐：「請大人笑納小小的見面禮。」林則徐接過來打開一看，大紅軟緞襯墊上放著一套鴉片菸具：白金菸管，秋魚骨菸嘴，鑽石菸斗，旁邊是一盞巧雅孔明燈和一把金簪，光彩奪目，起碼值十萬英鎊。

林則徐義正詞嚴地說：「義律先生，本部奉皇上旨意，到廣州肅清菸毒。這套菸具屬於違禁品，本當沒收，但兩國交往，友誼為重，請閣下將菸具帶回貴國，存入皇家博物館當展品吧！」義律無地自容，只好將禮品收回。

又林則徐一八二〇年赴湖北履新時，由襄陽發出《傳牌》寫道：「伙食一切，亦已自行買備，沿途無須致送下程酒食等物。所屬官員，只在本境碼頭接見，毋庸遠迎。」一八三〇年，他離京赴廣東查禁鴉片，行前，發出《傳牌》寫道：「此行並無隨帶官員供事書吏」、「並無前站後站之人」、「所有尖宿公館，只用家常飯菜，不必備辦整桌酒席，尤不得用燕窩燒烤，以節縻費。此非客氣，切勿故違。至隨身丁弁人夫，不許暗受分毫站規、門包等項。需索者即需扭稟，私送者定行特參。言出法隨，各宜懍遵毋違。」

大智慧：

林則徐是清代道光年間堅決抵抗西方資本主義侵略的忠臣，他銷毀鴉片，引起鴉片戰爭，眾所周知。陳君聰《名臣評傳》中對林則徐評價說：「儘管清政府和林則徐的主觀願望是為朝廷除去禍患之源，謀求長治久安，但是虎門銷菸的歷史意義，遠遠超出了查禁鴉片本身：它是一個偉大的行動，它向全世界表明中國人民反抗外來侵略的堅決性，並一洗貪官汙吏所加予中國的恥辱；它是一個響亮的號角，喚起千千萬萬的中華兒女，為中華民族的生存而奮鬥。它揭開了中華民族歷史的嶄新一頁，寫下了中國近代第一位民族英雄林則徐光輝的功績。」

這一段話，極為值得注意的是，對於林則徐銷禁鴉片與「一洗貪官汙吏所加予中國的恥辱」，相提並論。清代官吏貪腐極為嚴重，這也是清廷腐敗的致命傷，在劉鶚的《老殘遊記》中，有痛切的陳述。清廉有識之士，對這些貪官汙吏痛恨至極，力倡廉潔。清代張伯行在任福建和江蘇巡撫總督時，就極力反對以饋贈之名行賄賂之實，並寫過一篇禁止饋送的檄文：「一絲一粒，我之名節；一釐一毫，民之脂膏。寬一分，民受賜不止一分，取一文，我為人不值一文。誰云交際之事，廉恥實傷，倘非不義之財，此物何來？」此文言簡意賅，浩氣凜然，表現了他對拒禮抗賄的深刻認識。這種嚴格自律，堂堂正氣，使行賄送禮之輩望而卻步。張伯行正是憑藉著這種堅定的為官立場，成了「清廉剛直，政績卓著」的楷模，從而彪炳史冊。

而林則徐又何獨不然？他也因「清廉剛直」，才能完成銷菸禁菸的時代使命。他在漫長的官場生涯中，一時一刻都不曾忘記「廉潔」、「清政」。最初在山東濟寧當「運河河道總督」時，便立下一塊石碑，上面鐫刻著「人到無求品自高」七個大字，一針見血地道出無私和無欲的崇高品德，作為自己的座右銘，時刻鞭策自己、激勵自己。後來任江蘇廉訪使時，他在官署大廳最顯眼的地方，掛著一幅自己親書的條幅：「願聞己過，求通民情」，由此可見他處處關心民情疾苦。

一八三八年，林則徐奉命前往廣東查禁鴉片，只帶僅有的幾名隨員，乘坐車、船、轎，一律自己掏錢付費，不張羅迎接，操辦酒席。

鴉片給中華民族帶來比山重比海深的災害，揭開了近百年來反對外國侵略戰爭的序幕。

林則徐官場四十年，行跡踏遍十四省，統兵四十萬。到頭來仍兩袖清風，一貧如洗，而他怡然自得，無愧於心，實在令人欽佩。他故居廳堂掛著親筆所書對聯：「海納百川，有容乃大；壁立萬仞，無欲則剛。」

《周易》坤卦中說：「積善之家，必有餘慶；積不善之家，必有餘殃。」父母究竟應該把什麼最珍貴的東西留給子孫呢？答案是精神上的財富。林則徐曾經給他的子孫這樣一幅「家訓聯」：「子孫若如我，留錢做什麼？賢而多財，則損其志；子孫不如我，留錢做什麼？愚而多財，益增其過。」

曾國藩在給弟弟的一封信中，曾經有這樣一段話：「聽說林文忠公（按即林則徐）三個兒子分家的時候，各人只得六千串錢；林公為總督、巡撫二十年，而其家的清寒如此，高風亮節，實不可及。我們這些人做官，就應該效法這樣的作風。」

欲望雖然是人的一種生理本能，但是私欲太多太大，往往就會貪婪，被財欲、物欲、色欲、權欲等迷住心竅，貪求無已，終至縱欲成災罹禍。

西哲湯恩比說：「如果一個社會把無限制的追求財富，視為唯一目的的時候，則這個社會必將罪惡叢生，整個人類也將因此而毀滅。」此一警語，正如暮鼓晨鐘震撼世界。畢竟現代人追求財富原來無可厚非，而人生目的的迷失，價值觀混淆，道德紀律崩潰，才令人憂心。戒貪拒賄不僅要謹小慎微，還要有膽有識，敢於公開頂住甚至當面揭穿行賄者的圖謀。有道是：「蒼蠅不叮無縫的蛋。」其身正，邪氣自逃；心無貪欲，行賄者便無所施其技了。

洞山禪師圓寂

洞山禪師自己預知即將離開人世了。消息傳出後，人們從四面八方湧來，連朝廷也急忙派人來。

洞山禪師走了出來，臉上洋溢著淨蓮般的微笑。他對著滿院的僧俗大聲地說：「我在世間沾了一點閑名，如今軀殼即將散壞，閑名也該除去。你們有誰能夠替我除去閑名呢？」

殿前一片寂靜，沒有人知道該怎麼辦。忽然，一個前幾天才來寺院的小和尚走到禪師面前，非常虔敬地行禮之後，高聲說道：「請問師父法號是什麼？」

頓時，大家都向他投來埋怨的目光。有人低聲斥責他目無尊長，對禪師極為不敬；有人埋怨他愚痴無知，寺院裡鬧哄哄的。

洞山禪師卻大聲笑著說：「好啊！現在我沒有閑名了，還是小和尚聰明呀！」而後坐下來閉目合十，就這樣涅槃了。

小和尚忍不住地流淚，凝視著師父的身體，心中慶幸在師父圓寂之前，自己還能替師父除去閑名。

過了一會兒，小和尚被眾人圍了起來，大家責問道：「真是豈有此理，連師父的法號都不知道，你來寺裡幹什麼？」

小和尚無可奈何地說：「他是我的師父，他的法號我豈能不知呢？」

「那你為什麼要那樣問呢？」

小和尚說：「為了要除去師父的閑名啊！」

大智慧：

李安綱先生說：「有名並不見得是件壞事情。人都有個名號，以便呼喚，比如那出家的和尚或者道士也會有個法號。這法號除了呼喚方便之外，還有一個功能，就是表明了或者要提醒自己的理想和志願。神秀的名字就是要他神悟而秀拔，慧能的法號就是要自己有智慧並且有能力，文偃是要他放棄聰明而得智慧，等等，並沒有什麼不是之處。但是，如果一個人要執著於名聲就不好了。好名惡名都不利，好名的目的是要得到人們的尊敬和擁戴，惡名是因為自己的惡行所致，會令人討厭而遭受攻擊。追求名聲也許能夠滿足一時的榮譽感，但到後來卻會給自己套上一條無形的枷鎖。如果要徹底擺脫這條枷鎖和由於名聲所帶來的煩惱，那就得逃名。」

「名利本為浮世重，古今能有幾人拋？」自古以來無人不追名逐利，故司馬遷《史記・貨殖列傳》說：「天下熙熙，皆為利來；天下攘攘，皆為利往。」

名是韁，利是鎖，塵世的名利誘惑，好像繩索一樣牽絆著眾人，也好像鎖一樣鎖住了眾人。唯有將名利視為浮雲，才能淡然與灑脫。一般人雖然不能視名利如糞土，起碼也要視名利於平常，不要刻意致力追求。然而，在現實生活中，有些人因為難以克制名利的誘惑，而使自己踏上人生不歸路，留下終生遺憾。

古語說：「上士無名，中士立名，下士竊名。」又說：「至譽無譽，至名無名。」

莊子說：「至人無己，神人無功，聖人無名。」意思是說，至人忘卻自我，神人忘卻功利，聖人忘卻名利。有己而後可以無己，無己而後見真己；有功而後可以無功，無功而後成大功；有名而後可以無名，無名而後得實名。

虛名會使人失去自我，使人喪失真性、喪失尊嚴。這世人有好名聲的人，在做事之前通常不知道自己的所作所為會贏得別人的讚譽，不過只是依照自己的價值觀、道德標準在做自己認為應該做的事而已。其實，我們以赤子之身來此世界，也當以赤子之心度此一生。無聲名，亦無功利，便是莫大的聲名、莫大的功利。

洞山禪師是一名高僧，當然透澈了然這個道理，所以他不求名而名自揚，在圓寂之前，仍然為此而不安，所以急著要人替他除去閒名，結果由一個小和尚為他成辦，使他能快慰地涅槃。真不愧是個「上士」，已臻於莊子所說的「至人」、「神人」與「聖人」了。在他看來，閒名只是個不必要的負擔，除去了以後才能寬慰、解脫，了無煩惱，了無牽掛。

近代高僧弘一大師李叔同，也是一名「上士」、「至人」、「神人」、「聖人」，自始至終，名利都不是他所求，因此，他拋開了紅塵的一切出家。可是身處紅塵之外，他依然沾染名利，他不喜歡，而極力掙脫。別人對他冠以法師、老法師、律師等恭敬的稱呼，他十分反感，總是要求別人在寫書或稱呼他時去掉，一如洞山禪師在圓寂之前要除去閒名。

明代洪應明《菜根譚》說：「真廉無廉名，立名者正所以為貪；大巧無巧術，用術者乃所以為拙。」意思是說：真正廉潔的人並不一定樹立廉潔的名聲，那些為自己樹立名聲的人，正是為了貪圖名聲；一個真正有大智慧的人不會去賣弄那些技巧，玩弄技巧的人正是為了掩飾自己的拙劣。貪慕虛名、急功近利的人往往名譽很差；沽名釣譽、無所不用的人，往往得不到真正的快樂。

《伊索寓言》說：「虛榮是災禍的根源。」因為有些人為了滿足自己的虛榮心，而做違背自己本性與道德良心的事。當今很多成功立業的人，給自己戴上名譽的枷鎖，失去了生活的自由，也失去了生命的本真，生活得很苦很累。

禪師除去虛名，就是除去不必要的負擔，使內心得到寬慰、解脫。

淡泊名利的居里夫人

居里夫人（一八六七～一九三四），是法國物理學家和放射化學家。一九〇三年和丈夫皮埃爾・居里及亨利・貝克勒爾三人，共同獲得諾貝爾物理學獎。一九一一年，她又以放射化學方面的成就，獲得諾貝爾化學獎，成為世界上第一個兩度獲得諾貝爾獎的人。

一九○三年十二月，居里夫人因發現鐳而獲得諾貝爾物理學獎，舉世震驚。此後，無數的邀請、宴會、採訪等紛至沓來。她被這些無聊的應酬搞得頭昏腦脹，覺得生活完全被榮譽毀了。

居里夫人開始深居簡出，家門只對幾個朋友開放，而她和她的丈夫依舊在一間破舊的房子裡埋頭做實驗。

她雖然一向清貧，但是對諾貝爾獎的巨額獎金卻毫不在意，她把大量獎金贈送給大學生、貧困的朋友、實驗室的助手、老師等。她熱愛科學事業，一心進行研究，從未想過以研究成果牟利。在鐳提煉成功以後，有人勸她向政府申請專利，以發大財。她說：「那是違背科學精神的，科學家的研究成果應該公諸於世，別人要研製，不應受到任何限制，何況鐳是對病人有好處的，我們不應借此來牟利。」

一九二一年，居里夫人應邀到美國訪問，美國婦女為了表示對她崇敬，主動捐贈一克鐳給她，一克鐳的價值是在百萬美元以上的。雖然她急需鐳，又是鐳的「母親」（發明者和所有者），但她實在買不起昂貴的鐳。

在贈送儀式之前，她看到「贈送證明書」上寫著：「贈給居里夫人」，她不高興了。她說：「這個證書還需要修改。美國人民贈送給我的這一克鐳永遠屬於科學，假如成了我的私人財產，這怎麼行呢？」主辦單位把證書修改後，她才在上面簽了字。

居里夫人一生獲得各種獎金十次，各種獎章十六枚，各名譽頭銜一百一十七個，但她卻毫不在意。有一天，她的朋友來她家，忽然看見她的小女兒正在把玩英國皇家學會頒發的金質獎章，驚訝地說：「夫人呀！得到一枚英國皇家學會頒發的金質獎章，那可是極高的榮譽啊！妳怎麼能隨便拿給孩子當玩具玩呢？」她笑著說：「我是想讓孩子們從小就知道，榮譽就像玩具一樣，只能玩玩而已，絕不能永遠守著它，否則必將一事無成。」

那個玩獎章的女孩長大後，也創造了自己的輝煌成績，獲一九三五年諾貝爾化學獎，她就是居里夫人的長女伊蕾娜。

大智慧：

淡泊為恬淡寡欲，不追求物質的享受，不慕榮利，不愛虛榮。人生的情致，來自淡泊。淡飯粗茶有真味，明窗淨几就是安居。淡泊才是對人性的透澈了解，才是對世情的深刻領悟。淡泊的人，豈止是個雅人，更是個高人。

三國諸葛亮《誡子書》說：「非淡泊無以明志，非寧靜無以致遠。」其意是說：看輕世俗的名利，才能明確自己的志向；身心安寧恬靜，才能實現遠大的理想。捨得名利，人生才有大境界。淡泊方能明志，看淡名利，才能求得人生的真諦，實現人生的真正意義。

文徵明說：「淡泊是一種源自心靈的寧靜，是一股爽人的山澗泉水。沒有一顆沉靜的心靈，決不會擁有這種豁達的人生態度。」

伊索說：「虛榮是災禍的根源，虛榮害人害己。」愛好虛榮的人容易輕浮；輕浮的人容易受騙；受騙的人容易受傷；受傷的人容易沉淪。虛榮，很像是一個綺麗的夢。當我們在夢中的時候，彷彿擁有了許多，當夢醒時，會發現原來什麼也沒有。

居里夫人在經歷多少次的挫敗之後，終於提煉出了鐳這種放射性元素，這應該是一次巨大的成功。不過，她只願意為世界做貢獻，並沒有申請專利，將提煉方法公布於世，與一大筆金錢擦身而過。後來她想建立一個鐳的研究所時，居然沒有錢，還是靠民眾資助才得以建立。沒有人可以說她是不成功的，但是她沒有錢。

名利是令人喪失本心、毀滅本性的毒藥。歌德認為虛榮充其量不過等於一個輕浮的漂亮女人。居里夫人說：「虛榮、浮華、卑鄙、狹隘的毛病，是極普遍的，人們常發現自己有這些毛病，也常發現別人有這些毛病，所以人們雖然仰望比較完善的標準，卻從來不苛責這些缺點。」

居里夫人能夠有這樣的成就，源於她淡泊名利、不慕虛榮。愛因斯坦這樣評價她：「在世界的所有著名人物中，瑪麗・居里是唯一沒有被盛名腐化的人。」

居里夫人有著「寂寞而驕傲的一生」。她謙虛的品格和卓越的成就，獲得世人的稱讚，她對榮譽的特殊見解，使很多喜歡居功自傲的人汗顏不已。也正因為她的高尚的品格的影響，以後她的長女伊雷娜和女婿也踏上了科學研究之路，為核物理學家，並再次獲得了諾貝爾獎，成為令人敬仰的兩代人三次獲得諾貝爾獎的家庭。

老鐵匠的茶壺

城裡老街上有一家鐵匠鋪，鋪裡有一位老鐵匠。現在已經沒有人需要他打製的鐵器了，他只好改賣拴小狗的鏈子。

他人坐在門內，貨物擺在門外，不吆喝，不還價，晚上也不打烊。無論什麼時候你從他的店經過，都會看到他躺在竹椅上，微閉著眼，手裡拿著一隻半導體收音機，旁邊還有一把紫砂壺。

他每天的收入只夠他喝茶吃飯，可是他非常滿足。

一天，一位古董商經過老街，偶然間看到老鐵匠身旁的那把紫砂壺，因它古樸雅致，紫黑如墨，有清代製壺名家戴振公的風格。他走過去，順手端起那把壺。壺嘴內有一記印章，果然是戴振公的。古董商驚喜不已，因為戴振公有捏泥成金的美名，據說他的作品現在僅存三件：一件在美國紐約州立博物館；一件在臺灣故宮博物院；還有一件在泰國某位華僑手裡，是那位華僑一九九三年在倫敦拍賣市場上，以五十六萬美元買下的。

古董商想以十萬元買下那把壺。老鐵匠先是一驚，然後很乾脆地拒絕了，因為這把壺是他爺爺留下的，他們祖孫三代打鐵時，都用這把壺來喝茶。

商人走後，老鐵匠內心很不平靜，有生以來第一次失眠了。他一直以為它是一把普普通通的壺，竟有人要以十萬元買它。

過去他躺在椅子上喝茶，都是閉著眼睛把壺放在小桌上，現在他要不時坐起來看著壺。更讓他受不了的是，當人們知道他有一把價值連城的茶壺後，訪客絡繹不絕，有的打聽還有沒有其他的寶物，有的甚至向他借錢。他不知怎樣處置這把壺才好。

當那位古董商帶著二十萬現金，再度登門的時候，老鐵匠二話不說，只召來了左右鄰居，拿起一把斧頭，當眾把紫砂壺砸得粉碎。

從此以後，他的生活又恢復了往日的平靜。

大智慧：

人生有苦有樂，如果只是追求物質欲望的滿足，則會內心空虛，胸懷狹隘，眼光短淺，慢慢失去了人的靈性與神采，生活會越來越苦。富蘭克林說：「對於不知足的人，沒有一把椅子是舒服的。」其意是說，我們不要對物質欲望有太多要求，不然會在追逐物欲的路途中，丟掉欣賞人生風景的機會。所以真正的智者，懂得克制自己的欲望，認清自己的人生方向。

平淡的生活，其實有萬般滋味，這些滋味，一「字」以蔽之，就是「樂」。梁漱溟先生說：「生命本是一個活動，原是生機暢達，這是絕對的樂，原無可說，即是平淡，即是說生命原是一個調和的、平坦的，並沒有一點高低之可言。」有人說：「生活就像一條河，緩緩向前流淌著，縱然遇到巨石橫攔，依然可以順利地繞過去，水流沒有滯塞，這都是樂。如果想在這樣平淡的生活中再加一點糖，以為這樣樂會越多，殊不知會適得其反，因為這樣已經落入虛見和妄情，越來會越苦，這是儒佛兩家要破除的迷執。」

故事中的老鐵匠，他的生活原本是平淡而舒適的，因為他沒有把快樂寄託在外物之上。世俗之見，以為多一塊錢就會多一份快樂，其實是不對的。老鐵匠也是凡夫，當古董商要以高價買他的紫砂壺，他也難免落入迷執之中，產生猶豫掙扎，所以他失眠了。但是他終於明白，自己原有的快樂生活，與這隻紫砂壺一點關係也沒有，所以他決定把紫砂壺打得粉碎，澈底滅除自己的妄見、迷執與煩惱，而重獲生活的快樂，安享天年（據說他活了一〇六歲）。

大陸著名作家劉心武說：「在色彩斑斕的現代生活中，我們一定要記住一個真理，那就是在簡單的生活中感受平淡，才能真正獲得心靈的快樂。」

「放下」或「放棄」是人生的大智慧，「放不下種子，何來參天大樹？放不下煩惱，何來靈臺清涼？」同樣的道理，放不下名聞利養，何來平淡快樂的生活？晉代的陶淵明放棄名利的誘惑，「不為五斗米折腰」，才能體味「採菊東籬下，悠然見南山」的境界。有人說：「梅花放下了溫暖的季節，才能得到笑傲霜雪的豔麗；大地放下了絢麗斑斕的黃昏，才會迎來旭日東升的曙光；船舶放下了安全的港灣，才能在深海中收穫滿船魚蝦；天空放下了陽光燦爛，才能成就美麗的七彩之橋。」而老鐵匠放下了紫砂壺，才得到恬靜愉快安詳的生活。

大師挑水

一位大師隱居於深山千年古剎中，許多人慕名來訪。有的人想向大師求解人生迷津，有的人想向大師請教武功祕笈。

他們到達深山的時候，發現大師正從山澗裡挑水。他挑得不多，兩隻木桶裡沒有盛滿水。

他們想，大師應該能夠挑很大的桶，而且桶裡的水滿滿的。於是問：「大師，這是什麼道理？」

大師說：「挑水之道並不在於挑得夠多，而在於挑得夠用。一味貪多，適得其反。」眾人越發不解。大師就請其中一個人，讓他從山澗裡打了滿滿兩桶的水。那人挑得非常吃力，搖搖晃晃，沒走幾步就跌倒在地，水全部灑了，膝蓋也摔破了。

「水灑了，豈不是還得回頭重打？膝蓋摔破了，走路更艱難，豈不是比剛才挑得更少？」大師說。

「那麼，請問該挑多少呢？」

大師笑道：「你們看這隻桶。」

眾人只見桶裡畫了一條線。

大師說：「這條線是底線，水絕不能超過這條線，這條線告訴我們，凡事要盡力而為，也要量力而行。」

眾人又問：「那麼底線應該定在什麼位置呢？」

大師說：「起初越低越好，因為低目標容易實現，勇氣不容易受到挫傷，而興趣和熱情就能夠得到激發。循序漸進，自然會挑得更多，挑得更穩。」

大智慧：

大師的挑水哲學，就是戒貪多務得，要循序漸進，以達成目標。這也是為人處事之道，何止挑水？凡事不可能一步登天，絕不可好高騖遠。要完成一件大目標前，一定要先完成許多小目標，累積許多小目標之功，才可以完成大事功。凡事要盡力而為，更要量力而行。

大師的挑水哲學，也隱含著「中庸」哲學。儒家講「中庸之道」，《中庸》一書，是儒家一部重要的經典，它同《易經》一樣，都是儒家思想的理論淵源。

「中」，含當中、中正、和諧之意，提升到哲學和道德高度便是中庸。庸即常、常道、規律，「用中為常道也。」國學大師南懷瑾先生說：「從方法上說，『中庸』是適度、適中、正確、無過不及而恰到好處；從行為上說，是合宜、合理，無所偏倚而恰如其分；從道德上說，是中正、公正而合乎天理人情的正道。」漢代的鄭玄則解中庸為中和之用，中是道體，庸是道用。因知中庸就是適度、合宜、合理、恰到好處、不偏不倚、無過不及、適可而止、平常平凡平易普遍適用的生活智慧、處事態度，也是修養性情的內在功夫。故事中的大師，已深刻體悟而力行中庸之道。

貪婪的總務

有對外國夫婦被派來臺任外商公司總經理。他們希望養一隻看家犬，就和公司總務一起去狗店買狗。

他們相中一隻幼犬。總務問老闆要多少錢。老闆用臺語壓低聲音說：「如果一萬元成交的話，我可以給你三千元，意思意思。」總務禁不起利誘，於是買下那隻狗。

豈料兩星期後那隻狗就病死了，動物醫院說那隻狗原本就生病有問題。

總經理另外找人去狗店理論，才揭發總務拿回扣的事。當然這個總務在外商公司的前程就這樣毀了。

大智慧：

世人之貪，莫過於酒、色、財、權，而以色欲為甚。除了色欲，財欲也是讓人陷入煩惱、災禍的主要凶手。

追求非分的名利或是「臨財苟得」，就是貪婪。在這個世間，哪一個人不喜歡錢財？哪一個人不希望自己富有多金？儘管人們知道「金錢不是萬能的」，但卻更深切體會「沒有錢萬萬不能」。然而古語有言：「君子愛財，取之有道。」這個「道」不僅是指途徑、管道，也包括道德，是正道而非邪道。通過正當的途徑、無愧於道德良心得來的錢財，能帶給人們歡樂，然而以不正當的途徑或悖於道德良心得來的不義之財，卻帶給人們煩惱與痛苦，諸如牢獄之災、家破人亡、喪失身命……。

佛家以貪嗔痴為「三毒」，而且以貪為三毒之首。《聖經》也說：「貪財是萬惡之根。」明代萬曆年間的《仙佛奇蹤》一書，曾假託佛祖釋迦牟尼之口說：「利欲熾然，即是火燒，……一念清淨，烈焰成池。」貪圖財利的人，如同進入火坑，承受著火燒火燎的痛苦。只要去除貪財牟利之心，烈焰就能變成平靜的池水，就能遠離痛苦，獲得安樂。因知佛門把利欲之念視為烈焰和苦海，是產生災禍的根源。

古羅馬皇帝馬可・奧勒留《沉思錄》說：「人生最大的災禍就是不知足，最大的災難就是貪得無厭。知道滿足的人才能得到滿足。過分的貪取，無理的要求，只是徒然帶給自己煩惱而已，在日日夜夜的焦慮企盼中，還沒有嘗到快樂之利，已飽受痛苦煎熬了。」（我國古代老子《道德經》也有類似之說）。法國作家巴爾札克說：「貪心好比一個套結，把人的心越套越緊，結果閉塞了理智。」

而不貪婪是一種寶貴的品德。古羅馬哲人西塞羅說；「不貪婪即是富有，不花費即是收入。只有滿足於一己所有的，那才是最真實的財富。」又說：「沒有比貪婪更可憎的罪惡了，尤其是身居要職、掌握國家政權的人貪婪，那更是如此，因為利用國家謀取私利，不僅是不道德的，而且也是有罪的、可恥的。」

因此，貪婪是人生的大忌之一。

大陸學者周國平說：「看到有些人為了獲取金錢和權力毫無廉恥，可以幹出任何出賣自己尊嚴的事，然後又依仗所獲取的金錢和權力毫無顧忌、肆意凌辱他人的尊嚴，我為這些人的靈魂的卑鄙感到震驚。」

故事中的「總務」，收取了狗園老闆三千元的回扣，這是不義之財，因此是貪婪的行為，是對外商公司總經理、對自己職務不忠的行為。只因區區三千元，「出賣自己的尊嚴」，喪失了在外商公司大好的前程，咎由自取，必悔不當初。這就是貪婪招災惹禍的例證啊！

貪婪的樵夫之妻

一個老樵夫在山上砍柴，口乾舌燥，遍尋山泉，竟然意外發現可以讓人返老還童的泉水。老樵夫只喝一口就變回年富力壯的年輕人。

他想：「自己變年輕了，妻子一定會很高興。如果老妻也能喝上一口，也會重新擁有年輕的容貌。」於是他急奔回家。

他的妻子看見重回年輕樣子的丈夫，驚惶失措。當丈夫將變年輕的祕密告訴妻子後，妻子欣喜若狂，盤問清楚後便飛也似地跑到山上泉邊去喝水。

樵夫在家中等待變回少女、嬌美可人的妻子回家。可是左等右等卻不見妻子回來，便出去找尋。

樵夫來到泉邊，泉水依然清冽，卻沒有看到年輕貌美的妻子，只見一女嬰躺在妻子的衣服旁號啕大哭。原來妻子不想讓別人喝到這口泉水，於是就拼命地喝，想把泉水喝光。

大智慧：

這是一則寓言故事，其主旨在誡人不可貪婪與自私。大抵貪婪的人必定很自私，猶如樵夫之妻然。樵夫之妻欲望熾盛，貪婪過分，又私心太重，想把那口泉水據為己有，獨自喝光泉水。然而她不但沒有變回美麗的少女，反成嗷嗷待哺的嬰兒。真是得不償失，想必後悔莫及。

人生最大的煩惱是欲望，人生最大的愚昧是貪婪，人生最大的毛病是自私。有人說：「不懂得在名利面前止步的人，終究會被自己的貪婪帶入困境或絕境之中。」樵夫之妻的貪婪與自私，便是這段智慧之言的明證。

貪心的乞丐

有一個乞丐每天都這樣想著：假如我有兩萬元就好了，就不用當乞丐了。

一天，他無意中看到一隻很可愛的小狗，見四周無人，就把狗抱回他住的山洞裡，並且把它拴起來。

狗主人是個大富翁，十分著急，因為這是一隻進口的純正名犬。於是就貼了一張「尋狗啟事」，聲明：拾到狗而送還者，給酬金兩萬元。

第二天，乞丐行乞時，看到這則「啟事」，便迫不及待地抱著小狗準備去領那酬金。可是當他匆匆忙忙抱著狗又路過貼「啟事」的地方時，發現酬金已經加碼成三萬元。

乞丐似乎不敢置信，向前走了幾步停了下來，想了又想，又轉身將狗抱回山洞，重新拴起來。第三天，酬金果然又提高了；第四天又提高了，一直等到第七天，酬金提高到令人驚訝。乞丐才跑回山洞去抱狗。豈料那隻可愛的小狗卻已經被餓死了。

大智慧：

這是一則典型的貪心的故事。貪得無厭是一種病態，西方哲人曾說：「人的欲望是座火山，如不控制就會傷人害己。」這一位乞丐因為想貪得更多的酬金，一再等待，一周以後，狗餓死了，不但一毛酬金得不到，卻害死一條狗。

不知足的人心中總是充斥著過多的欲望，欲望太多，不加以節制，便成了貪婪，貪婪的人必定害人害己。北齊顏之推《顏氏家訓》，是顏之推告訴後代子孫，如何治家、待人、處事、讀書、作文、養生的一本傳家寶典，其中〈止足篇〉說：「《禮》云：『欲不可縱，志不可滿。』宇宙可臻其極，情性不知其窮，唯在少欲知止（足），為立涯限爾。」意思是說，《禮記・曲禮上》說：「人的欲望是不可以放縱的，人的志向也是不可以自滿驕傲的。」就高樓大廈來說，天地之間雖然非常高大，人類也可以爬到最高點，可是人貪心的欲望卻是無窮無盡的；唯一解決的辦法，只有減少自己的貪心，能夠知道在心滿意足而安於現狀的基礎上，加以限制，這樣做才可以很快地限制欲望、節制欲望，以免放縱欲望。

「人到無求品自高」，無欲才能真正剛正。所以古今中外的哲學家，沒有不希求世人節欲知足的。「知足常樂」是一句老生常談的話。孔子「飯疏食飲水，曲肱而枕之，樂亦在其中矣。不義而富且貴，於我如浮雲。」顏回「一簞食，一瓢飲，居陋巷，人不堪其憂而不改其樂」，是「知足」乃是「孔顏樂處」。孟子以寡欲來養心。老子也主張「見素抱樸，少私寡欲」，《道德經》說：「知足不辱，知止不殆，可以長久。」又說：「故禍莫大於不知足，咎莫大於欲得。知足之足，常足矣。」莊子說：「鷦鷯巢於深林，不過一枝；偃鼠飲河，不過滿腹。」其意也是要人知足。而佛家以貪為「三毒」之首，《佛遺教經》說：「知足者，雖臥地上，猶為安樂；不知足者，雖處天堂，亦不稱意；不知足者，雖富而貧；知足者，雖貧而富。」

明末清初有一本書叫《解人頤》，對人的不知足心態有入木三分的描述：「終日忙忙只為飢，才得飽來又思衣。衣食兩般皆具足，房中又少美貌妻。娶得嬌妻並美妾，出入無轎少馬騎。騾馬成群轎已備，田地不廣用支虛。買得良田千萬頃，又無官職被人欺。七品五品皆嫌小，四品三品也嫌低。一品當朝為宰相，又想君王做一時。心滿意足為天子，更望萬世死無期。總總妄想無止息，一棺長蓋抱憾歸。」

清錢德蒼《知足歌》（節錄）云：「思量事累苦，閒著便是福；思量飢寒苦，飽暖便是福；思量疾厄苦，無病便是福；思量患難苦，平安便是福；思量監禁苦，安居便是福；思量死來苦，活著便是福。」

又《知足》（天親造，南果真諦譯）云：「欲脫諸苦惱，當觀知足。知足之法，即是富樂安穩處。知足之人，雖臥地上，猶為安樂；不知足者，雖處天堂，亦不稱意。不知足者，雖富而貧；知足之人，雖貧而富。不知足者，常為五欲所牽；為知足者，之所憐愍。」

星雲大師說：「知足心安。」《這世界無處不美》中說：「人的欲望像個無底的黑洞；永遠沒有填滿的一天，即使賺了億萬財富，心被貪欲驅使，仍享受不到富足的快樂。第一富有的人是誰？在《佛所行讚》卷五說：『富而不知足，是亦為貧苦。雖貧而知足，是則第一富。』清貧的生活，只要心安，日月紅花柳綠。反觀坐擁華廈的巨富，不知回饋社會，福利大眾，身陷貪欲的火宅，怎能聽到清脆的鳥語，聞到氤氳的花香？」

乞丐是永遠也不會滿足的。人心如果貪婪無盡，永不知足，即使擁有天下之富，也還會貪如乞丐。

目空一切的禰衡

禰衡，東漢末年平原人，有辯才，善屬文，性剛傲，目空一切。

建安初年，二十出頭的禰衡初到漢王朝的都城許昌，此城名流雲集，司空掾、陳群、司馬朗、蕩寇將軍、趙稚長等都是當世名士。有人勸禰衡結交陳群、司馬朗。禰衡說：「我怎能跟殺豬、賣酒的人在一起？」勸他參拜趙稚長，他回答說：「趙稚長一副好相貌，如果弔喪，可借他的面孔用一下。」

他獨與少府孔融、主簿楊修意氣相投，他對人說：「孔文舉（融）是我大兒，楊德祖（修）是我小兒，其餘碌碌之輩，不值一提。」他狂傲至此。

漢獻帝初年，孔融薦舉禰衡，大將軍曹操有召見之意。禰衡卻看不起曹操，稱疾不往，後又辱罵曹操。曹操求才心切，為收買人心，還是給他封了個擊鼓小吏。

一天，曹操大宴賓客，命禰衡穿戴鼓吏衣帽當眾擊鼓助興，禰衡竟在大庭廣眾脫光衣服，赤身露體，大掃賓主之興。

曹操恨禰衡入骨，想殺他而恐蒙害賢之名，乃將他送到荊州劉表。禰衡替劉表掌管文書，頗為賣力，但不久便因侮慢無禮而得罪眾人。劉表又將他送給江夏太守黃祖。

黃祖性狹急，有次在戰船上設宴，禰衡以出言不遜，受到黃祖呵斥，他竟頂嘴罵道：「死老頭，你少囉嗦！」，黃祖在盛怒之下把他殺了，此時他年僅二十六歲。

大智慧：

「水唯能下方成海，山不矜高自及天。」水能成海，山可及天，在於謙卑不矜；人的成聖成賢，也要謙卑不矜。

老子說：「良賈深藏若虛，君子盛德容貌若愚。」意思是說，善於做生意的人，總是隱藏他的寶貨，不叫人輕易看見；君子之人品德高尚，容貌卻顯得愚笨拙劣。

《尚書・大禹謨》說：「謙受益，滿招損。」謙為進德的基石，傲乃敗亡的鴆毒。謙卑的人虛懷若谷，文質彬彬，不斷進步，攀上更高的山峰，進入更高的境界；而傲滿的人，恃才傲物，狂妄自大，鋒芒太露，咄咄逼人，趾高氣揚，被人忌恨厭離。

南懷瑾大師說：「人類喜歡表現自己，就像孔雀喜歡炫耀美麗羽毛一樣正常。但刻意的自我表現，就會使熱忱變得虛偽，自然變得做作，最終的效果還不如不表現。」

南大師又說：「人要想出人頭地，的確需要適當表現自己的能力，讓他人看到你的卓越處。但許多心高氣傲的人往往陷入這樣的誤區，那就是總認為自己很高明，處處表現自己，不知什麼是收斂，結果往往在競爭中輸得莫名其妙。」

謙卑是一個成功者必備的品質。法國作家巴爾札克說：「自滿、自高自大和輕信，是人生的三大暗礁。」偉大的科學家牛頓說：「我是站在巨人的肩膀上。」這充分表現巴爾札克與牛頓的謙卑，他們對待成功、掌聲、鮮花、羨慕、敬仰，始終輕描淡寫，從不誇大自己的才能。

狂妄自大的人遲早會自食惡果，招來禍端。禰衡文才頗高，孤身居於虎狼群中，不知謙卑自保，反而恃才傲物，放浪形骸，目空一切，桀驁不遜，狂妄自大，無端衝撞權勢人物，最後斷送了性命，聰明反被聰明誤。世人應以他為戒。

禰衡正死於他的盛氣凌人、狂妄自大。易中天《品人錄》對他有這樣的評論：「禰衡的死，咎由自取，他實在做得太過分了。在所有冤死的文士中，他最不值得同情。認真說來，他其實是一個極端自私的人。他的自高自大，就是他自私的表現。在他的心目中，只有自己，沒有別人，所以他誰都看不起。為了表現他的所謂傲氣，不惜把自己的朋友孔融推到極為尷尬的境地。這就不能算是英雄，只能叫做混蛋。……事實上禰衡的所謂傲骨，毫無正義的內容，只不過是他自我表現的惡性膨脹而已，而且到了不惜貶低別人來抬高自己的地步。」（《品人錄》頁一〇二）

左宗棠與天下第一棋手

晚清軍政重臣左宗棠，因棋藝超群，有「天下第一棋手」之稱。

某天，左宗棠在大街上散步時，看見一老者擺了個棋攤，旁邊的招牌上寫著「天下第一棋手」六個大字。倔強好勝的左宗棠一看立刻來了氣，他覺得這老者也未免過於狂妄了，他自己才是「天下第一棋手」呢！。於是，他上前挑戰，不想老者應付幾招就敗陣了，左宗棠得意揚揚，拂袖而去。

不久，左宗棠率部出征，凱旋而歸。回到京城老家之後的某個下午，他又來到市井遊玩，不料又看見那個老者在那裡大擺棋陣，而且招牌上依然寫著「天下第一棋手」。

左宗棠再次向老者挑戰，誰知只三個回合，自己便敗下陣來。

左宗棠很不服，一口氣與老者連下三盤，卻都敗北。他大惑不解地問老者：「在這麼短的時間內，您的棋藝為何能進步神速呢？」

老者笑著說：「在您第一次來時，我就知道您是左公，且知不久將出征，所以有意讓您贏，以便加強您的信心。可是如今您已凱旋歸來，我自然就沒有理由再讓您了。」

一聽此話，左宗棠立刻起身施禮，表示心悅誠服。

大智慧：

左宗棠，清末湖南湘陰東鄉左家瑕人，出身寒素之家，世代以耕讀傳家。他秉性剛直，雖然處境艱難，但是對國家大事十分關心，曾經自撰一聯說：「身無半畝，心憂天下；讀破萬卷，神交古人。」可見他的豪情壯志。

果然後來左宗棠在鎮壓太平天國革命中發跡。太平天國滅亡後，他又率領湘軍和淮軍鎮壓了捻軍。幾年之後，受命陝甘總督，鎮壓了回亂。英法聯軍後，他創辦福州船政局，而後又收復新疆，是滿清臺輔重臣。

左宗棠自認是「天下第一棋手」，其實，在大街擺棋陣小攤的老者，才是真正的「天下第一棋手」。當他知道自己的棋藝確實不如老者後，左宗棠「立刻起身施禮，表示心悅誠服」。出將入相、功勳卓著的左宗棠，能夠表現這樣謙卑的態度，真是千古難尋了。

宋代普濟說：「酒以不勸為飲，棋以不爭為勝。」左宗棠知道自己的棋藝遜於老者，就甘拜下風，不再與老者相爭，充滿道家「不爭」的大智慧。周善文說：「聰明人總是把『謙虛』與『恰當的自我表現』巧妙地結合在一起，由此而通往更順遂的成功大道。」左宗棠就是這樣一個「聰明人」。

沈從文的第一堂課

年僅二十六歲的沈從文，經徐志摩介紹，被上海中國公學校校長胡適聘為講師，講授現代文學的課程。

當時沈從文以行雲流水的文筆描寫家鄉風物與真實情感，在文壇已享有很高的聲望。但是他給大學生講課卻是破天荒頭一回。為了講好第一堂課，他認真準備，精心編定講義。儘管如此，第一天走上講臺，看見臺下黑壓壓地坐滿了學生，他心裡仍不免發虛。

沈從文竟整整呆立了十分鐘，一句話也說不出。後來開始講課了，因為心情緊張，他只顧低著頭念講稿，很多事先設計的內容全都忘得一乾二淨。結果，原先準備的一堂課內容，只用了十分鐘就講完了。他心慌意亂，汗流浹背。這樣的尷尬場面，對他來說還是第一遭。

沈從文並沒有天南地北瞎扯來硬撐「面子」，而是老老實實拿起粉筆在黑板上寫道：「今天是我第一次講課，見你們人很多，我害怕了！」

全堂一陣善意的笑聲後，有同學帶頭給這位新老師好長一陣的掌聲。

胡適校長深知沈從文的學識、潛力和為人，在聽聞他這次講課的情況後，不僅沒有批評，反而幽默地說：「沈從文的第一次上課成功了！」

後來，一位當時聽過這堂課的學生在文章中寫道：「沈先生的坦率赤誠令人欽佩，這是我有生以來聽過的最有意義的一堂課。」

大智慧：

沈從文，本名沈岳煥，湖南省鳳凰縣人，出生於民國紀元前九年（一九〇二年），一生頗具傳奇色彩：十二歲入行伍受初期軍事教育，二十歲到北京，開始試筆寫作。後來結識徐志摩、胡適等，成為「京派文人」之一員。曾先後任教於上海中國公學校、西南聯大、師範學院和北京大學。新中國成立後，任職歷史博物館，並從事中國古代服飾研究，卓然有成。

沈從文連小學都沒有畢業，卻「用一枝筆打出天下」。他從自己的故鄉不斷挖掘題材，從事寫作。代表作是《邊城》，描述湘西風情，細細如繪，流露田園詩般的美，歌頌人性的真善美。

沈從文對自己的「第一堂課」坦言失敗，卻引起全堂一陣善意的笑聲，並且得到胡適校長「成功」的評語。後來沈從文找到了「失敗」的所在，終於能夠揮灑自如地講課了。

沈從文的「第一堂課」之所以打動人心，是因為他的坦誠和真實。一句話「我害怕了」，表露了他的內心。他敢於正視「失敗」，不敷衍、不做作、不逃避。他因為這樣老實地表露自己的內心，所以得到大家的諒解。

孟子說：「大人者，不失其赤子之心者也。」沈從文正是一個「不失其赤子之心」的「大人」。赤子的心智尚未被歲月扭曲，保存著最寶貴的品質，是很值得大人學習的。當一個小孩子同時看到一顆五克拉鑽石和一顆玻璃珠，不會挑鑽石，因為他認為玻璃珠更好玩，這就是小孩子誠實、坦蕩、率性等最寶貴的心靈品質。如果一個人沒有一點赤子之心，對生活充滿苛求，那麼一定也充滿抱怨。

道家主張「返樸歸真」、「抱樸守真」，認為這是人生至境。「樸」是未經雕琢的原木，就人來說，樸就是未經世俗一切價值汙染的原初自我本真。赤子嬰兒具有這個本真，所以老子很欣賞嬰兒。

質樸是這個世界的本色，我們人應該質樸做人，沒有一點功利色彩，拋棄聰慧機巧，不自私自利，而保留人性的單純、善良與樸實。可是，世事紛擾，爾虞我詐，鉤心鬥角，充滿虛偽、狡詐；且世態炎涼，充滿冷漠。唯有保持一顆質樸的心，才可讓生活永遠健康，回歸質樸的本色，就像嬰兒那樣天真無邪。所以，在《道德經》中，老子常借嬰兒的形象來表達他對世道人心返樸歸真的期待。

沈從文沒有戴上面具，不失赤子之心，敞開心扉，返樸歸真，做個真實的自己，所以像孩童一樣天真無邪可愛。

請讀者諸君再看看下列的智慧語：

人際關係最重要的，莫過於真誠。真誠是一把無往不利的劍，走到哪裡都應該帶著它。

（《每天一堂北大人文課》頁一九三）

誠實好比人的名片，無論走到哪裡，都會為其贏得信賴。在一個人的成功路上，誠信的品格比能力更重要。誠實守信是安身立命之本。

《菜根譚》說：「君子而詐善，無異小人之肆惡；君子而改節，不若小人之自新。」

古波斯詩人薩迪說：「講假話猶如用刀傷人，儘管傷口可以治癒，但傷疤卻永遠不會消失。」又說：「寧可因為真話負罪，不可靠假話開脫。」

林肯說：「你能在所有的時候欺騙某些人，也能在某些時候欺騙所有的人，但你不能在所有的時候欺騙所有的人。」

羅曼・羅蘭說：「凡是拿虛偽做武器的，在沒有損害別人之前，先在損害自己。」

培根說：「偽善猶如假幣，也許可以騙取到貨物，但它終究不能表現真正的價值。」

誠實是每個人立身於社會的基礎，也是做人的基本準則。誠實是一種力量的象徵，它比任何冠冕堂皇或綺麗迷人的話語都更有說服力，因為它展示了一個人的自重與尊嚴。所有的聰明人都是誠實的，因為只有誠實的人才禁得起事實的考驗。

（《左手哈佛校訓　右手劍橋校訓全集》頁二三〇）

謙沖平淡的南懷瑾大師

有一次，南懷瑾大師從臺北坐火車旅行，跟他坐在同一個雙人座的旅客，正在閱讀他寫的一本書，差不多快到臺南站了，還一直看得津津有味。

後來他倆交談起來，他說：「這本書是南懷瑾大師寫的。」南大師問說：「你認識他嗎？」他回答說：「不認識啊，他著作等身，每本都寫得很好。」

南大師說：「既然你這樣介紹，下了車我也去買一本來看。」

他們的談話到此打住。當時南大師如果說：「我就是南某人。」他一定說：「久仰！久仰！」然後對南大師大加恭維一番。

大智慧：

南懷瑾大師，一九一八年出生在浙江省清柳市的一個世代書香之家，二〇一二年九月，在蘇州太湖大學堂逝世，享年九十五歲。

南大師在青年時期就已涉獵遍及諸子百家，精研四書五經，同時還會拳術、劍道等多種中國功夫。其後將儒釋道三家思想的精華與西方哲學融會貫通，可謂一代宗師。從二十世紀五〇年代到九〇年代，出版著述達三十餘種，被人稱為「教授」、「大居士」、「宗教家」、「哲學家」、「國學大師」、「禪宗大師」等，曾一度名列「臺灣十大最有影響力的人物」之一。

俗話說：「越豐滿的稻穗，垂得越低；越有學問的人也越謙卑。」前蘇聯作家高爾基說：「智慧是寶石，如果用謙虛鑲邊，就會更加燦爛奪目。」南懷瑾大師就是一株最豐滿的稻穗，一顆用謙虛鑲邊的智慧寶石。

南大師的文章名滿天下，引起各國人士矚目。美、英、法、德、日、韓、加拿大、比利時、菲律賓、馬來西亞、新加坡等國的學者，都崇敬他的人品學問，紛紛登門拜訪學習。而南大師總是以誠相待、傾囊相授，不求代價，更不求回報。

我們「自謙則人愈服，自誇則人必疑」。南懷瑾大師在火車上與鄰座交談，氣氛是那麼平淡，他沒有把自己的名字告訴對方，以期得對方的景仰與恭維。雖然平淡，但顯露大師的謙沖自牧，絕不失精彩。

佛家要人戒除貪嗔癡慢疑。「慢」就是自高自大、自傲、自以為了不起。南懷瑾大師說：「每個人都有傲慢好勝的心理，都想比人家好，都想教訓別人、指導別人，這是人的毛病。這是什麼心理？在佛學上是屬於貪嗔癡慢疑中「慢」的作用，也就是貢高我慢，由我見而來。如果有人以盲指盲，自認高明，那這種『邪師過謬』是很嚴重的，尤其是在佛法上自認為是老師，自認為有所得而教人家，那是會出差錯的。」有了貢高我慢，就不是清淨妙行。

有很多人見到南大師，就跪下來磕頭。南大師自言最怕這一套，而人家向他磕頭，他一定馬上先跪下來，非常真心誠敬。

南懷瑾大師說：「你要成大功、立大業，就要培養自己的氣度，像大海那樣大；培養自己的學問能力，像大海那樣深。你要修道，要夠得上修道材料，先要變成大海一樣的汪洋。所以佛經上形容，阿彌陀佛的眼睛『紺目澄清四大海』，又藍又清，就像四大海一樣。而我們的眼睛太小了，有時連眼白都看不見。」

南懷瑾大師又說：「一個滿心都浸滿仇恨的人，自己的內心亦飽受騷擾，不得安寧。因此，寬恕別人亦即拯救自己。就算僅僅為了不使自己的快樂蒙受灰暗，我們也要選擇寬恕。」

南大師又說：「一個人如果自覺有道，足以為人師，如果有這一念的存在，他再有道也不值錢了。真正足以為人師，真正足以度人，他必定已經證到空的境界了，何以會有自我崇高的觀念呢？絕對不會！」

南懷瑾大師在多次演講中稱自己「一無長處，一無所是」，總是不覺得自己是別人的老師，對於各種「大師」的稱號，他更是不接受，這樣謙卑，使他更具人格魅力，更加讓人欽佩。

謙虛誠實的科學家　丁肇中

丁肇中於一九四八年冬，隨父母來臺，定居臺中市，先後就讀臺中市豐原中學、臺北市成功中學、建國中學。畢業後被保送成功大學，但一心嚮往臺灣大學，報考卻名落孫山，最後在成功大學畢業，而後留學美國。

丁肇中僅用五年多時間，獲得物理、數學雙學士和物理學博士學位。一九七四年十一月，他領導的實驗小組發現了「J粒子」，震撼世界物理學界，尤其是高能物理學界。一九七六年，丁肇中繼楊振寧、李政道之後，成為第三位中國血統的諾貝爾獎的得主。丁肇中時年僅四十歲。

他在接受中央電視臺《東方之子》節目採訪時，曾對很多問題都表示「不知道」。在二〇〇四年十一月，應南京某大學之邀做學術報告。報告會場氣氛很熱烈，聽眾不斷地向他提問。

有一位男生問道：「您覺得人類在太空上能找到暗物質和反物質嗎？」丁肇中坦言道：「不知道。」另一位學生又問：「那您覺得您從事的科學實驗有什麼客觀的經濟價值嗎？」丁肇中依然認認真真地回答：「不知道。」

會場已一片譁然。第三個同學又問：「那麼您可以為我們講一下物理學未來二十年的發展方向嗎？」丁肇中仍舊鎮定坦然認真地回答說：「我不知道。」

丁肇中三問三不知，令在場的所有聽眾很意外，但是不久會場響起了如雷的掌聲。

大智慧：

對於丁肇中「三問三不知」一事，察楠楠說：「這三個學生提出的問題，的確沒有準確的答案，即使是對物理學有著深刻研究的丁肇中博士，也無法給予一個精確的回答。他本來可以用一種不懂裝懂的回答敷衍過去，在那樣的場合是不會有人與他較真的。因為在那些敬仰他的大學生眼中，他說的話就相當於金科玉律。但是丁肇中選擇了直截了當地說不知道，給人留下非常誠實的印象。敢於當眾承認自己知識和認知的侷限，他的勇氣也足以讓人佩服。」

（《受益一生的北大品德課》頁一四九）

張笑恆也說：「真正的學者懂得學無止境，所以總能看到自己無知的一面，可是有些人因礙於面子，而不懂裝懂，自以為是，這才是最可怕的無知。……也許，一些人在說『不知道』時，往往被看作孤陋寡聞和無知的表現，但丁先生的『不知道』，卻體現著一種做人的謙遜和科學家治學的嚴謹態度，不禁令人肅然起敬。」

（《北大清華人文課》頁一六八～一六九）

陸杰峰則說：「承認自己『不知道』，是一種動力，並不是說出來就大失面子的話語，因為自己的『不知道』，反而會促使他們去進一步了解情況，求得更多的知識。坦言自己『不知道』，是待人真誠厚道的表現，也更容易獲得別人的寬容和理解。」

（《厚道》頁二六六）

不管一個人的才華多麼出眾，如果他自我炫耀吹噓，必然會招致別人的反感；而那些淺薄卻狂妄自大的人，只會貽笑大方。故面對浩瀚無涯的知識大海，古今中外的聖哲，無不謙卑。孔子教誨仲由說：「知之為知之，不知為不知，是知也。」老子說：「知人者智，自知者明。」《呂氏春秋‧謹聽》：「不知而自以為知，百禍之宗也。」蘇格拉底說：「我之所以被認為是最有智慧的人，是因為我知道自己一無所知。」歌德說：「有一種東西，比才能更罕見、更優美、更珍奇，那就是自知之明。一個目光敏銳、見識深刻的人，倘又能承認自己有侷限性，那麼離完人就不遠了。」莎士比亞說：「驕傲的人們總是在驕傲裡毀滅自己。」法國數學家笛卡爾說：「越學習，越發現自己的無知。」

有一位青年對譽滿全球的大科學家愛因斯坦稱自己「無知」，感到大惑不解。於是向愛因斯坦問了這個問題。愛因斯坦笑著隨手拿出一張紙，在上面畫了一大一小的兩個圓圈。然後指著大圓圈說：「我的知識圈比你大，當然未知領域的接觸面也比你大。」

北京大學哲學系張岱年教授說：「在研究學問時，必須要有謙虛的態度，應知自己在知識的海洋中只能涉足於一個小小的角落而已。因此研究學問，一方面要能獨立思考，不受古往今來任何成說的束縛；一方面要有謙虛的態度，承認自己學識寡淺。自己要有創新的勇氣，又應自視歉然，深感自己的不足。」

大陸學者周國平先生說：「動物的無知不可笑，可笑的是人的沾沾自喜的小知。人要不可笑，就應當進而達於大知。」

「鼓空聲高，人狂話大。」對自己不懂的東西，本來就應該不可隨便說，不懂裝懂是會鬧笑話的。敢於承認自己的無知，才是明智之舉。對某件事情無知不可怕、不可恥，可怕可恥的是一味掩飾，不懂裝懂往往比不懂更無知，因為這不但欺騙別人，更是欺騙自己。對自己不知道的事情，坦率地說不知道，反而更容易贏得別人的尊重，就像丁肇中博士這樣。

知道低頭的富蘭克林

富蘭克林（一七〇六～一七九〇），是美國的政治家、科學發明家。他年輕時，曾經去拜訪一位德劭年高的長者。那時他年輕氣盛，挺胸抬頭邁著大步。一進門，頭就狠狠地撞上門框，疼痛不堪。

出來迎接他的長者看到他這副德相，笑說：「很痛吧！這是你今天來拜訪我的最大收穫。一個人要想一生平安無事，就必須時時刻刻記住：『該低頭時就低頭』。」

富蘭克林把這個長者的教導，列為一生的生活工作準則之一，這一準則使他受益終生。

大智慧：

富蘭克林出身於平民家庭，父親以製造蠟燭和肥皂為業。他少年時，曾在哥哥的小印刷所當了五、六年的印刷工人。離開波士頓後，先後在費城和倫敦的印刷廠當工人。後來自己獨立經營印刷所，創辦《賓夕法尼亞報》計十八年，又創辦賓夕法尼亞大學。

富蘭克林發明避雷針，被英國皇家學會聘為會員。

富蘭克林也是一位傑出的政治家，曾經參加《獨立宣言》的起草工作；曾經出使法國。回國後被選為賓夕法尼亞州州長，以八十一高齡參與制憲工作。他有好學、勤奮、謙虛、勇於實踐的性格，遂成為「集科學家與政治家於一身的巨星」。

富蘭克林之所以能夠取得這樣偉大的成就，與他做人處事低調有關。他的低調，又肇始於他拜訪老前輩撞門框的事所得的教訓。因為此事，使他永遠記住「該低頭時就低頭」。從此以後，他奉「低頭」為一生的生活準則之一。直到一七九〇年四月十七日以八十四歲高齡辭世。生前要求在他的墓碑上只刻著這樣幾個字：「印刷工富蘭克林」。

印度最著名的佛學院之一孟買佛學院，正門旁有一個只有一點五公尺高四十公分寬的門，任何一個成年人要想通過，都必須彎腰側身。這是該學院給學生的第一堂課。人生並非處處都有人為我們敞開著大門，此時，只有懂得放下尊貴的人，才能跨入求道的領域，人生旅途上才能一帆風順，減少挫折，學會彎腰、低頭、側身，將是每個人不可或缺的修練，懂得低調，就會離成功更進一步。

老子說：「夫唯不爭，故天下莫能與之爭。」「不爭」就是低調。蘇聯文學家高爾基說：「智慧是寶石，如果用謙虛鑲邊，就會更加燦爛奪目。」低調就是謙虛的同義詞。地低則為海，人低品自高。低調做人正是一種終成其高的智者之道。

俗話說：「人在屋簷下，不得不低頭。」為人處世，該低頭就要低頭，該彎腰就要彎腰。低頭與彎腰是一種智慧和勇氣。人因自謙而成長，卻因自滿而墮落。誇耀自己並不會贏得好的機會，只會斷送前程。

文徵明《超級人生智慧大全集》說：「低調是一種優雅的人生態度。它代表著超脫與豁達，代表著內斂與含蓄，代表著隱忍與寬容，代表著成熟與理性。它是一種修養、品格、理念，是一種至高無上的精神境界。成熟的人不一定低調，有品位的人也不一定低調，有內涵的人也不一定低調；但是，反過來說，低調的人更成熟、更有品位、也更加有內涵。」

文徵明又說：「低調不是委曲求全、窩窩囊囊做人，而是通過少惹是非、少生麻煩的方式暗蓄力量，悄然潛行，以便更好地展現自己的才華，發揮自己的特長。」

厚黑達人周善文認為，低調做人既是一種姿態，也是一種智慧，一種謀略。低調做人不僅可以保護自己、融入人群，與人們和睦相處，也可以讓人暗蓄力量，悄然潛行，在不顯不露中成就事業；不僅可以讓人在卑微時安貧樂道、豁達大度，也可以讓人顯赫時持盈若虧，不驕不狂。

周善文說：「每個人或多或少都懷抱一點初生之犢不畏虎的勇氣，懷抱著宏大的志願與理想，希望能儘早闖出一片天地。然而，除了汲汲於成功，莫忘低調才是最佳自我保護之道；也是個人步入社會時必備的自我保全手段。熙熙攘攘、名來利往的社會裡處處風雷激盪，時時風雲變幻，只有甘於低調之人才能在社會的風雨中，讓自己伸屈自如，保護自己並爭取最終的成功。」

周善文又說：「人和人之間是平等的，每個人都希望得到別人的尊重。低調厚黑學強調的，就是把自己放在人人平等的氛圍中，並且去尊重每一個人。人是感情的動物，會因你的成就而羨慕靠攏，也可能嫉妒而疏遠中傷。因此，人脈經營不僅莫忘『滿招損，謙受益』的真理，也別忽略了保持低調的助益。」

周善文又說：「低調做人不僅是一種境界，也是去留不在意的胸襟、寵辱不驚的情懷。且意味著你放棄了許多架子，以及許多張揚和賣弄的虛榮表現；甚至拋開許多假正經、假道學和假聖人的虛偽面孔。這將使你能與同事友伴間更多的機會相互溝通與融合。」

杯子見禪機

南隱禪師是個高僧。一天，他在寺中修行，一位大學者前來向他問禪。

南隱禪師請他入座，什麼也沒說，只是一直請他喝茶。

南隱禪師為他沏茶倒茶，茶水很快就注滿了杯子，但仍然視若無睹，繼續倒茶，以至於茶水四溢，流了一桌。

大學者不知禪師葫蘆裡賣什麼藥，急切地叫道：「大師，茶水已經溢出來，不要再倒了！」

南隱禪師於是放下茶壺，注視著他說：「你的頭腦像這只杯子一樣，裡面裝滿自己的看法和念頭。你不將自己的杯子倒空，叫我如何對你說禪？」

大智慧：

南隱是日本明治時代的一位禪師。

表面上，南隱禪師未曾向大學者說禪，其實已經說了。禪師故意讓茶水不斷地溢出杯外，流滿桌上，禪機已在其中，未知大學者是否參悟？

如果一個人的頭腦裝滿己見，甚至於是成見、妄見、邪見，就會否定甚至排斥他見、正見、真知。所以要想領悟真理，求得真知灼見，必須先放下心中的種種己見、妄見與邪念，就如同清空杯子以後，才能再行注滿茶水。「清空杯子」不是要否定過去，而是放空一切，猶如莊子所說「心齋坐忘」，準備融入新事物新知識。

佛家要修行僧俗「放下」，放下才能不起煩惱，才能體味人生的妙趣，享受人生。放下什麼呢？就是放下對功名利祿的追求，還有對人事物的我執、成見、我慢、仇恨。

放下是非常不容易的，我們每個人都在追求名利、聲色犬馬。於是心念就會過於執著，沉溺其中。必須在適當的時處放下我執，不再被它所牽累，自己的心智不再被蒙蔽，才能夠事事圓融，人人和樂。

放下我慢傲氣，是禪師暗示大學者的第二個禪機。禪師知道這個大學者缺乏謙卑的態度，師心自用，自以為是，甚至高傲自大，盛氣凌人，向他說禪，豈非白費口舌。

謙卑是美德，只有謙卑的人才能成為智者，因為謙卑的人才會更願意坦然承認自己的不足。因此當時孔子問禮於老聃，老子對他說：「君子盛德，容貌若愚，去子之驕氣與多欲、態色與淫志，是皆無益於子之身。」明代大儒方孝孺說：「虛己者進德之基。」清代大臣張廷玉說：「盛滿易為災，謙沖恆受福。」大陸作家老舍說：「驕傲自滿是我們的一座可怕的陷阱；而且，這個陷阱是我們自己親手挖掘的。」畫家徐悲鴻說：「人不可有傲氣，但不可無傲骨。」莎士比亞說：「一個驕傲的人，結果總是在驕傲裡毀滅了自己。」而法國文學家巴爾札克，把自滿、自高自大和輕信，視為人生的三大暗礁。俄國生理學家巴甫洛夫說：「無論在什麼時候，永遠不要以為自己已經知道了一切。不管人們把他們評價得多麼高，但你們永遠要有勇氣對自己說：『我是個毫無所知的人。』」瑞士希爾泰《幸福論》說：「傲慢始終與相當數量的愚蠢結伴而行。」可不是嗎？虛心的人十有九成，而自滿的人十有九空。

高傲且具成心的大學者，南隱禪師怎麼會向他說禪呢？

永保平常心的慧緣法師

唐代著名的慧緣法師，曾經獨自在寺院後山岩洞裡修行十年，才回到承天寺，每夜都在寺裡大殿打坐通宵。

有一天，大殿功德箱的錢突然丟失了，他無疑是眾人懷疑的對象。

但是，當寺院住持當眾說這事的時候，他並沒有任何反應，所有人更肯定是他偷了功德款，所以全寺眾僧人、居士，無不對他另眼相看，向他投來鄙視的目光。

但是，慧緣法師仍然心平氣和、若無其事。沒有喊冤叫屈，也沒有半點受委屈的情緒，每天還是去大殿打坐。

七天後住持終於揭開了謎底，原來功德款根本沒有丟失，這是住持在設計考驗他的，想知道他在山洞修練十年的境界。他永保平常心，受到全寺上下由衷地崇敬。

大智慧：

俗語說：「樹大招風，人賢招忌。」也許別人在嫉妒我們，或者故意要我們傷心難過，對我們說了一些子虛烏有的流言蜚語。眾口鑠金，積非成是，積毀銷骨，流言的力量很可怕。

一般人若遭到別人議論，甚至誤解的時候，可能會傷心難過。然而，「是非止於智者，清者自清，濁者身濁，公道自在人心」，只要自己身正，那麼那些流言蜚語也只不過像一陣風而已，一段時間以後，自然就煙消雲散了。如果我們真的為這些流言蜚語而困擾、傷心難過，豈非中了別人的計，讓別人沾沾自喜？

當然，流言如果已經對自身名譽與人格尊嚴造成重大的傷害，可以考慮採取法律途徑加以解決，然而不如以寬代之。

「真金不怕火煉」，如果流言蜚語並非事實，則一切都不足為懼。

古人說：「禦寒莫如重裘，止謗莫如自修。」一個人有高尚的修養，身正心正，心胸坦蕩，光明磊落，就無畏別人的毀謗或有意無意的誤解了。

《格言聯璧》說：「何以止謗？曰無辯；何以止怨，曰不爭。」遭遇到別人的毀謗，有時候辯解並不能澄清別人的誤解，甚至還會適得其反，越描越黑，無法自清。

慧緣法師專心修禪念佛，道行高深，卻被人誤為偷了功德款。而他卻心平氣和，若無其事，沒有喊冤叫屈，十分淡定。淡定是心靈的修煉，是人生的境界和智慧，更是一種生活態度。浮躁的社會需要淡定，平凡的人生需要淡定。只有淡定才能寵辱不驚，只有淡定才能臨危不懼，只有淡定才能使人擁有無形的巨大力量。擁有淡定的大智慧，才能在簡單中活出豐富，在平凡中活出不平凡。淡定的人，如秋葉之靜美，活得從容、瀟灑、逍遙自在。

毀譽不驚的白隱禪師

日本的白隱禪師修行很高，無論別人怎樣評價他，從不爭辯，每次只是淡然地說：「就是這樣嗎？」

在他所住的寺廟旁，有一戶人家，女兒年方二八，長得亭亭玉立，如出水芙蓉，不少人上門提親，都被她的父母一一回絕了。她的父母卻在無意間發現她竟然懷孕了，震怒異常，一再逼問，她才吞吞吐吐地說出「白隱」。

她的父母怒不可遏，去找白隱禪師理論，白隱禪師只若無其事地答道：「就是這樣嗎？」孩子生下來後，就被送給白隱禪師。

白隱禪師雖然已經名譽掃地，依然非常細心地照顧孩子，向鄰居乞求奶水和其他用品。雖橫遭白眼或冷嘲熱諷，總是處之泰然，彷彿他是受託撫養別人的孩子。

一年後，未婚生子的女子終於不忍心再欺瞞了，老實地向父母吐露真情：孩子的生父是街北的一位青年。

她的父母立即帶她到白隱禪師那裡道歉，請求原諒，並將孩子帶回。白隱禪師仍然淡然輕聲說：「就是這樣嗎？」

大智慧：

「忍」字從心刃聲。心上插刃，豈能不忍？忍有忍耐、包容、接受、克制等意義。忍辱、忍讓、忍氣、忍謗、忍冷、忍熱，以忍辱為最難。

從前寒山和尚問拾得和尚說：「世間謗我、欺我、辱我、笑我、輕我、賤我、惡我、騙我，我應該如何？」拾得回答他說：「只是忍他、讓他、由他、避他、耐他、敬他、不要理他，再待幾年，你且看他。」

西漢的韓信是一個忍辱的典型，他能夠忍「胯下之辱」，後來成為一名大將，叱吒風雲，名滿天下。匹夫見辱，假如拔劍而起，挺身而鬥，則不足以為真勇。真勇者，心懷大志，所思者遠，無故加之而不怒，忍辱以負重，不以小不忍而亂大謀。

就佛法來說，忍辱是「六度」之一。所謂「度」，即梵文「波羅蜜多」，意即「到彼岸」，能渡過生死苦海，到達快樂的彼岸。

莊子說：「舉世譽之而不加勸，舉世毀之而不加沮。」就是說，即使全世界的人都對他讚譽有加，他也不會自傲；即使全世界的人都詆毀他，他也不會沮喪。這種寵辱不驚的修養，是人生的極高境界。白隱禪師為人行事光明磊落，無愧於心，對於別人的侮辱，泰然處之，坦然自適，已達到這種人生的極高境界。

白隱禪師蒙冤，面對巨大的委屈，眾人的誤解，他只用一句「是這樣的嗎？」便輕輕帶過了，這是一般人很難以做到的，他沒有一點怯懦，只是讓時間來證明他的清白。

人生在世，總會遇到許多冤枉，無理橫加。這時，忍辱是必經的磨煉歷程，不發怒、不結怨、不辯解、不仇恨。「唯毀唯譽，一切聽之於人；任勞任怨，但求無愧我心。」

廣欽和尚蒙冤

廣欽和尚在新北市土城區創立承天禪寺，是現代的一名高僧。

他出生於福建惠安，因家境清寒，投泉州承天寺出家。認為自己福薄，不敢接受寺院的供養，就去住山洞，一住就是十三年。回到寺裡後，還不住寮房，要求守大殿。而大殿不能安床鋪，他只能每天晚上在大殿打坐。

他回寺裡不久，大殿功德箱錢不翼而飛。此事從未發生，消息傳開，舉寺譁然。人們的目光不約而同地集中到廣欽和尚身上。誰都知道他每夜在大殿打坐，如果有賊潛入，他不會看不見，既然他沒有反應，那功德箱錢一定是他偷的，這也就是他不願意住寮房，情願守大殿的目的。

從此以後，人們對他白眼相向，他卻毫不為自己辯白，還是專心念經打坐。

一個多星期以後，當家師父和香燈師向大家揭示真相說：「其實功德箱錢沒有被偷，只是想藉此考驗廣欽和尚潛心修行的程度，沒想到他的功夫確實不凡。」

眾人聽了，都很慚愧，而廣欽和尚仍然淡定如初，沒有為此而欣喜。

大智慧：

廣欽老和尚，清光緒十八年（一八九二）生於福建省惠安縣。本姓黃，因家貧，被賣李家。宿具善根，七歲即自願隨母茹素。二十歲投泉州承天禪寺，禮瑞芳法師披剃出家，法名照敬，字廣欽。

出家後，決志苦修，謹遵方丈和尚轉塵上人教化，承擔一切勞動作務，忍辱苦行，又專持「阿彌陀佛」聖號，於是身心漸定，終證「念佛三昧」，後登深山潛修，曾入大定，又感得老虎陪伴，遂有「伏虎和尚」之稱。

民國三十六年（一九四七），老和尚渡海來臺，四十四年（一九五五），板橋信眾購得土城火山承天禪寺現址，竹林地供師。四十九年（一九六〇）正式命名為「承天禪寺」，火山（即火燄山）亦命名為清源山。老和尚建寺安僧，以「做事念佛」之道風，度化了無數眾生。

通往「承天禪寺」的朝山步道，全長九百公尺，由原石鋪成，沿道兩邊石碑或石雕二十八座，石柱十五座。為感念老和尚利生德澤，乃命名為「廣欽老和尚紀念步道」。

小不忍則亂大謀，忍人一時之疑、一定之辱，是一種對意志、毅力的磨煉，為日後的發憤圖強奠定基礎，而不能忍者，則要品嘗自己急躁播下的苦果。

星雲法師說：「世間大福德者，必能容人所不能容，忍人所不能忍。在佛教裡講忍耐，不僅要能忍合情合理的要求，忍一時一地的折磨，更要忍受悖情逆理的誤解。把忍耐當作是諸佛菩薩的慈悲教誨、福報修持，在其中肯定自我的道德人格，肯定真理正義終必水落石出的信念。」

筆者按：廣欽老和尚的忍辱，與唐代慧緣法師的忍辱，情節如出一轍。這兩則故事的「大智慧」，讀者可互相參閱。

勤儉樸實的王永慶

台塑集團故董事長王永慶，是舉世著名的大企業家。

他出生在新北市新店區直潭，是長子，從小就承擔許多粗重的苦差事，比如挑水。十來歲時每天都要早起赤腳、扛著扁擔水桶，爬上屋後小山坡，再到山下汲水回家，往返五六趟。之後才匆匆趕六里山路去上學。

他一直認為：吃苦就是吃補，這些苦差事都是自己分內的事。

小學畢業後，他遠到嘉義當米店學徒。一年後，父親給他貸了二百塊錢，助他開起米店。以獨具一格的經營模式，「服務到家」，獲得極為可觀的收益。於是第二年便增添設備，經營碾米廠，業績遠遠超過日人經營者。

王永慶說：「成功雖然也需要風雲際會，但更重要的是，當機會來臨時，你本身早已做好了準備。對我而言，這種準備是用多年的吃苦換來的。」

二十世紀五〇年代初，王永慶決定投資塑膠產業。朋友紛紛勸阻，一個有名的化學家，公然嘲笑他根本不知道塑膠為何物，開塑膠廠肯定要傾家蕩產。

王永慶認為事在人為，沒有被周圍的聲音嚇退。他進行周密的市場調查，還親自去日本考察，最後決定發展塑膠工業。

一九五四年，他和趙廷箴合作，創辦了臺灣第一家塑膠公司。三年後建成投產，卻遇到銷售問題。他仔細分析市場，發現原因在價格太高，只有提高產量才能降低成本，於是他下令擴大生產。但合夥人觀念與他相左而退出，他獨資經營，後來他的公司成為世界上最大的PVC塑膠粉粒生產企業。

而後，台塑集團經營範圍，擴及煉油、石化原料、塑料加工、纖維、紡織、電子材料、半導體、汽車、發電、石油、生物科技、教育與醫療事業等。集團下轄九個公司，員工總數超過七萬，躍居臺灣各企業集團的龍頭。

大智慧：

王永慶董事長個人由貧而富，他的台塑集團成為臺灣企業集團的龍頭，因素固然很多，而「勤儉樸實」是最重要的因素了。

王永慶先生從小就吃苦，一生勤儉樸實，甚至到了我們普通人都難以置信的地步。俗語說：「吃得苦中苦，方為人上人。」王永慶先生成功的祕訣就是吃苦耐勞，勤儉樸實。他曾經說：「克勤克儉，為立業之根本，古今皆然。」

王永慶先生在事業上成就輝煌，而其勤勞節儉的作風，一直為人稱讚。根據曾經是他專屬的高爾夫球僮五年的蔡合城（蔡先生窮苦出身，自稱為「礦工的兒子」）說：「由於王永慶先生非常節儉，球僮即使弄掉一顆球都會被他罵。王伯伯捨不得掉一顆球，是他一貫堅持的勤儉理念，他只是執著地實行著一種『不要浪費』的生活原則。在他的價值觀裡，與其把物資白白浪費掉，不如拿來做更有用的事。」

蔡合城先生又透露說：「有次王永慶董事長生日，他的小舅子從香港帶了兩條領帶給他，一條一千兩百塊，騙他一百二十元。王董事長收了禮物後很高興。但是，第二天一大早，小舅子被王董事長叫到辦公室，說『南亞』做的領帶一條才四十元，為何要從香港買一條一百二十元的領帶送他，真是太浪費了，被罵了半個小時。」

為人處世，生活或行為態度，無非勤惰與奢儉而已。古今中外的聖賢，沒有不崇勤儉而戒奢惰的。真正成功的人，知道不需要用奢華來襯托自己，人們讚嘆的不是他們的外表，而是他們偉大的事業。

古人說：「勤有功，嬉無益。」「勤能補拙，儉以養廉。」「一勤天下無難事」。孔子一生「好古敏求」、「學不厭，教不倦」；荀子〈勸學〉，要人「鍥而不舍（捨）」；唐代韓愈〈進學解〉，勉人「業精於勤荒於嬉，行成於思毀於隨」；清代曾國藩則以為勤與廉是人一生成敗的試金石，直到臨終前，還念念不忘在遺囑中以「習勞則神欽」來教育子弟。

美國富蘭克林說：「一個人要想取得傑出的成就，奮發向上，勤勞實幹是必不可少的；如果好逸惡勞，肯定會弄得一事無成。任何事業的成功，包括個人教養、商業成功、知識財富，都是通過實幹才取得的。」

愛因斯坦說：「在天才和勤奮之間，我毫不遲疑地選擇勤奮，它幾乎是世界上一切成就的催生婆。」

「儉，德之共也；侈，惡之大也。」不論富家或富國，都要開源節流、行儉戒奢。「細水匯成河，粒米積成籮」，平時節儉，才能積少成多。

古聖夏禹，「菲飲食，而致孝乎鬼神；惡衣服，而致美乎黻冕；卑宮室，而盡力乎溝洫。」孔子賢之。顏回「一簞食，一瓢飲，在陋巷，人不堪其憂，回也不改其樂。」，孔子亦賢之。而孔子自己則「食無求飽，居無求安」、「飯疏食、飲水，曲肱而枕之，樂亦在其中。」荀子認為「務本節用財無極」、「足國之道，節用裕民，而善臧（藏）其餘」、「彊本而節用，則天不能貧」；老子以慈、儉、不敢為天下先為三寶，持而保之，並認為凡事過度無節制，必然損耗心神，故主張生活要簡樸，不奢侈，不浪費。墨子更主張節用、節葬與非樂。

三國諸葛亮〈戒子書〉說：「靜以修身，儉以養廉。」

唐代魏徵〈諫太宗十思疏〉規勸唐太宗要「居安思危，戒奢以儉」，國家才能長治久安。

唐代李商隱有詩說：「歷覽前賢國與家，成由勤儉敗由奢。」

唐代吳競《貞觀政要．規諫太子》說：「克儉節用，實弘道之源，崇侈恣情，乃敗德之本。」

宋代司馬光〈訓儉示康〉：「由儉入奢易，由奢入儉難。」

宋代呂蒙正〈勤儉勸世文〉：「勤賴皆因一念生，家庭興敗此中爭；萬般事業由勤致，懶漢何曾見有成？年少光陰最足珍，都像兩字誤因循；畢生事業知何限，哪得工夫走市塵；清早黎明便起身，家庭內外費艱辛；君看傾家敗產者，多是貪眠懶惰人。人生儉樸最為高，莫把錢財浪裡拋，物力艱難常記取，免教日後聽號啕。處世持家年復年，總須慮後更思前；有錢常想無錢日，莫待無錢想有錢。」

明代朱柏盧《治家格言》：「一粥一飯，當思求來不易；半絲半縷，恆念物力維艱」、「居身務期儉約，教子要有義方」。

清代曾國藩〈諭紀鴻〉：「勤儉自持，習勞習苦，可以處樂，可以處約」，曾氏家規則說：「家勤則興，人勤則健；能勤能儉，永不貧賤。」

古羅馬西塞羅說：「要想根除貪婪，必先消滅貪婪之母——奢侈。」

塞涅卡說：「節儉本身就是一個大財源。」

愛默生說：「節儉是你一生中食用不完的美筵。」

莎士比亞說：「節儉是窮人的財富，富人的智慧。」

西哲湯恩比說：「如果一個社會把無限的追求財富，視為唯一目的的時候，則這個社會必將罪惡叢生，整個人類也將因此而毀滅。」此一警語，正如暮鼓晨鐘震撼世界，畢竟現代人追求財富原本無可厚非，而人生目的的迷失，價值觀混淆，道德紀律崩潰，令人憂心。

勤勞與節儉不僅是一種行為，也是一種生活態度、一種理念，把這種行為、態度、理念貫徹到生活中，成為中華民族的傳統美德，也是許多家庭的美好家風。

可是，現代人的生活傾向物質化，而精神生活卻愈庸俗化，有一部分人自我價值觀偏差，好逸惡勞，妄想不勞而獲，坐享其成，生活奢華，盲目消費，貪圖享樂，然而心靈空虛，身心無法安頓，成為家庭及社會的亂源之一。對治之道，就是力行勤儉樸實。

周國平先生說：「一個人在巨富之後仍樂於過簡樸生活，正證明了其靈魂的高貴，能夠從精神生活中獲得更大的快樂。」王永慶就是這樣的「一個人」。

華人首富李嘉誠的一元硬幣

華人首富李嘉誠的節儉盡人皆知。

有一天，他從酒店出來，掏車鑰匙時，蹦出一元硬幣掉到地上，他彎下腰去撿。一個印度保安把它撿起來遞給他。他接過這一元硬幣，又掏出一百元港幣給了保安，又把那一元硬幣也送給保安。

別人很不了解他為什麼這麼做。他說：「這一百元港幣是他給我服務，我給他的報酬；如果一元的硬幣不撿起來，可能會被車子碾到地裡，可能會掉到溝裡，就會浪費掉。錢是用來花的，但是不可以浪費。」

大智慧：

司馬遷《史記・貨殖列傳》云：「天下熙熙，皆為利來；天下攘攘，皆為利往。」

據說乾隆皇帝下江南，來到江邊的金山寺，看到江上游船如織，好不熱鬧，便問住持說：「每天有多少船隻往來於江面。」住持答說：「依我看只有兩隻，一隻為名，一隻為利。」

諺語說：「錢財通性命。」（意謂錢財和性命相連，人有時會因為錢財而喪命。）又說：「錢是爺，錢是娘，一天沒錢急得慌。」「人為財死，鳥為食亡。」俗話也說：「有錢能使鬼推磨。」又說：「金錢並非萬能，但是沒錢則萬萬不能。」沒有錢幾乎就無法生活，因而追名逐利，古今中外皆然，這是人的一種天性。

但是，金錢是幸福的憑藉，更是罪惡的源泉。有錢並不等於幸福，在現實生活中，金錢不可能解決所有的問題，不是金錢多就幸福快樂，錢少就不幸福快樂，因為只是物質生活優渥，而精神生活空虛無聊，依然痛苦不堪。所以，菲爾丁說：「如果你把金錢當上帝，它便會像魔鬼一樣折磨你。」

我們要會賺錢，更要會花錢、惜錢，使每一分錢都發揮出它的價值。

《禮記・禮運》說：「貨惡其棄於地也，不必藏於己；力惡其不出於身也，不必為己。」這是大同世界的經濟觀。國父孫中山先生的救國大計是「人盡其才，地盡其利，物盡其用，貨暢其流」。

華人首富李嘉誠，捨不得一元硬幣拋棄於地，或許有人會因此而以為他小器，其實他的意思是要大家知道「物盡其用」，不能浪費，是合乎「貨惡其棄於地也，不必藏於己」的大同世界經濟觀。節省錢、尊重錢、不浪費錢，是很多富人的習慣。

威廉‧亨利布拉格的破皮鞋

威廉‧亨利布拉格一九一五年獲得諾貝爾物理學獎。

他青年時在皇家學院求學。院裡的學生大多是富家子弟，可是他卻衣衫襤褸，拖著一雙比他的腳大得多的破舊大皮鞋。富家子弟誣陷他這雙皮鞋是偷來的。

有一天，老學監把他叫到辦公室，兩眼死盯著那雙破皮鞋。他明白是怎麼回事，拿出一張小紙片交給學監。這是他父親寫給他的，上面這樣說：「兒呀！真抱歉，但願再過一兩年，我的那雙破皮鞋你穿在腳上不再嫌大。如果你一旦有了成就，我就引以為榮。因為我的兒子正是穿著我的破皮鞋努力奮鬥成功的。」

老學監看完以後，也被深深地感動了。

大智慧：

亨利布拉格生長於貧寒之家，在皇家學院求學時，依然衣衫襤褸，穿著他父親留給他的破舊大皮鞋，還被富家子弟誣陷破皮鞋是偷來的。然而，他正是穿著那雙破皮鞋努力奮鬥而成功了。

《論語・里仁》載孔子說：「士志於道，而恥惡衣惡食者，未足與議也。」意思是說，知識分子既然嚮往人生的理想目標，卻對自己穿不好的衣服，吃不好的食物感到羞恥，那麼他的所作所為就不值得去評論了。

亨利布拉格的成功，是從困苦的環境中奮鬥出來的。人生是一個奮鬥的歷程，在這歷程中並非人人都一帆風順，絕大部分的人都有遇到逆境挫折。沒有挫折、不經過逆境，就顯不出人生的瑰麗、多姿多彩。很多人所以一事無成，就是因為缺乏耐心、毅力來克服逆境。

「寶劍鋒從磨礪出，梅花香自苦寒來。」當我們面對苦難困境的時候，千萬不要洩氣、不要絕望，而要承受挫折給我們的打擊，用堅忍不懈的努力來開闢全新的道路。

「醉過方知酒濃，飲過才知茶香」，逆境何嘗不是一罈陳釀的酒、一杯極品的茶？只有遭遇逆境、並且認真品味它的人，才能體會其中的芳香。

苦難是人生的一大財富，不幸和挫折可能使人沉淪，也可能鑄造一種堅強的意志，成就一個成功的人生。苦難是人生的一位良師，他教給我們學會由感激的心情、積極的態度對待一切問題，養成堅強的意志，勇敢地參與社會競爭。

富家子弟誣陷亨利布拉格的破皮鞋是偷來的，這對亨利布拉格是一種莫大的屈辱，然而亨利布拉格毫無爭辯，不與計較。當一些屈辱的事發生在我們身上的時候，我們也需這樣，不能因此而憤怒、自怨自艾，怨上天的不公，才能從屈辱的陰影中走出來、奮鬥下去，才有獲得成功的可能。

愛因斯坦的舊大衣

愛因斯坦移民美國之後，生活依然保持樸素，幾乎沒有買過新衣，每天上街都穿得破破爛爛。一天，他又穿著那件破大衣在紐約街頭散步，巧遇一位老友。老友指著他那件已經破了洞的大衣說：「你這一身與周圍太格格不入了，趕緊換一件大衣吧！」

「有這個必要嗎？」愛因斯坦反問道，「反正這裡的人都不認識我。」

幾年以後，他發現了相對論，名滿天下。當他又一次在街頭碰到那位老友時，老友指著他依然沒有換掉的大衣說：「你現在已經是世界名人了，總該換掉這件破大衣了吧？」

愛因斯坦回答說：「照樣沒有必要，反正這裡的人都已經認識我了。」

後來，他的相對論遭到主流科學界的否定，甚至眾多專家學者聯合貶低他。一九三〇年，德國出版了一本《一百位教授出面證明愛因斯坦錯了》的書，來批判他的相對論。愛因斯坦知道後哈哈大笑，說：「有必要這麼多人嗎？如果真能證明我錯了，一位就足夠了。」

大智慧：

偉大的科學家愛因斯坦，寵辱偕忘，在成名前與成名後，總是過著簡單樸素的生活。像他這樣的人，沒有得諾貝爾獎於他無損，得了也無增加什麼。

得寵與受辱對人格都是一種貶低，受辱傷害自尊，而得寵會使人對意外殊榮惶恐，無形中喪失了獨立的人格。唯有不計較寵辱，才能獲得至高無上的人格尊嚴。明代洪應明《菜根譚》說：「寵辱不驚，閑看庭前花開花落；去留無意，漫隨天外雲捲雲舒。」以平常心來看待寵辱，寵辱偕忘。

一般人常犯的錯誤之一，就是隨波逐流，追求時尚，生活奢華，這是人們庸俗化的重要原因。愛因斯坦是一位偉大的數學家、物理學家，一九九九年十二月二十六日，被美國《時代周刊》評選為「世紀偉人」。他明悉自己真正的價值在哪裡，所以有正確的行動方向，不講求物質的生活享受。

愛因斯坦是一個極有人文素養的科學家，這一點極為難能可貴。他曾經說：「一個科學家而缺乏人文素養，只不過是一條訓練有素的狗。」他又曾經說過下列所引述的「智慧金言」：

人們所努力追求的庸俗目標——財產、虛榮、奢侈的生活，我總覺得都是可鄙的。

簡單淳樸的生活，無論在身體還是精神上，對每個人都是有益的。

在天才和勤奮之間，我毫不遲疑地選擇勤奮。它幾乎是世界上一切成就的催生婆。

道德行為並不意味著僅僅嚴格要求放棄某些生活之享受的欲望，而是對全人類更加幸福之命運的善意關懷。

人所具備的智力，僅夠使自己清楚地認識到，在大自然面前，自己的智力是何等欠缺。如果這種謙卑的精神能為世人所共有，人類的世界就會更加具有吸引力。

滿足物質上的需要，固然是美滿的生活所不可缺少的先決條件，但只做到這一點還不夠。為了得到滿足，人還必須根據他們個人的特點和能力，發展他們理智和藝術上的才能。

愛因斯坦以創始「相對論」聞名於世。在一次社交聚會上，有幾個人拼命巴結他，當眾說了一些他已登峰造極的吹捧話。

愛因斯坦急忙站起來說：「如果我相信剛才聽到的話是真的，那我一定瘋了。我心裡明白我沒瘋，所以我不相信這些話。」

有一天，電臺記者要求愛因斯坦發表談話，並答應付給他一千美元的酬金。

「我的話根本不值那麼多錢。」愛因斯坦拒絕道。

「你大概不喜歡金錢吧？」

「噢！基金會最近寄來面值一千二百美元的支票，我倒挺喜歡的。不過，我把它當作書籤使用，後來它同那本書一起丟失了。」

「那實在太可惜了！」

「一點也不。依我看，每一份財產都是一塊絆腳石。」

李斯與老鼠

秦始皇的丞相李斯，在成功之前，只是一個糧倉的小管理員。他後來所以能夠顯貴，還要感謝「人人喊打」的老鼠。

李斯二十六歲時，在楚國上蔡縣某糧倉任文書，待遇不錯，工作清閑，他甚覺滿意。

一天，他上茅廁，發現一群瘦小乾枯、毛色灰暗、又髒又臭的老鼠，餓得吱吱叫，行動也不靈活了。李斯非常訝異，因為他在倉庫看到的老鼠，隻隻腦滿腸肥，逍遙自在。同是鼠類，因為所居的地方不同，遂有天壤之別。

他突然大悟：人，不也一樣嗎？同是人類，位置不同，命運就大不同。那些在京城的高官貴族，個個吃香喝辣，腦滿腸肥，而自己只是糧倉的小管理員，竟然還如此滿足。他頓時滿心羞愧；原來自己那麼怡然自得，是因為從來不知道還有更大的「糧倉」啊！

第二天，李斯就開始尋找「更大的糧倉」之路。

大智慧：

李斯離開糧倉以後，先是拜大儒荀子為師，學了一身帝王之術，學成後又審視天下大勢，投奔強大的秦國，投靠在左右秦國實際權力的呂不韋門下，而有了游說秦始皇的機會，當了秦王的宰相，終於找到了自己的「糧倉」。

史載秦始皇有十幾個兒子，本來是準備把皇位傳給長子扶蘇的，但是秦始皇猝死於巡遊途中，當時扶蘇遠在邊關，而且扶蘇身邊的名將蒙恬與趙高有仇，因此秦始皇死後，趙高便迅速威迫利誘李斯擁立胡亥，合力誅殺蒙恬黨，扶蘇則畏罪自殺。李斯終被胡亥腰斬，三族盡夷。臨刑前，對其幼子愴然而嘆說：「我多想和你像以前一樣，一起牽著大黃狗，在我們老家東門外追兔子啊！」後人稱為「黃犬之嘆」。

一個人要想成功，自己的勤奮和努力固然必不可少，但是假使有外力的幫助，得到更高的發展機會，不是會更快接近成功嗎？但必須要知道「自助而後人助，人助而後天助」的道理。

人生之路，走好了，可能會是金光大道，陽光普照；假如走不好，甚至走錯一步，誤入歧途，最終會走上絕路的。李斯的「黃犬之嘆」，是世人應該警惕的。

聾啞影后　瑪莉・馬特琳

一九八七年三月三十日的晚上，美國洛杉磯音樂中心的錢德勒大廳燈火輝煌，座無虛席，原來第五十九屆奧斯卡金像獎正在這裡舉行頒獎儀式。在熱鬧的氣氛中，馬特琳走上頒獎臺，領受奧斯卡金像。

她激動不已，舉起手來，但不是向觀眾揮手致意，而是在打手語，原來她竟是一個啞女。其實，她又聾又啞。她本來是個正常的孩子，但在出生十八個月後，因一次高燒而失去了聽力和說話的能力。

她對生活充滿了激情。從小就喜歡表演，八歲時加入伊利諾州的聾啞兒童劇院，九歲就在《盎司魔術師》中扮演多蘿西。但十六歲那年，被迫離開了兒童劇院，所幸還能時常被邀用手語表演一些聾啞角色，而使她認識自己的價值，克服失望的心理，不斷鍛鍊自己，提高演技。

一九八五年，十九歲的她參加舞臺劇《上帝的孩子》演出，飾演次要角色。可是這次演出，使她走上了銀幕。

女導演蘭達・海恩絲決定將《上帝的孩子》拍成電影，起用她擔任女主角，飾演薩拉。

瑪莉在全片中沒有一句臺詞，全靠極富特色的眼神、表情和動作，表現主人公自卑和不屈、喜悅和沮喪、孤獨和多情、消沉和奮鬥等矛盾複雜的內心世界。她勤奮、嚴謹、認真對待每一個鏡頭，表演得唯妙唯肖，讓人拍案叫絕。

她終於成為美國電影史上第一個聾啞影后。她說：「我的成功，對每個人，不管是正常人還是殘疾人，都是一種激勵。」

大智慧：

瑪莉・馬特琳，是美國電影史上第一位聾啞影后。她說：「我的成功，對每一個人，不管是正常人還是殘疾人，都是一種激勵。」這是千真萬確的事實。

我們所生存的世界，是一個充滿缺陷的世界，佛家稱之為「娑婆世界」，其意就是「有缺憾的世界」。古希臘哲學家柏拉圖，也認為世界是殘缺不全的。我們每一個人所擁有的人生，同樣是一個充滿缺陷的人生，因此，有人說，我們每一個人，都是被上帝咬一口的蘋果，都是有缺陷的人。有的人缺陷比較大，是因為上帝特別喜歡他的芬芳。人人都在追求完美，但是世界上絕對完美的事物幾乎是不存在的。人生有許多不完美之處，每個人都會有各種不同的缺陷。

其實，人的缺陷具有獨特的意義，因為有了缺陷，我們才有夢，才又希望。缺陷也是一種美，斷了雙臂的維納斯，不是依然極為美麗嗎？擁有缺陷是人生另一種意義上的豐富和充實。

有了缺陷，並不等於絕境，因為缺陷給生命以動力。心理學家指出：一個人先天的缺陷，往往能夠造成其後天某一方面的成就。因此，這樣的缺陷，就稱為「高貴的缺陷」。有缺陷不必自卑、自怨自憐，每個人都是有缺陷的，都是不完美的，只要樂觀面對缺陷，就能將缺陷變成奮鬥的動力，最終看到人生的陽光。

大陸學者季羨林先生以為「不完美才是人生」，他說：「我們眼前的世界，是一個充滿缺陷的世界；我們擁有的人生，同樣是一個充滿缺陷的人生。正是人生中的缺陷，才構成了理想中圓滿的希望，才產生了人生旅途中追求的快樂。我們彌補缺陷的過程，就是創造的過程。」南懷瑾大師也說：「其實人生不是有罪，而是有缺憾，有不完美和不圓滿，然而正是這股力量的牽引，可以幫助你跑得更快。從某種意義上說，這正是一個人靈魂飛升的動力所在。」

台積電董事長張忠謀先生，現身說法，他說：「每個人的生命，都被上蒼劃上了一道缺口，貼了一個標籤，你不想要它，它卻如影隨形跟著你。以前我也痛恨我人生中的缺失，但現在我卻能寬心接受，生活自如，因為我體現到生命中的缺口，彷若我們背上的一根刺，時時提醒我們要謙卑，要懂得憐恤他人。若沒有苦難，我們不知不覺會驕傲；沒有滄桑，我們更不會以同理心去安慰不幸的人，我也相信，人生不要太圓滿，有個缺口讓福氣流向別人是很美的一件事，你不需要擁有全部的東西，若你樣樣俱全，你怎麼會去管別人吃什麼東西呢？我也體會到每一個生命都有缺陷，所以我不會再與別人作無謂的比較，反而更能珍惜自己所擁有的一切。」

生命的質量取決於自己的奮鬥，每一個人都是自己命運的建築師，自己才是命運的主宰。真正的勇士敢於面對身體的缺陷。美國馬克斯韋爾・莫爾茲博士說：「許多人在生活中遇到的悲劇之一，是渴望自己完美無缺。」身體上的缺陷不算什麼，如果因身體的缺陷，而使心靈殘疾，那才是最大的缺陷。

聾啞影后瑪莉・馬特琳一生克服缺陷、奮鬥成功的事實，正是上述論點的鐵證。除了她以外，古今中外還有許多人證事證。舉要言之：

西漢的司馬遷受宮刑以後，發憤完成《史記》，成為千古絕唱。

自小就罹患嚴重小兒麻痺的鄭豐喜，克服萬難，完成大學學業，任教國中，自比為「汪洋中的一條船」。

全身癱瘓，只剩三根手指的張惠明，是一位名畫家。

十二歲就得類風濕性關節炎，行動不便的杏林子劉俠，卻寫了四十多齣劇本，百篇以上的詩文。

海倫・凱勒雖然又聾又啞，但是她的世界卻充滿陽光，因為她的心靈之門是敞開的。她只能用手指尖來感覺未知的世界，她的世界很小，但是她並不為此而沮喪，而是勇敢地面對生活，不斷發掘自己的潛力，經過艱苦努力，終於從黑暗沉寂的世界走了出來，成為享譽世界的作家和演說家。她說：「當一扇幸福的門關起的時候，另一扇幸福的窗會因此開啟；但是我們經常看著這扇關閉的大門太久，而沒有注意到那扇已經為我們開啟的幸福之窗。」此段箴言，發人深省。

英國的偉大詩人彌爾頓，最傑出的詩作是在雙目失明之後完成的；德國最著名的作家之一歌德，他的成名作《少年維特的煩惱》，是在他兩次失戀之後寫成的；德國的偉大音樂家貝多芬，最傑出的樂章《第九交響曲》，是在他失聰之後完成的。當年當這首交響樂在維也納演出時，他已經不能上臺指揮了，以至於演出結束後觀眾的如雷掌聲他都聽不到。他那句「人啊！你當自助」的名言，成為許多自強不息者的座右銘。

澳洲青年力克・胡哲，出生時罹患海豹肢症，天生就沒手沒腳，卻締造「活出不受限的生命奇蹟」，「展現最完美的力量」，他認為「自己是上帝的完美之作」。他曾經在夏威夷海邊與海龜同游，在哥倫比亞潛水、衝浪，他踢足球、溜滑板、打高爾夫球。著有《人生不設限》一書，暢銷二十萬冊以上，撼動全球六億人心；他到世界各地旅行、演講，鼓勵上百萬人以信心希望和勇氣克服逆境，追求夢想，活出自己的光彩人生。

「風雨過後才會有彩虹」。面對缺陷或偶然的失落、挫折，不能哀嘆、哭泣、流淚，因為那是命運的轉捩點。人生沒有永遠的不幸，只要把握機運，堅持希望，勇敢奮進，就能撥雲見日，迎向光明，迎向完美。印度詩人泰戈爾說：「人生猶如一本畫冊，內容如何，端賴自己來描繪。」讓我們向聾啞影后瑪莉・馬特琳等人學習，拿起彩筆，為自己畫下彩麗的人生畫冊。

日本商界的經營之王　松下幸之助

松下幸之助一八九四年生於日本和歌山縣的農家，九歲時就到大阪當學徒。因父親早逝，他十五歲就擔負家計。十七歲時進入一家電器公司，開始對電器發生興趣，預感到這是未來的主要產業之一，也是他的終生事業。

一九一六年，他成為公司最年輕的檢察員。這時，他發現自己痰中帶血，非常害怕，因為家族中已經有九人因此病在三十歲以前去世。他做好充分的心理準備，邊工作邊治療，幸好痊癒。

一九一七年六月，他辭去電器公司的工作，自創松下電器公司，一開始生產經過改進的電燈燈頭。然而，正逢第一次世界大戰，物價飛漲，產品嚴重滯銷，工廠幾乎難以為繼，心情極為沮喪。後來為一家商店加工電扇的底座，才得以度過難關。六年後他的公司製造出自行車車燈，公司才順利成功。

可是不久，經濟危機席捲全球，日本也未能幸免，市場嚴重萎縮，庫存激增。他把產量減半，但沒有解僱一名員工，而且薪水全發，只是要員工半天工作，半天推銷庫存。結果極大激發員工的熱情，不但庫存銷售一空，還得拼命趕工，否則供不應求。可是第二次世界大戰日本戰敗，他的公司到一九四九年時債務已高達十億日元。

一九五一年，五十七歲的他開始首次美國之旅，到處參觀，吸收新知。不久，韓戰爆發，他的公司蓬勃發展，業務擴及美國、東南亞、非洲等地，此時他宣布退休。一九六四年，日本經濟惡化，經銷商大量流失。他毅然決定以董事長身分兼代營業部部長，在第一線打拼，使公司走出低谷。全球二百多個銷售公司聯合贈送他一尊「天馬行空」像，共同見證與松下電器公司共存共榮。

他晚年努力把自己的經濟理念傳播給社會。對教育、社會公共事業，甚至國家政策極度關心，表現了一個卓越企業家獨特的人生觀和使命感。一九八九年逝世，享壽九十五歲。

大智慧：

松下幸之助由一個農家子弟，最終成為「日本商界的經營之王」。他的成功絕非倖致。筆者認為是在於有夢想、勤苦奮鬥、謙虛謹慎、寬仁為懷。

松下幸之助在青少年時開始對電器發生興趣，並且預知電器是未來的主要產業之一，決定為電器產業奮鬥終生。

人生要有夢想。「夢想是前進的動力，是幫助我們披荊斬棘的利刃、搏擊巨浪的雙槳。夢想就像是黑暗中的燈塔，為我們指引著前進的方向。人人都應該懷有夢想，有夢想才會有動力，才能為自己的人生努力奮鬥。」（《左手哈佛家訓　右手劍橋家訓全集》頁二十二），夢想是未來幸福的天堂。因此，愛因斯坦說：「人類因為夢想而偉大。」

有了夢想，接著就要勤勞奮鬥，實現夢想。松下幸之助不是一個幸運兒，他的一生都在艱苦奮鬥之中，他的成功是他奮鬥出來的。他把創業的艱辛，視為必然的歷程，他常對自己說：「再下點功夫，總會成功的。」他相信：「只要堅持下去取得成功，就是對自己最好的報答。」他知道，雖然勤奮不等於成功，但是成功必須勤奮。勤奮才是成功的起點，又是成功的階梯。所以，筆者在此要引蘇聯作家高爾基說：「天才出於勤奮。」美國發明大王愛迪生說：「天才是百分之一的靈感，百分之九十九的血汗。」

松下幸之助的人生有順境更有逆境。他知道，人生的順境與逆境，都是生命成長的機緣，當黑夜來臨時，反而可以看到更遠的星星。所以面對失敗或挫折，不是絕望與放棄，而是將挫折、失敗視為學習經驗和改進的動力。在人生的戰場上，我們要有跌倒之後再自己爬起來的毅力。逆境是人生的寶藏，生命總有困境，只要積極面對就不是逆境。

要堅持，夢想才能實現。堅持是一種力量，成功在於堅持，堅持到底就是勝利。世界上有很多人離成功只有一步之遙，但他們都因無法堅持下去，於是放棄、失敗。在成功的路上，沒有耐心去等待成功的到來，只好用一生的耐心去面對失敗。所以，拿破崙說：「最困難的時候，也是我們離成功不遠的時候。」

松下幸之助也知道，命運就在自己的手裡，但必須用一生去努力去爭取，不要幻想著天上掉下來餡餅的美事，而應該牢記，良好的機遇完全在於自己創造和把握。

松下幸之助具有謙虛謹慎的人格特質，慈悲為懷。當經濟不景氣時，他不但沒有解僱任何一名員工，而且薪水全發。以智慧來激發員工的工作熱情，度過難關。當日本經濟惡化之際，他毅然決定自己以董事長的身分兼代公司營業部部長，站在第一線艱苦打拼，使公司走出低谷。

據《中外名人全知道》一書記載，一次松下幸之助與員工們在公司的餐廳一起用餐。吃完後，他讓人把做牛排的廚師叫來。廚師注意到他面前的牛排幾乎沒有動，他想松下幸之助肯定是嫌牛排做得不好。當他懷著忐忑不安的心情走到松下幸之助跟前時，松下幸之助卻這樣說：「你做的牛排很好吃。因為今天我的胃有點不舒服，所以只吃了一點。我覺得不找你來說清楚，怕你會誤以為牛排做得不好。」在這一件事與他的一段話中，充滿著松下幸之助的謹小慎微的處事風格與慈悲心。

每當我們看到別人的成功，一定要去了解他們背後那一段艱辛奮鬥的歷程。

大仲馬求職

大仲馬是法國十九世紀著名的作家。

他年輕時窮愁潦倒，獨自流浪到巴黎，找到父親的舊友幫他找工作。

「數學精通嗎？」父親的朋友問。他羞澀地搖頭。

「歷史、地理怎麼樣？」他還是搖頭。

「那法律呢？」他窘迫地垂下頭。

「會計怎麼樣？」他還是搖頭。

「那你先把自己的名字、住址寫下來吧，我總得幫你找一份工作。」

他羞愧地寫下名字、住址後，急忙轉身要走，卻被父親的朋友一把拉住。

「你的字寫得很漂亮嘛，這就是你的優點啊，你不該只滿足找一份糊口的工作。」

「把名字寫好也算一個優點？」他從對方眼裡看到了肯定的答案。

他想：我能把名字寫得叫人稱讚，那就能把字寫漂亮，能把字寫漂亮，就能把文章寫得漂亮。

他受到鼓勵，一點一點放大自己的優點，越覺得興奮。

幾年後，他果然成為享譽世界的大文學家。

大智慧：

大仲馬原不自知有字寫得漂亮的優點，在求職的過程中，經過他父親舊友的發現、點醒，因此悟知「能把字寫漂亮，就能把文章寫得好看。」於是他一點點放大他的這項優點，勤奮寫作，果然成了享譽世界的大文學家，他的經典之作就是《基度山恩仇記》。

在未成名前的大仲馬，顯然不知道自己的潛能。梁漱溟先生說：「人的生命之內，原來就潛藏著無盡的可能。」有人認為，在每一個人平淡無奇的生命中，都蘊藏著一座金礦，只要努力去挖掘，都可以挖出令自己驚訝不已的寶藏。換言之，每一個人都擁有遠遠超過自己想像的能量，可惜自己不知道。

「認識自己」是有智慧者竭力踐行的一件事。每個人都有優秀的一面，人與人之間的差別就在於是否認識自己，是否能發掘和重視自己的潛能。我們可以仰慕別人，但是絕對不能忽略自己，如果我們不甘於平庸，就要擺脫自卑和自我懷疑的心理。

「認識自己」是人生智慧的開始，是通往成功的第一步。古往今來的哲學家，不斷地提醒人們要「認識自己」。老子說：「知人者智，自知者明。」古希臘哲學家蘇格拉底，意識到自己的使命，於是致力探討自我的真相。他的倫理學的根據，是刻在希臘阿波羅神殿上的格言「認識自己」。他的弟子柏拉圖，在雅典學院的門楣上題了一句話：「入此門來，認識自己」。羅馬帝國時代的政治家哲學家西塞羅，也強調「認識自己」的格言，認為此一格言，不僅在防止人類過度驕傲，也在使我們了解自己的價值所在。在古希臘帕爾索山的一塊石碑上，刻著「你要認識你自己」的箴言。法國哲學家盧梭，稱這一碑銘，比倫理學家們的一切巨著都更為重要，更為深奧。德國哲學家尼采，在《道德的樂譜》的前言中，也針對「認識你自己」來大作文章，他說：「我們無可避免跟自己保持陌生，我們不明白自己，我們搞不清自己，我們的永恆判詞是：『離每個人最遠的，就是他自己。』對於我們自己，我們不是知者。」臺灣大學哲學系傅佩榮教授說：「人生首務在於『認識自己』，知道自己的處境，也明白自己的奮鬥目標。若要保持自強不息的動力，則須先建立清楚而高尚的動機。父母對子女無不望其成龍成鳳，那麼做子女的不是首先應該釐清自己成為龍鳳的動機與方法嗎？」美國麥克阿瑟將軍〈一位父親的祈禱詞〉說：「（主啊）！教導我兒子篤實力行而不從事空想；使他認識祢，同時也認識他自己，這才是一切知識的開端。」

世間許多平凡之輩，其實都擁有小小的優點，但是由於自卑等原因，常常將它忽略了。「認識自己」的人不自卑，也不自負自大，而是有自信。自卑是失敗的導因；自負自大容易迷失自我，為致命的弱點；自信不等於自大，自信的人首先要對自己有個客觀的認識，有個明確的定位，如果確信自己確實有些過人之處，每個人都會看到的，真正的自信不是孤芳自賞，也不是夜郎自大，更不是得意忘形，而是看到自己的強項，以積極的態度加以肯定、表現。大仲馬經過鼓勵以後，顯然已逐漸認識自己，而起了自信，成為他自己生命中的天使。

古希臘哲學家赫拉克利特說：「人的性格就是他的命運。」這句話我們可以解讀為「性格決定命運」。英哲培根也說：「運氣不同乃天經地義之事，但運勢確定也取決於人物本身的特質。」其所謂「人物本身的特質」，就是指個人的性格。法國大文學家羅曼・羅蘭也說：「一個人的性格決定他的際遇。如果你喜歡保持你的性格，那麼，你就無權拒絕你的際遇。」

每一個人的性格不同，只有從事與自己性格相適合的職業，才容易成功，才能大放異彩。所以「認識自己的性格」，是「認識自己」的重要一項。顯然大仲馬已自知自己的性格適合走文學創作的路，他先肯定了自己，然後確立正確的目標，最終受到舉世的肯定，使自己的生命大放異彩。

拒做靠爸族的小仲馬

法國文壇上有一對斐然有成的父子，就是大仲馬和小仲馬。

大仲馬已經出名的時候，小仲馬還籍籍無名。有一天，大仲馬發現兒子的稿子一次又一次被退回，不忍心他受挫，就對兒子說：「如果你願意文稿上附帶一句『我是大仲馬的兒子』，結果肯定是不一樣的。」小仲馬說：「不，我不願意站在你的肩膀上摘蘋果，那樣的蘋果是沒有味道的。」

於是小仲馬給自己起了十幾個筆名，每一次寄稿時都用不同的筆名，以免編輯們發現自己是大仲馬的兒子。

面對一封封退稿的信，小仲馬沒有灰心，而更努力創作，直到長篇小說《茶花女》寄出後，才吸引了一位資深編輯的注意。這位編輯發現寄稿人與大仲馬的地址絲毫不差，前來尋訪時才發現作者竟是大仲馬默默無聞的兒子。

他好奇地問小仲馬：「你為什麼不直接署你自己的真實名字呢？」小仲馬說：「我只想擁有真實的高度。」

《茶花女》出版後，立刻震動法國文壇，他們甚至認為這部作品已經超越了大仲馬的《基督山伯爵》。

大智慧：

小仲馬（一八二四～一八九五），是法國十九世紀著名的小說家和劇作家。他是大仲馬的私生子，直到七歲時，大仲馬才認其為子。這種身分，使他在童年時期受盡譏嘲，一生承受很大的痛苦，甚至影響他日後的創作主題，也使他的作品，充滿了道德意識。其作品和他父親不同之處，在於他對通俗劇不感興趣，而是以寫實主義的手法來表現作品。

在他一生中寫了二十幾部劇作，在道德的檢視下，寫下社會的黑暗，為弱者發出不平之鳴。想要了解法國現代戲劇的劇場發軔時期和十九世紀的社會風貌，他的作品是最好的參考資料。

他很早就走上寫作之路，起初，他一心想繼承他父親的地位，致力於小說的創作。他主張戲劇不應只是以娛樂為目的，還應該有糾正人心和改良社會的作用。他說：「任何文學，若不以完善道德、理想和有益人生為目的，都是病態的、不健康的文學。」這是他的文學觀，也是他創作的基本理念。

他的成名作《茶花女》，出版於一八四八年，一問世就引起文壇轟動，一八五二年，他親自將其改編成劇本，在巴黎上演時得到空前的回響。於是他成為法國文壇的巨擘。

《茶花女》的小說靈感，雖然是來自小仲馬的愛情經驗，但是妓女經過真愛與死亡的考驗而得到救贖的故事，也是十九世紀浪漫主義偏愛的主題。在作品中洋溢著濃烈的抒情色彩和悲劇氣氛，有感人至深的藝術魅力，在字裡行間，我們可以讀到人生的蒼涼。該小說所表達的人道主義思想，體現了人間的真情，人性的真愛，引起人們的共鳴。

《茶花女》至今已被譯成數種語言版本，並不斷地被改編成舞臺劇、電視劇、歌劇、電影等。也是華文世界有史以來第一本最暢銷的翻譯小說，也是影響近代中國文學最深刻的一部西洋文學。

小仲馬的父親大仲馬，成名之作是《基度山恩仇記》。大小仲馬構成法國文學史乃至世界文學史上罕見的「父子雙璧」的奇觀。

起初，小仲馬的文稿被頻頻退稿，他的父親大仲馬不忍心看到兒子受挫，於是想幫助他，要他在稿子後提示他和大仲馬的關係，這可是別人求之不得的事，但是被小仲馬婉拒了。小仲馬說：「我不想坐在你的肩膀上摘蘋果，我要靠自己。」他如此堅強與自信，這種心態令人由衷地敬佩與感嘆。

小仲馬如果接受他父親的幫助，一定會順利很多，更早成功；但是這樣的結果只會使小仲馬永遠被父親的光環所籠罩，所以他拒絕依賴父親，不向命運低頭，憑著自己不屈不撓的精神和斐然的文采，終於完成《茶花女》不朽名著。

我們的一生當中，一定會遇到許多貴人，但是，最大的貴人卻是自己。別總想著要依賴別人，自己才是永遠最可靠的。「真金不怕火煉」，只要自己有充分的實力，都可經受住任何考驗。

俗話說：「靠山山倒，靠水水流。」唯有靠自己的真本事，才可能贏得別人長久的尊重；如果沒有真才實學，不學無術，只想依賴別人，依靠什麼裙帶關係，即使一時成功，一時名起，也早晚會貽人口實，為人所不齒。

作家林清玄先生說：「快樂只能依靠自己，不能仰仗他人，如果一個人把希望寄託在他人身上，那他一定不會快樂很久。」當然我們也可以順著他的話說：「成功只能依靠自己，不能仰仗他人，如果一個人把希望、成功寄託在他人身上，那他一定不會真正成功。」

路要自己走，靠人扶，走不了遠路。命運要自己造，自己才是自己人生的建築師、設計師。成功要靠自己，一味依賴別人的人，只會等來失敗；只有積極地創造條件，改變自己的命運，才能打敗苦難，走出困境，摘取成功的果實。

教育家陶行知先生有詩曰：「滴自己的汗，吃自己的飯，自己的事情自己幹，靠人靠天靠祖上，不算是好漢。」

羅金在其《弘一大師的超脫之學》中說：「自立，雖然暫時迫使你拋掉了眼前的錦衣玉食，甚至要吃不少苦頭，但它卻是你今後獲得幸福生活的資本；而依賴和懶惰，儘管給現在的你提供了安逸的生活，卻是你精神上的毒瘤，讓你的人生腐朽、墮落潦倒。不管你的家庭多麼豐厚，也不應該待在家裡當啃老族，要多尋找機會鍛鍊自己，獨立自強。不要等到老了，時光與青春都失去了才後悔。」

上述的理念，不只是想成文學家的人要具有，一般從事各行各業，也都應該具有這種理念，實踐這種理念。然而，時下有些人不自己努力，只想依賴別人，甚至依賴年邁的父母，被稱為所謂的「靠爸族」或「啃老族」，自己不用好手好腳努力打拼，只知向老父老母伸手要錢，若父母不從，還惡言相向，甚至打父弒母。這種人與小仲馬相較，不知如何以道里計。「靠爸族」、「啃老族」，請向小仲馬學習，快快覺醒吧！

我是鞋匠的兒子

在林肯當選總統的那一刻，參議院的議員都感到十分尷尬，因為他們的新總統是一個鞋匠的兒子。當時參議員大部分出身貴族，自認是上流人士，從未想過將來要面對的總統，竟然是一個鞋匠的兒子。於是，許多議員想趁林肯在參議院演說時羞辱他。

林肯剛上臺還沒說話時，一位參議員便站起來，態度傲慢地說：「林肯先生，在你開始演說之前，我希望你記住，你是一個鞋匠的兒子。」

所有議員都大笑起來，有人羞辱了林肯，他們開心得不得了。

面對嘲笑，林肯異常平靜，未加辯解。等到大家笑聲停止以後，才誠懇地對那個傲慢的參議員說：「我的父親已經過世了，非常感謝你使我想起他，我一定會記住你的忠告，我永遠是鞋匠的兒子，我還知道我做總統永遠都無法像我的父親做鞋匠那樣出色。」

參議院一陣沉靜後，林肯又對那個參議員說：「我知道我父親以前也為你的家人做鞋子，如果你的鞋子不合腳，我可以幫你修理，我從小就跟隨我父親學會做鞋子。」然後他對所有的參議員說：「對任何參議員都一樣，如果你們穿的鞋是我父親做的，而它需要修理或改善，我一定盡力而為，但是我無法像他那樣偉大，他的手藝是無人能比的。」

林肯流下了眼淚，此刻嘲笑聲戛然停止了，整個參議院卻掌聲如雷，連那位羞辱他的議員也鼓掌了。

大智慧：

林肯小的時候家裡很窮，因此沒有接受過多少正式教育。但是他從小勤奮好學，靠自學獲得豐富的知識。十九歲時，在一次旅行中見到黑奴悲慘的生活，就暗下決心將來一有機會，要推翻蓄奴制度。

他在一八三四年當選為伊利諾州議員，後來通過考試取得律師資格，當起律師。有一次他出庭辯論時，對方律師把一個簡單的論據，翻來覆去地陳述了兩個多小時，講得聽眾都不耐煩了。好不容易才輪到林肯上臺替被告辯護，他走上講臺，先把外衣脫下放在桌上，然後拿起玻璃杯喝了兩口水，接著重新穿上外衣，然後再脫下外衣放在桌上，又再喝水、再穿衣，這樣反反復復了五六次，法庭上的聽眾笑得前俯後仰，林肯一言不發，在笑聲過後開始了他的辯護演說。

一八五八年他被共和黨提名為副總統候選人，但是競選失敗。一八六〇年他當選美國總統。一八六二年九月，他起草《解放宣言》，在次年一月一日正式宣布廢除各州奴隸制，此時南北戰爭北方軍由逆轉勝。一八六四年十一月，林肯競選連任成功，一八六五年四月，美國內戰以林肯領導的聯邦政府的獲勝而告結束。

但是戰爭的勝利並沒有消除蓄奴勢力對林肯的仇恨，在南軍宣布投降的第五天晚上，林肯在華盛頓的福特劇院裡看戲時，被南方奴隸主收買的一個槍手蒲斯刺殺身亡，享年五十六歲。

林肯是美國歷史上第十六任總統，是十九世紀中期美國北方資產階級民主派的代表人物。他以旗幟鮮明的廢奴主張，贏得美國民眾的普遍稱讚，並領導美國人民取得了南北戰爭的偉大勝利。他被人稱讚為「新時代國家統治者的楷模」。

上述「小故事」，表達的要點有二，一是林肯的自強不息，由一個鞋匠的兒子，成為美國偉大的總統；二是林肯以寬大的胸懷，面對羞辱。

林肯出身卑微，父親是個鞋匠，但是他從不隱瞞這一點，而且極以其父親為榮為傲，他從沒有因為當選總統而忘記或者不願被人提及這個事實，相反的，他仍然能在大庭廣眾之下放低姿態，因此贏得更多的掌聲。

俗語說：「將相本無種，男兒當自強。」古今中外出身卑微而當皇帝或總統、或者建立豐功偉業的人不計其數。人生其實就是一個大舞臺，出身的貴賤、職位的優劣，都不能成為我們扮演出色主角的障礙。生命的長度雖然有限，然而生命的寬度與密度更值得追求。

林肯具有寬大的胸懷，面對參議院議員的羞辱，以幽默與微笑對待，四兩撥千斤，化解了非難。正因為他擁有寬容和善良的心胸，贏得了眾人的讚賞，包括那個羞辱他的議員。林肯驅走了責難者的陰霾，也照亮誹謗者心中的黑暗。

林肯是美國歷史上最偉大的總統之一，但是在他執政初期，卻屢遭批評。他的幕僚時常抱怨他對待政敵的態度：「你為什麼試圖讓他們變成朋友呢？你應該想辦法打擊他們，消滅他們才對。」林肯卻總是溫和地回答：「我們難道不是在消滅政敵嗎？當我們成為朋友時，政敵就不存在了。」正是林肯長久堅持這樣的精神，最終他的政敵被他感動，並追隨於他，共同治理國家。

在林肯紀念堂的牆壁上刻著這樣一段話：「對任何人不懷惡意；對一切人寬大仁愛；堅持正義，因為上帝使我們懂得正義；讓我們繼續努力去完成我們正在從事的事業；包紮我們國家的傷口。」可謂是林肯一生的寫照。

對別人的侮辱，我們沒有必要大動肝火，和他爭得你死我活。做大事的人，面對別人的侮辱，從來就不放在心上，反而表現出寬宏大量。

在現實生活中，令我們生氣、發怒的事隨時可能發生。有理智的人，能忍住怒氣，用平和的態度對待挑衅，甚至於挑釁。要知道，有理不在聲大聲高，往往會因為我們無法控制情緒，「暴跳如雷」，而使我們由「有理」變成「無理」。一般人總是理直氣壯，但是，理直氣和或理直氣平，才是為人處世的策略，才是更高一籌的智慧。這也就是老子「知雄守雌」、「以退為進」、「柔弱勝剛強」的哲學。美學大師蔣勳先生說：「柔軟是智慧，能柔軟就有包容，能柔軟就有慈悲。」

勤奮好學的羅蒙諾索夫

一七一一年，羅蒙諾索夫出生於俄國北部阿爾漢格爾斯克省的一個小漁村，家人以打魚為生，生活過得非常艱難。

他從小就充滿強烈的好奇心，總愛問各種問題，令人無法回答。

他沒錢上學，十歲便和父親出海捕魚。他非常羨慕上學的孩子，鄰居舒布諾伊大叔便教他識字。他高興極了，一有空就躲到安靜的地方讀，還到沙灘上練習寫字。然而他還是無書可讀，常到鎮上小火車站撿別人丟棄的報紙看。

一天，他和父親捕好多魚，兩人分頭挨家挨戶賣。他來到一個商人家，看見兩個小孩正在看書。

「你們看的是什麼書呢？能讓我看一眼嗎？」

「那你用魚換吧！」

「好啊！這些魚都給你們也行。」

「不用，你看完書，告訴我們書中的內容就行了。」

「你們怎麼不知道書上說什麼？」

「這些書太難了，我們根本讀不懂，可是爸爸總要考驗我們，我們每次都挨罵。」

「那好吧，以後我看完就教你們。」

此後他有書看了，有不識的字就去問舒布諾伊大叔。

後來他告別父母，到莫斯科求學。

他以不是貴族而被學校拒絕入學，這時，老鄉杜季科夫書記官正給兒子找家庭教師，他應徵上了。一年後，書記官的小孩要到莫斯科神學院上學。為了有人陪讀，書記官便開了假的身分證明，證明羅蒙諾索夫也是貴族，因此，他也一起進大學。

莫斯科神學院新生年齡都很小，羅蒙諾索夫總被同學戲稱「傻大哥」，他毫不介意，只顧夜以繼日苦讀，樂在其中。只用半年多時間就學完三年的課程，由於成績優異，學校允許他跳級。

一七三五年，他被保送到彼德堡科學院攻讀化學。第二年，又被保送到德國馬爾堡大學。在該校他遇到了德國著名化學家沃爾夫教授。沃爾夫非常欣賞他，對他格外用心培養。畢業時，他已經是一位青年化學家了。

一七四一年，他回俄國，進聖彼得堡科學院工作。他發現質量守恆定律，創立原子——分子物質結構學說、熱的動力學說、氣體分子運動論，被譽為俄羅斯「科學之祖」。

大智慧：

羅蒙諾索夫的最大貢獻是創立了物質不滅定律。他否定了英國化學家R. 波義耳的結論。十七年後，法國化學家A. L. 拉瓦錫也重做他做過的實驗，得出與羅蒙諾索夫相同的結論。

羅蒙諾索夫能夠取得這樣大的成就，全由勤奮讀書而來。

書是知識與智慧的泉源、寶庫，書是人類文化的靈智之窗。清代孫慶增說：「夫天地間之有書籍也，猶人身之有性靈也。人身無性靈，則與禽獸何異？天地無書籍，則與草昧何異？故書籍者，天下之至寶也。人心之善惡，世道之得失，莫不辨於是焉。天下惟讀書之人，而後能修身，而後能治國也。是書者，又人身之至寶也。以天下之至寶而一旦得之，以人身之至寶而我獨得之，又不至埋沒於塵土之中，拋棄於庸夫之室，豈非人世間一大美事乎？」朱光潛先生說：「書籍是過去人類的精神遺產的寶庫，也可以說是人類文化學術前進軌跡上的記程碑。」季羨林先生說：「人類千百年以來保存智慧的手段不出兩端，一是實物，比如長城等等；二是書籍，以後者為主。……書籍是貯存人類代代相傳的智慧的寶庫。後一代的人必須讀書，才能繼承和發揚前人的智慧。人類之所以能夠進步，永遠不停地向前邁進，靠的就是能讀書又能寫書的本領，這也是人類和其他動物最大的區別。」哲學家唐君毅先生說：「書籍雖是後於人類文化而有，然而卻是人類文化的鏡子。人必須從此鏡子中，才能了解整個人類文化之大體，而自自然世界走入人文世界。」西方艾迪生說：「書籍是一個偉大天才留給人類的遺產。」雨果說：「書籍是一種冷靜可靠的朋友。」傑西・貝內特說：「書籍是指南針、望遠鏡、六分儀和海圖，別人準備好它們，幫助我們在危險的人類生活海洋中航行。」培根說：「書籍是在時代的波濤中航行的思想之船，在時代的波濤中破浪前進。它滿載著貴重的貨物，運送給一代又一代。」

因此，我們知道書籍是很寶貴的，而讀書是很重要的，也是非常必要的，讀書之樂無窮，天下第一等好事就是讀書。古今中外聖賢，莫不勸人讀書。孔子自己「學不厭」、「敏而好學、不恥下問」，讀《易》「韋編三絕」；《荀子》以〈勸學〉為首篇；南北朝顏之推《顏氏家訓》有〈勉學篇〉；唐代韓愈作〈進學解〉；唐代顏真卿有〈勸學詩〉，曰：「三更燈火五更雞，正是男兒讀書時，黑髮不知勤學早，白頭方悔讀書遲。」宋代蘇東坡〈李氏山房藏書記〉，旨在勸世人勤學；曾鞏〈宜黃縣學記〉，也有勉學之至意，清初朱柏廬《治家格言》說：「子孫雖愚，經書不可不讀。」而顧炎武則未嘗一日廢書不讀。而西人也有話說：「立身以力學為先，力學以讀書為本。」

如果說讀書有訣竅或捷徑的話，那麼勤奮便是。勤奮是成功的階梯，成功是勤奮的結果。有句話說：「書山有路勤為徑，學海無涯苦作舟。」「天道酬勤」、「勤能補拙」。愛因斯坦說：「在天才和勤奮之間，我毫不遲疑的選擇勤奮。」愛迪生說：「天才是百分之一的靈感，加上百分之九十九的血汗。」羅蒙諾索夫的苦學成功，就是上引這些話的鐵證。

演說家德摩斯梯尼與文學家雨果

古希臘著名演說家德摩斯梯尼，年輕時為了提高演說能力，常躲在地下室練習口才。因耐不住寂寞，常想出去玩，心總靜不下來，他橫下心，把自己的頭髮剪去一半，變成怪模怪樣的「陰陽頭」。因為頭髮羞於見人，只得澈底打消出去玩的念頭，專心練口才，結果突飛猛進，最終成為世界聞名的大演說家。

又法國浪漫主義作家雨果，有一次同出版商簽訂合約，半年內交出一部作品。為了把全部精力放在寫作上，他把除了身上所穿毛衣以外的其他衣物全部鎖在櫃子裡，把鑰匙丟進小湖。因為根本拿不到外出衣服，澈底斷了外出會友和遊玩的念頭，專心寫作，除了吃飯睡覺，從不離開書桌，結果作品提前兩周脫稿。而這部僅用五個月就完成的作品，就是聞名於世的文學巨著《巴黎聖母院》，又名《鐘樓怪人》。

大智慧：

德摩斯梯尼（B.C. 三八四~B.C. 三二二），先天口吃，為了練口齒，曾含著石子來誦詩；還到海邊迎著海風練習演說，增強聲量，遂成為古希臘著名的演說家。

雨果的父親是拿破崙麾下的得力戰將。雨果幼年時代隨著父親東奔西走，直到拿破崙戰敗後，他才回到巴黎。

雨果很小就醉心文學，十五歲時，以一首三百行的長詩《讀書樂》，受到法蘭西學士院的獎勵。十七歲時，已成為一家雜誌社的重要撰稿人。二十歲時，出版詩集《頌歌與雜詩》，獲法王路易十八的賞識。之後，雨果成了青年浪漫文藝家的核心人物。一八三一年，長篇名著《巴黎聖母院》（又名《鐘樓怪人》）出版，使他贏得著名小說家的聲譽。他後來又完成了《時代的神話》及《悲慘世界》。他的文風雄健，富有強韌的人道主義思想和對人生的淵博知識。

一八八五年五月八日，雨果逝世，享年八十四歲。法國政府和人民為他舉行隆重的國葬。他與英國的華茲華斯、德國的歌德，並譽為十九世紀三大浪漫詩人。

我們每個人都有某些目標要達成，某些理想要實現，可是自己卻有一些缺點或不足之處。這時，必須先改變現狀，改善自己的缺失或不足，為達到目標、實現理想，做好充分準備，所謂「機會是給準備好的人」，這樣才能成就一個新的美好的自己，就像成為演說家的德摩斯梯尼及成為文學家的雨果一樣。朱自清說：「從此，我不再仰臉看青天，不再低頭看白水，只謹慎著我雙雙的腳步，我要一步一步踏在泥土上，打上深深的腳印。」有夢最美，但是築夢須踏實。

再者，學習與做事，也必然要專心致志，並具恆心，才能有成。《荀子．勸學》說：「騏驥一躍，不能十步；駑馬十駕，功在不舍（捨）。鍥而舍（捨）之，朽木不折；鍥而不舍（捨），金石可鏤。」鍥而不捨，就是勤奮有恆，只要功夫深，鐵杵可磨成針。清代的曾國藩，是一位勤學有成的偉大人物，他在給諸弟的書信中說：「學問之道無窮，而總以有恆為主。」又說：「蓋士人讀書，第一要有志，第二要有識，第三要有恆。有志則斷不敢為下流；有識則知學問無盡，不敢以一得自足，如河伯之觀海，如井蛙之窺天，皆無識也；有恆則斷無不成之事。」其實，不僅是讀書為然，學習各種才藝，也莫不如此，皆以刻苦有恆為法門。愛因斯坦說：「人們把我的成功，歸因於我的天才，其實我的天才只是刻苦罷了。」

礦工的兒子　蔡合城

蔡合城，一九五二年出生於基隆七星礦區小村落友蚋。村民世代為礦工，生活都清苦。蔡家祖先五代都是礦工。他家在礦坑後山上，是破舊的茅屋，屬一級貧戶。他的父母都在礦區工作，父親入礦坑挖煤，母親則在坑外堆臺車。

他是家中長子，下有兩個弟弟和一個妹妹。他五歲起就得煮飯，又要挑水肥種菜，到田裡撿拾人家丟棄或漏採的地瓜。他家的主食是地瓜粥，頂多加上幾條蘿蔔乾。他六歲時，房子被土石流淹沒，初嘗家園破碎的不安、恐懼和痛苦。父親十分老實，常被礦區工頭欺凌。因為是個好廚師，時常要辦酒席給工頭白吃白喝。當父親辦酒席時，他要負責洗菜切菜，因而練出四色拼盤的絕活，所做的涼拌菜，教人垂涎欲滴。

他入小學後，以賣菜、拾柴賣柴、甚至挖墓穴打工來賺取學費並貼補家用。四年級時，曾老師特別關照他，他努力求學，立志要改變「礦工之子」的命運，白天讀書，晚上則到礦坑推臺車。「皇天不負苦心人」，果然成為友蚋國小首位考上基隆中學初中部的學生。校長為此辦桌慶祝，向他父親敬酒，他的父親不禁紅了眼眶。

他初中三年，每天上下學赤足走四個小時的山路，翻山涉水，不像今天有公車或火車可搭。

因為功課太好，家境貧寒，受盡壞同學無理的霸凌、欺負，他忍氣吞聲，更努力讀書，以獎學金幫助家計，「餵飽全家」。後來因為父親受傷，無法工作，他只好含淚輟學，而成了全臺灣年紀最小的礦工，代父揹著便當、蓄電池，腳穿白色膠鞋，進坑挖煤。礦坑裡溫度攝氏四、五十度，暗無天日，空氣稀薄，有天然瓦斯臭味，還有一股煙塵瀰漫，猶如人間地獄。所以老礦工常罹患肺癌而喪命。

他的初中歲月，就在通學、讀書、打工、賣東西、挖煤這樣過去了。他榮獲直升基隆中學高中部的殊榮，全家人欣喜若狂，可是父親向礦區福利社借錢，又常無力下坑工作，且被債主打傷住院。他只能放棄學業，代父到礦坑工作，令他午夜夢迴，在被窩裡偷偷哭泣。後來一位礦工叔叔鼓勵他重考，於是考上臺北商專。

一九七一年十二月，七星礦坑發生臺灣光復以來最大的礦災，傷亡十分慘重。他和父親幸運地逃過災難，此後父親不再堅持繼續採煤了。

他就讀臺北商專時，遇到奇緣，當了臺灣企業經營之神王永慶董事長專屬的球僮五年。向王董事長學到許多為人處世的原則和方法，諸如守時、刻苦、勤儉等。他為了籌措弟妹們的學費，五年的商專生涯，幾乎是以生力麵充飢，以一千九百六十五包生力麵，換得商專的文憑。他因常到學校附近的一家早餐店吃早餐，老闆看他沒錢，請他吃了一年多的早餐，後來竟然把女兒嫁給了他，他稱這是「豆漿姻緣」。

他尚未退伍時，就在臺北商專夜間部當助教了，退伍後一面在淡江大學就讀，一面從助教升為講師，在臺北商專任教。商專畢業那一年，父親舊傷復發，內臟嚴重出血住院。同時借房子給住的親戚又要他們搬家，讓他們走投無路，他想到碧潭跳水自盡，幸好早餐店老闆（即後來的岳父）借他家五萬元周轉，而父親也奇蹟似的康復出院。

在一次颱風之後，他為了讓孩子們知道失去家園的痛苦，擬親自到受災戶捐款，便開車載著妻兒走北宜公路到宜蘭。在返途中，被砂石車迎面劇烈撞擊，而一家人竟毫髮無傷，僅車頭半截全毀。大難不死，自認要福慧雙修，感恩惜福。於是皈依萬里靈泉寺的惟覺老和尚。

他因有會計師的專業背景，曾任臺北市陳振方議員的機要祕書長達十多年，看盡政治的黑暗齷齪，不想踏上政途，於是決定出國深造。獲美國艾瑪拉大學教育學碩士學位歸國後的第三天，父親卻過世了。

他大學畢業後不停地創業，從事水電工程、進口代理商、橡膠工廠、素食餐廳、建設公司、廣告公司，十多年來卻落得負債二千萬的下場。但是他認為：「失敗才是人生最好的轉捩點。」他擦乾眼淚重新出發，成為保險業的新兵，短短一個月，業績衝上全公司第一名，又連續五年破全國紀錄，成為臺灣保險業界最超級業務員，榮登「亞洲保險王」寶座。

他為回饋社會，於二〇〇三年成立「礦工兒子基金會」，針對育幼院院童提供獎學金，他也成為臺灣史上第一位走遍全國監獄、上百所學校及育幼院演講的人。

大智慧：

蔡合城先生著有《礦工的兒子》一書，記述他的風雨人生路。

人生的路不可能全是平坦的，而是崎嶇不平的，總會有溝溝坎坎；生活又像一望無際的大海，每一個人都是大海上的一葉小舟。大海不會總是風平浪靜的，有時會起驚濤駭浪。我們不管遇到怎樣大的浪濤或深坎，都應該像蔡合城先生一樣「笑看人生風雲」。

痛苦是人生的本質，有位哲學家說：「上天賦予我們生命的同時，在上面附加了許許多多的苦難。」佛家認為人生苦海無邊，故須修行才能離苦得樂。人生需要苦難的洗禮，雖然苦難讓我們傷痛、迷茫，但也可使我們堅強。苦難是孕育智慧的搖籃，它不僅能磨練意志，而且能淨化心靈。苦難能毀滅弱者，同樣也能造就強者。只要能夠度過黎明前的黑暗，必定能夠迎來曙光。

人的生命如洪水奔流，不遇到崖石的阻擋，就不會激起美麗的浪花；沒有烏雲，沒有暴風雨，天空中便沒有綺麗的彩虹。在佛學大師的眼中，有苦有樂的人生才是充實的，有成有敗的人生才是合理的，有得有失的人生才是公平的，有生有死的人生才是自然的。人生也充滿不確定性，因為世事無常，成敗難料，只有面對現實，才能超越現實；面對苦難、挫折與逆緣，才能走上成功之路，不要為一時的苦難挫折而悲傷哭泣，苦難挫折其實是上蒼賜給我們最好的禮物，我們要領受，不要拒絕。其實，不僅僅是蔡合城先生，古聖先賢，誰沒有遇到苦難呢？

國學大師南懷瑾先生說：「人生必得經歷許多令人難以忍受的寂寞、痛苦和憂傷的浸泡，才能走向成熟和豐盈。成功固然可喜，失敗亦不可悲。而且通向成功過程中的曲曲折折、跌跌撞撞、尋尋覓覓、風風雨雨、期待希望和磨礪，才是人生的真正滋味。」他又說：「璞玉沒有經過打磨之前只是一塊石頭；寶劍沒有經過淬鍊以前只是一塊頑鐵。沒有經過人生風雨的人，永遠都是生長在溫室的花朵，雖然嬌豔美麗，卻經不起風霜。困難雖然是阻擋成功之路的絆腳石，同時也是助推成功的踏腳板。歷經重重苦難考驗的人，才能磨練出頑強的意志，才能有勇氣面對更大的困難，才能在成功之後，依然保持警惕，不至於讓成功來得快，去得也快。」

醉過才知酒濃，飲過方知茶香。人生的風雲，何嘗不是一罈陳釀的酒、一壺極品的茶？遭遇過挫折並且認真品味它的人，才能體會其中的芳香。苦難是人生的一大財富，挫折是人生的一位良師，逆境是人生的寶藏，挫折是成功的前奏曲，風雨是人生的甘露。人生雖然風雨載途，畢竟時有陽光普照。

伊東・布拉格是美國第一位獲得普立茲獎的黑人記者，他說：「不要在乎過去所過的生活如何貧窮，儘管我們是窮人，身分很卑微，但這絲毫不影響我們以後成為一個有出息的人。」這話是伊東・布拉格自道也，也似乎在說蔡合城先生呢！

沙粒與珍珠

有一位自以為優秀的女子，大學畢業後找工作屢次碰壁，覺得懷才不遇，人生乏味，失望至極。

她來到大海邊，打算就此結束生命。正當她走向大海的時候，一位路過的智者阻止了她。智者問她為什麼要尋短，她說自己不能得到別人的認同，沒有人欣賞她，僱用她。

智者從腳下的沙灘上撿起一粒沙子，讓女子看了看，然後隨意地把它扔回沙灘上，對女子說：「請妳把我剛才扔在沙灘上的那粒沙子撿起來。」

「這根本不可能！」女子說。智者沒有說話，接著又從自己口袋裡掏出一顆珍珠，也將它隨意地扔在沙灘上，然後對女子說：「那妳能不能把這顆珍珠撿起來呢？」

「當然可以。」女子說。

智者說：「妳應該明白這其中的道理了吧！現在妳還不是一顆珍珠，所以妳不能苛求別人認同妳、欣賞妳。如果妳想要得到別人的認同、欣賞，那妳就要由一粒沙子變成一顆珍珠才行。」

大智慧：

這則故事也許是一則寓言，但是在現實生活中這情節是可能發生的。在故事中蘊含著極深刻的哲理。

我們往往自己認為懷才不遇，不能得到別人的認同與賞識。其實，不是別人不認同、賞識我們，而是我們不是一顆耀眼的珍珠，而只是一粒沙子而已，不能苛求別人的認同、賞識。如果要得到別人的認同與賞識，就要先使自己由一粒沙子變成一顆珍珠。

這個道理，在二千五百多年前的孔子已經明白告訴我們了。孔子說：「不患人之不己知，患不知人也。」（《論語・里仁篇》）意謂：不愁別人不了解自己，只怕自己不了解別人。孔子說：「不患無位，患所以立；不患莫己知，求為可知也。」（《論語・里仁篇》）意謂：我們不擔心沒有職位，而要擔心的是未具備站在那個位子上必具備的才能；我們不擔心沒有人賞識自己，而要先講求可以讓人家賞識的條件。孔子又說：「君子求諸己。」、「君子病無能焉，不病人之不己知也。」（均見《論語・衛靈公篇》）；孔子再說：「不患人之不己知，患其不能也。」（《論語・憲問篇》）這幾段話，其意與前所引述大致相同。

我們常說：這個世界沒有絕對公平的事。沒有錯，這話聽起來有些殘酷，可是事實或許是如此。當我們一心為一件事情付出以後，卻見不到任何回報，於是就會怨天尤人，抱怨老天的不公平。然而，只要我們不用自己內心的天平去衡量世事，那麼客觀上的不公平對我們來說，就不再那麼重要了。承認生活中充滿不公平的事實，會激勵我們去盡己所能，不再傷感了。這並不意味著我們不必盡己所能去努力，反而要我們更加努力。

與其怨天尤人，不如改變自己的心念，樂觀進取，由消極變積極。苦難或不公平的事，永遠不會因我們的怨尤而消失的，即使我們曾經迷失、徬徨、掙扎、沉淪，只要有正確的心態，不去怨尤，相信堅持不懈地努力，一定可以找到前行的方向，步上成功的道路。

法國名作家羅曼・羅蘭說：「只有將抱怨環境的心情化為上進的力量，才是成功的保證。」美國名作家華盛頓・歐文說：「如果有人總是抱怨自己的天賦被埋沒的話，那通常都是推辭，是那些慵懶的人和意志不堅定的人在公眾面前故作姿態而已。」大陸學者賈丹丹說：「生活如海上航行，不可能始終一帆風順，而對這樣或那樣的的不如意，有人選擇一笑而過，有人選擇抗爭，有人選擇抱怨。而抱怨一旦成為一種習慣，生活的本來面目就被遮掩了，就只剩下布滿陰霾的天空。」又說：「抱怨等於往自己的鞋裡倒水，只會使自己以後的路更難走。抱怨的人在抱怨之後，不僅讓別人感到難過，自己的心情也往往更糟，心頭的怨氣不但沒有減少，反而更多了。」因此，抱怨對於改善處境確實毫無益處。

人生不如意事十之八九，遇到不如意事，不必哀聲嘆氣，抱怨連連。海倫・凱勒說：「當一扇幸福的門關起來的時候，另一扇幸福的窗會因此開啟；但是，我們經常看著這扇關閉的門太久，而沒有注意到那扇已經為我們開啟的幸福之窗。」因此，遇到挫折苦難，我們不必灰心喪志，而要努力去尋找那扇「幸福之窗」，才能迎接一片湛藍的天空。

我們每個人都有優秀的一面，也都有某一方面的潛能。我們可以仰慕別人，但是絕不能忽略自己；我們應該相信別人，但是首先應該相信自己，對自己要有信心。有人說：「自信就彷彿是一根高大的柱子，能夠撐起精神領域的廣闊天空；自信如同一片陽光，能驅散迷失者眼前的陰影。」但是，真正的自信不是夜郎自大，不是孤芳自賞，更不是得意忘形，不是自以為是和盲目樂觀，而是真正看到自己的強項並以積極的態度加以肯定、展示或表現。千萬不能自卑，德哲黑格爾說：「自卑往往伴隨著懈怠。」南懷瑾大師說：「一個人如果被懶惰所侵蝕，只能在安逸的港灣裡隨波逐流；一個人如果被五光十色的物欲誘惑，就會捨棄人生的追求；一個人如果被自卑的心理所左右，就會喪失向美好目標奮進的勇氣；一個人如果被怯懦的心境所支配，就會失去瀟灑、風度、快樂、美滿幸福的新生活。」

我們也不可被命運扼住了喉嚨，而要扼住命運的喉嚨。自己才是自己命運的建築師、設計師，自己努力才是自己的幸運之星，不該把時間精力浪費在卜卦和選擇黃道吉日上，自己才是自己的主。請看：愛因斯坦四歲才會說話，七歲才會識字，老師給他的評語是：「反應遲鈍，不合群，滿腦子不切實際的幻想。」他還遭到退學。《戰爭與和平》的作者托爾斯泰，讀大學時因成績太差而被退學，老師認為他：「既沒有讀書的頭腦，也沒有學習的興趣」。然而，他們後來各自成為偉大的科學家或文學家。

明代的袁了凡，一再強調「命由我作，福自己求」。在《了凡四訓》中，袁了凡以他所看到的一些改造命運的人的種種效驗，告誡其子袁天啟，讓他明白命運是可以改變的，要自己把握住自己的命運，並要建立改造命運的信心。

南懷瑾大師說：「如果你認為人來到世上是應該有所作為的，那就更要重視自己的存在，每個人的生命都是偉大的，富有創造力的，只是我們常忽略這一點。」所以，我們不必自卑，而要好好敬畏生命，踏踏實實、認認真真做人做事，不要辜負自己的人生。

「凡是金子總會發光」，每個人都會發現金子的光彩。有人說：「懷才就像懷孕，時間久了才能看出來。只要是金子，到哪裡都會發光，儘管暫時在黑暗的環境中，終至會因為金燦燦的光彩被人視若珍寶的。」我們在未受到他人的認同、賞識之前，趕快努力而讓自己成為金子吧、成為珍珠吧！俗語說：「花香自有蜂訪。」如果我們是一朵花，希望群蜂來造訪，招蜂引蝶，先讓香氣遠聞吧！

曹鼎不可

明代曹鼎任泰和典史（掌管緝捕和獄囚）。在一次捕盜賊的時候，抓到一名絕色女賊，因離縣衙路途極遙遠，夜宿在一座廟中。月光下，女賊想方設法以姿色來引誘他。

曹鼎寫了「曹鼎不可」四個字貼在牆上，以隨時提醒自己不要失控，一定要抵住誘惑。過了一會兒，他想：在這荒郊野外，享受天上掉下來的豔福，誰也不曉得。於是把紙條撕了下來，想破門而入。

他又馬上感到因私欲而廢公法，極為不安。他退回來又把紙條貼上。再過一會兒，他邪念又生。他想：她是犯人，我做了壞事她也不敢說。於是又把紙條撕下來。

可是剛要進門的時候，良知告訴他：千萬做不得。他又把紙條貼了上去。

就這樣折騰了一晚上，最後，曹鼎終沒有越軌。

大智慧：

自省與慎獨是重要的修身養性方法，一般人在紀律約束下和有人監督時，都能規規矩矩行事，可是在獨處或無人監督的時候，往往就會把道德或紀律拋諸九霄雲外，為所欲為，以至悖德犯法。

故事中的曹鼎也是一個能慎獨的典範。有關慎獨的要義，在上一個楊震的故事，已做詳盡的解說，此處不再贅述。不過曹鼎所克制的是美色的誘惑，難能可貴，值得再說幾句話。

《禮記・禮運篇》說：「飲食男女，人之大欲存焉。」飲食男女是人類的基本欲望，「飲食」為了生活，而「男女」為了生命的永續。戰國時代與孟子並時的告子說：「食色，性也。」食與色既然都是性，人人都有「男女」之欲，而正當的、合情合法的「男女」之欲是必要的。男女相悅，彼此追求，本是人性自然的渴求，但須「發乎情，止乎禮義」。俗話說：「飽暖思淫慾。」淫欲則悖德違法了。戰國時代的齊宣王，向孟子坦承有「好色」之疾。孟子告訴他說沒有關係，從前的太王也喜愛女色，《詩經》上記說，古公亶父想避開北狄的侵擾，連夜整理行裝，天一亮就上馬奔馳，跋山涉水，來到歧山之下。他和他的妃子太姜察看可住的地方。那時候「內無怨女，外無曠夫」（意謂閨房內沒有哀怨找不到丈夫的女子，外面也沒有單身找不到妻子的男士）。如果大王好色，也應該學太王一樣，先使百姓都有配偶，那麼完成王業就不會有什麼困難了。（事見《孟子・梁惠王下》）

「萬惡淫為首」，雖然說好色是天下男人的天性，可是，一旦淫欲，大搞婚外情，那麼災禍就會隨之而起，古今中外因好色而亡身毀家滅國者，不可計數。連著書誨淫誨盜者，也惡報昭彰不得有好下場，舉例來說，唐代元稹，看見表妹絕世美貌，一心想娶她為妻，求婚遭拒後，憤而寫《會真記》。《記》中虛構毀謗表妹名節，非但導致崔鶯鶯蒙垢千秋，且後世讀者引向偷情私會的邪路。結果元氏不久在萬分痛苦中死去，死後屍體還遭雷電焚燒的報應。又《水滸傳》作者施耐庵，三代子孫都是啞巴，並終身患病或身帶多種殘疾，原因是他在書中大量筆墨細微描寫淫偷劫殺的心理與過程，讓後世讀者情不自禁想入非非，把人引上爭鬥歧途或淫欲邪路。再者，《金瓶梅》作者笑笑生的子孫三代也都是啞巴，而且都平庸低劣，五世後絕子絕孫。

俗語說：「英雄難過美人關，美人難過金錢關。」又說：「酒不醉人人自醉，色不迷人人自迷。」曹鼎是個負責捕盜的官吏，就故事的情節來看，他雖然起先對那絕色的女賊也起了心動了念，可是最終道德理性戰勝了淫欲，能克制色欲的引誘而沒有越軌。但較之春秋時代「坐懷不亂」的魯國大夫柳下惠，則略遜一籌。

名利權位、酒色財氣是極難克制的誘惑，而以色的誘惑尤難克制。佛印《酒色財氣歌》：「酒色財氣四堵牆，人人都在內中藏。若能跳出牆垛外，不是神仙命亦長。」蘇東坡則說：「飲酒不醉最為高，見色不迷真英豪。不義之財不可取，和氣忍讓氣自消。」曹鼎真是個「見色不迷」的「真英豪」，是個「神仙」。

世俗說：「酒是穿腸毒藥，色是刮骨鋼刀，財是下山猛虎，氣是惹禍根苗。」然而，當今現實社會中，孜孜矻矻追逐酒色財氣者卻大有人在，尤其社會極為開放，男女社交自由又頻仍，稍不留意就會出軌，讓家庭與社會都不得安寧，更應戒懼謹慎。

民國初年蘇州靈巖山高僧印光大師說：「世人苟於女色關頭，不能澈底看破，則是以至高之德行、至大之安樂、以及子孫無窮之福蔭、來生貞良之眷屬，斷送於俄頃之歡娛也，哀哉！」

小陳的求職履歷表

小陳參加企業求才會的那天早上，不慎碰翻了水杯，浸濕了放在桌上的履歷表。為了盡快到會場，他只將履歷表簡單地晾了一下，便和其他資料匆匆塞進背包。

到了會場，小陳看中一家房地產公司的廣告策劃主管的職位。按照流程，招聘人員先與應徵者簡單交談，再收履歷表。履歷表被收的人才可參加面試。

輪到小陳時，招聘人員問了他三個問題，便向他要履歷表。他受寵若驚，掏出履歷表時才發現，履歷表上不但還有一大片水漬，而且因放在包裡，被鑰匙等硬物摩擦，已經不成樣子了。他努力將它弄平整，遞了過去。招聘人員看著這份履歷表，皺了一下眉頭，還是收下了，把這份履歷表夾在一疊整潔的履歷表中。

三天後，小陳參加了面試，表現非常穩健，無論是現場電腦操作，還是為虛擬的產品做口頭推介，都得心應手，口若懸河，贏得面試員的稱讚。

但是，面試一周過去了，他依然沒有得到回應。他忍不住打電話詢問。對方告訴他：「其實招聘負責人對你很滿意，但你敗在履歷表上。老總說，一個連履歷表都保管不好的人，是管理不好一個部門的。你應該知道，履歷表實際上代表的是個人形象。將一份凌亂的履歷表投出去，不但有失嚴謹，也對對方不尊重。」

大智慧：

老子《道德經》說：「合抱之木，生於毫末；九層之臺，起於累土；千里之行，始於足下。」又說：「圖難於其易，為大於其細；天下之難事必作於易，天下之大事必作於細。」是說大事必由小事做起，難事必由易事做起，所以，張瑞敏先生說：「把每一件簡單的事做好就是不簡單，把每一件平凡的事做好就是不平凡。」

《韓非子．喻老》云：「千丈之堤，以螻蟻之穴潰；白尺之室，以突隙之烟焚。」比喻對小處的疏忽不慎，往往可以釀成大禍害。而俗語也說：「星星之火，可以燎原。」人有小病不治，終成大病，甚至病入膏肓，回天乏術。

細節決定成敗，細節具有決定成敗的力量。要做大事也不要忽視細節，細節中潛藏的魔鬼，既可以將我們送入天堂，也可以將我們引入地獄。有的人因注意細節而成功，有的人因忽視細節而失敗。故事中的「小陳」，就是因為忽視細節，而失去一次良好的就業機會。

很多時候，別人對我們的印象，多體現在細節上。平常待人接物，一舉手一投足，一言半語，都能給人留下深刻的印象。若不注意細節，就會因小失大，最終與成功失之交臂。

從細節小事中，就能顯現一個人的教養。我們豈能粗枝大葉，輕率行事？具備了周密細致性格的人，才能走得穩、走得遠。要想有所建樹，在做事的過程中，千萬不可看不上那些簡單的事情，不可忽略別人很容易忽略的細節。一個性格嚴謹細致的人，才能把事情做得完美，令人滿意。注意細節，形成習慣，一定會給我們帶來巨大的收益。而連小事都做不好的人，大事是很難成功的。

一四八五年，英王理查三世與亨利伯爵在波斯沃斯展開決戰。這場戰役將決定誰最終得英國王位。戰前，理查三世讓馬夫給他心愛的駿馬更換新的蹄掌。當裝到第四個馬蹄鐵時少了一根釘子。馬夫想：「那就將就吧，少一根釘子沒什麼關係。」很不幸，就是因為少了這根不起眼的釘子，理查三世馬失前蹄，結果兵敗被俘，丟掉了偌大江山。因此，歐洲有一首流傳很廣的名諺：「因為失去一根鐵釘，我們失去了一塊馬蹄鐵；因為失去一塊馬蹄鐵，我們失去了一匹駿馬；因為失去一匹駿馬，我們失去一名騎士；因為失去一名騎士，我們輸掉了一場戰爭；因為輸掉一場戰爭，我們失去了整個王國。」俗語說：「魔鬼藏在細節裡。」我們對細節不可不慎啊！

以智慧自救的狄仁傑

武則天時期，狄仁傑任右相，深得信任。同時，武則天的侄子武承嗣任左相，有接任皇帝的妄圖，認為狄仁傑將是他登上皇位的障礙。於是勾結酷吏來俊臣，誣告狄仁傑等七大臣謀反，將他們逮捕入獄。

狄仁傑曾經是掌管刑律的大理丞，深知來俊臣手段殘酷，若不招認，必受盡折磨，他更知道大唐律法規定：「犯人主動承認謀反，可以免除極刑。」於是就招認「謀反」。

來俊臣將狄仁傑收監，剋日行刑，不再嚴加看守。於是狄仁傑向獄吏乞得筆墨，拆下被頭做帛，寫下冤書，置於棉衣中。又告訴獄吏說：「天氣日漸炎熱，請您把我的棉衣交給家人，拆掉棉毛，我好度夏。」

他的兒子接到父親的冤狀，就帶去面見武則天。武則天召狄仁傑等「謀反」的大臣當面詢問：「你們為什麼承認謀反？」

狄仁傑從容不迫地說：「如果臣不承認，恐怕已經被來俊臣拷打而死。」武則天又問：「你為何寫謝死表？」答說：「臣無此表。」

武則天最後明白那表是偽造的，狄仁傑等是被陷害而蒙冤的，因而死裡逃生。

大智慧：

狄仁傑，唐代并州太原（今山西太原）人。唐太宗貞觀三年（六二九），生於一個普通官吏家庭。年幼刻苦攻讀，以明經舉，從此進入仕途，先後出任大理丞（是審判官員）、侍御史（如後來的檢察官，職司糾劾中央各部司的官員），寧州刺史、豫州刺史、復州刺史。天授元年（六九〇），武則天稱帝，任命狄仁傑為宰相。是唐代的名臣、大政治家。

狄仁傑因受到武承嗣及酷吏來俊臣的陷害入獄，危在旦夕，憑著自己的智慧自救，最後死裡逃生，才得免除死刑，下貶為彭澤令。其後又恢復宰相職。七十一歲因病去世時，武則天流著眼淚說：「朝堂空矣！」

一個人最大的敵人是自己，最大的貴人也是自己。匆匆紅塵百年，人生不如意的事十常八九。人的一生既有成功的喜悅，也有擾人的煩惱；既會經歷坦途，也會經歷挫折與苦難。面對挫折與苦難的時候，我們經常會找別人幫忙，依賴別人。要知道，有人幫我們，是我們的幸運；沒有人幫我們，是公正的命運。這個世界上，每個人都是獨立的個體，沒有人有幫助我們的義務，沒有人該為我們做什麼，所以唯有依靠自己，在挫折和磨難面前，坦然面對，奮勇向前，攻而克之，就好像狄仁傑一樣，含冤下獄待刑之際，運用自己的智慧，終於化險為夷。莎士比亞說：「人們可以支配自己的命運。若我們受制於人，那錯就不在命運，而在於我們自己。」

蘇東坡與佛印拜觀音

有一次，蘇東坡與佛印一起在郊外散步，看到一座馬頭觀音石像。佛印立即合掌禮敬觀音。

蘇東坡問：「觀音本來是我們要禮敬的對象，為何祂的手上也掛著念珠而合掌念佛，祂到底在念誰呢？」

佛印說：「這要問你自己。」
蘇東坡說：「我怎麼會知道呢？」
佛印說：「念南無觀世音菩薩。」
蘇東坡問：「為什麼呢？」
佛印：「求人不如求己呀！」

大智慧：

「求人不如求己」是一句極富人生智慧的話。有智慧的人，先求自己各方面條件具備，以後凡事但求諸己，不求諸人，卻能不求而有。

觀世音菩薩，大慈大悲，救苦救難，「千處祈求千處應，苦海常作渡人舟」，所以僧俗二眾，都虔敬讚頌祂的功德，祈求祂的護持。

可是要知道，佛可以助人修行，卻不能助人成佛，唯有自性自度，才能成佛。當年六祖慧能領得五祖弘忍大師所傳的衣缽後，五祖送他到九江驛口。五祖要替他搖櫓渡江，而慧能則堅持要「自度」。

俗語說：「自助而後人助，人助而後天助。」所以自己才是自己生命中最大的貴人，自己要做自己生命中的天使，不可以凡事都想依賴別人。梁漱溟先生說：「人的生命之內，原本就是潛藏著無盡的可能。」所以不要小看自己，其實，每一個人都是一塊耀眼的金子，只有自己才能讓它發光。要自己了解自己、發現自身的優點和長處，經常這樣想：「我可以靠自己，我可以做得更好，我有別人沒有的優點，我可以讓情況變得更美好，我就是自己生命中的天使。」

著名的教育家陶行知作了一首〈自立歌〉：「滴自己的汗，吃自己的飯，自己事情自己幹。靠人靠天靠祖上，不算是好漢。」

「好漢」是自強不息的，是不依賴別人的，也不寄望於神佛的。

博士求職

一位計算機博士求職，奔波多日卻一無所獲。來到一家職業介紹所，沒有出示任何學位證件，只登記最低學歷。很快被一家公司錄用了，職位是程序輸入員。

不久，老闆發現他的能力，非一般程序輸入員可比。此時，他亮出了學士證書。老闆給他換了相應的職位。

又過了一段時間，老闆發覺他能提出許多有獨特性的建議，能力遠比一般大學生高明。此時，他亮出了碩士證書。老闆立刻提升他的職位。

又過了半年，老闆發覺他能解決所有技術難題。在老闆追問下，他才承認自己是計算機博士，因為工作難找，就瞞了博士學位。

第二天剛上班，他還未出示博士證書，老闆已經宣布他升任公司副總裁。

大智慧：

在當今人浮於事的社會，要謀得一職已是一件不容易的事，如果要找到能夠發揮所長的理想職業，更不簡單。故事中的這位電腦博士，能夠由程序輸入員而漸次升到公司的副總裁，是因為他具有真才實學、智慧善巧，以及認真謙虛的工作態度，而非一般眼高手低、高不成低不就者可比。

求職成功的關鍵前提，是謀職者自己要有真才實學，換句話說，要條件具足。是金子到哪裡都會發光，儘管暫時在黑暗的環境中，終究會因為金燦燦的光彩被人視若珍寶的。職場中，如果我們是個真正的人才，無論處在什麼樣的環境中，只要能具正確的工作態度，耐心專心地做好本職工作，終究會受到長官的重用。

曾國藩說：「君子藏器於身，待機而動。」故事中的電腦博士，正是這樣的一個「君子」。君子有才華，不要急於向人顯露，不要急於求成，應該等待合適的機會再展示出來，這就是俗話說的「真人不露相」。其實，學會收斂鋒芒，才是真正的智者，真正有才華的人，是不會刻意引起他人的注意，或者用各種招術去博取虛名的，而是事先只會掩藏智慧能力，等到關鍵時刻才顯露出來，讓人刮目相看，不鳴則已，一鳴驚人。

《論語・學而》載：子禽問子貢說：「我們老師來到這個國家，一定會詢問而了解它的政治狀況，這機會是他向人家求來的呢？或是人家主動提供給他的呢？」子貢說：「老師是靠著溫和、善良、謙恭、儉樸、退讓的美德而得到機會的，如果說老師真是向人家請求才得到的，大概和別人請求的方式不同吧！」難怪孔子教導學生說：「不患無位，患所以立。不患莫己知，求為可知也。」其意是說：不要擔心沒有職位，而要擔心站在那個位子上必須具備的才能，我們已具備了沒，不要擔心沒人賞識自己，而要講求可讓人家賞識的條件啊！」孔子又教導學生說：「不患人之不己知，患不知人也。」其意是說：「不愁別人不了解自己，只怕自己不了解別人啊！」

真正的人才是不怕被埋沒的。《論語・子路》載：仲弓擔任季氏家的總管，請教孔子為政的要領。孔子說：「要做政府各部門官員的表率，寬赦輕微的過失，提拔優秀的人才。」仲弓問孔子：「我怎麼曉得誰是優秀的人才而提拔他呢？」孔子說：「提拔你所認識的。至於你所不認識的，人家難道會捨棄他嗎？」

故事中這位電腦博士的求職過程，恰是上引孔子言行最好的註腳。

認識自己

一個青年想向智者學習一些人生智慧。青年問：「我先幹些什麼呢？」

智者說：「你先認識、熟悉一下周圍居住的人們吧！」

青年雖然一頭霧水，還是照做了。過了幾天，青年向智者說：「周圍的人我都認識了，接著該幹什麼了？」

智者說：「肯定還有遺漏，繼續去認識吧！」

幾天後青年又來見智者，說：「周圍所有的人我都認識了，請指示接下來我要做的事情吧！」智者說：「還有一人你沒認識，這個人對你特別重要。」

青年滿腹狐疑，夜以繼日地尋找著，不放過一個人，還是尋找不到。

不知過了多少天，青年偶然在一面鏡子裡看到自己的身影，豁然頓悟了。

這是一則寓言故事，智者讓年輕人去認識周圍的人，實際上是要年輕人認識自己。認識自己是習得人生智慧的起點。我們常會抱怨「沒有人了解我」，其實，我們又何嘗了解自己呢？

很多人都覺得了解自己不是什麼難事，但事實上並非如此。很多時候，我們看待別人清清楚楚，但對自己卻是懵懵懂懂。

老子說：「知人者智，自知者明。」事情做不成甚至失敗以後，自己或別人來檢討原因，往往就在沒有「自知之明」。沒有自知之明就是不認識自己。有自知之明的人，比較能減少挫折，多一些成功的機會。

古往今來的哲學家，不斷地提醒人們要「認識自己」。古希臘哲學家蘇格拉底，認為人必須認清自己的無知，坦承自己的無知，才能獲得真知。他的倫理學的根據，是刻在古希臘阿波羅神殿上的格言：「認識你自己」（know yourself）。蘇格拉底的弟子柏拉圖，在雅典學院的門楣上題了一句話：「入此門來，認識自己」。羅馬帝國時代的政治家和哲學家西塞羅也說：「『認識自己』的格言，不僅旨在防止人類過度驕傲，也在於使我們了解自己的價值何在。」在古希臘帕爾索山的一塊石碑上，刻著：「你要認識你自己」的箴言。法國哲學家盧梭稱這一碑銘，比倫理學家們的一切巨著都更為重要，更為深奧。德國哲學家尼采，在《道德的樂譜》的前言中，也針對「認識你自己」來大作文章。美國麥克阿瑟將軍〈一個父親的祈禱詞〉中說：「（主啊）教導我兒子篤實力行而不從事空想；使他認識祢，同時也認識他自己，這才是一切知識的開端。」

認識自己才不會把自己估計過高或過低，面臨成功，不會忘乎所以，趾高氣揚，瞧不起別人；遇到挫折失敗，也不會喪失信心，而能更加謙虛，更加勤奮。

那麼，我們要認識自己的什麼呢？那可就多了，我們要認識自己的家世祖宗、家庭環境、學習環境、工作環境、身體健康狀況、人格特質、志趣、嗜好、優缺點、潛能、角色、責任、使命、價值觀、人生目標、父母長官社會國家對我們的期望等等。

怎樣才能認識自己呢？首先要向內分析和審視自己，其次養成每天自我反省的習慣，第三虛心接受別人的批評，第四多接受各種挑戰，最後，接受性向測驗、智力測驗、人格測驗等。

神父被淹死

小鎮發生洪水，很快淹沒了神父的小屋。神父只好爬上屋頂逃生，並且不斷祈求上帝：「快來救救我。」

不久，一艘小木船向他划過來，船上的人大喊：「神父！快上來。」神父卻大聲應道：「去救別人吧！上帝會來救我的。」

小木船只好划走，神父繼續祈禱。水已漲過屋頂。一艘摩托艇上的人看見神父，快速向他開過來。艇上的人大喊：「神父！快點走，否則來不及了。」神父還是擺擺手，說：「不要緊的，你們走吧，上帝會救我的。」

摩托艇走了，神父繼續祈禱。水已經漲到神父的胸口，此時天上一架直升機朝神父飛過來，機上人狂喊：「神父！神父！快上來，否則真的沒命拉！」神父依然不為所動，相信上帝會救他。等直升機走了，水還在上漲，神父被淹死了。

死後，神父的靈魂升到天堂，見到了上帝。他非常生氣，對上帝說：「上帝，你真不夠意思，我一生對你如此虔誠，為什麼在我快要被淹死的時候不來救我？」上帝說：「我的孩子，當水淹到你屋子的時候，我不是派了一艘小木船去救你嗎？而你不上來；當水淹到你屋頂的時候，我不是又派了一艘摩托艇來救你嗎？你還是不上來；當水淹到你胸口的時候，我看到情況萬分危急，派了直升機去救你，你還是不上來，你真的不能怪我啊！你不願意自救，上帝也無法救你。」

大智慧：

西方有句諺語說：「上帝只救自救之人。」真正能救自己的人只有自己。德國哲學家尼采甚至說「上帝死了」，所以，這個世界上真正能夠拯救我們的只有自己，我們要成為自己的上帝。

故事中的神父被淹死，只能怪自己固執、不自救，哪能怪上帝呢？上帝對他的靈魂說：「你不願意自救，上帝也無法救你。」這句話也是對世人說的。

「自助者天助之，自棄者天棄之。」老天只幫助自己努力的人，如果自己都放棄了，那麼老天就幫不了，不要埋怨上天對自己不公，其實是自己不想自救。

每個人生命中都有許多貴人相助，但是，最大的貴人卻是自己。只有自己努力把握機會，充分發揮自己的智慧與能力，才能克服逆境，勝利成功。一個真正的自助者，最終會實現他的成功，而所有幫助過他的人也會因此感到欣慰。

西方有句諺語說：「上帝在這邊給你關上門，一定會在那邊給你開扇窗。」當我們面臨困境時，請不要抱怨環境、責怪命運。我們無法改變環境，但是可以改變心境；自己才是命運的建築師、設計師，不要被命運扼住喉嚨，而要扼住命運的喉嚨。這世上只有對處境絕望的人，而沒有絕望的處境。身處困境之中，上帝把門關上了，要趕快努力去找上帝給我們開的那另一扇窗。

「天助自助者」，每個人都要自己奮鬥，靠自己的本領打天下。一個人的成功，不僅僅是運氣，主要還是自己爭氣。德國哲學家尼采說：「人應該學會期待，但是只能期待自己。」國學大師南懷瑾說：「從來就沒有救世主，改變人生要靠自己。」

再者，機會只敲一次門，善於抓住每次機會，充分施展才能的人，才能最後獲得成功，得到命運的垂青。而對於猶豫不決、優柔寡斷的人來說，即使有再多的機會也於事無補，就像故事中的那位神父，終難逃被淹死的噩運。

又我們的生活中並不缺少機遇，而是缺少發現機遇和抓住機遇的能力，如果是強者，即使沒有機遇，也能創造機遇。每個人的命運都掌握在自己的手裡，必須自己努力去爭取。我們應該牢記，良好的機遇完全在於自己的創造和把握。

有主見的大梅禪師

大梅禪師學佛多年，儘管十分精進，但是一直沒有悟道。有一天，他去請教馬祖禪師：「佛是什麼？」馬祖禪師回答：「即心即佛。」大梅禪師如醍醐灌頂，恍然大悟。於是大梅離開了馬祖禪師，下山弘揚佛法。

當馬祖禪師聽說大梅開悟的時候，不太相信，就叫一個自己的弟子去試試他。

弟子見到大梅禪師，就問：「師兄！師父說了什麼話讓你頓悟了呢？」大梅回答：「即心即佛。」弟子說：「師父現在已經不說『即心即佛』了！」大梅驚異地問道：「哦！那他現在說什麼？」弟子說：「師父現在經常說『非心非佛』。」

大梅禪師笑著說：「這個老和尚不是存心找人麻煩嗎？我不管他的什麼『非心非佛』，我依然堅持我的『即心即佛』。」

弟子回去告訴了馬祖禪師，馬祖禪師激動地說：「梅子真的開悟了。」

大智慧：

這個故事旨在告誡我們，做人要有主見，要有勇氣堅持自己的看法，千萬不要見異思遷、隨波逐流、見風轉舵、人云亦云。一個毫無主見的人，在學術上或事業上是很難有成就的。縱觀古今，大凡成功的人，有個共同的特點：做人有主見、處事敢決斷，不隨波逐流。

大梅禪師堅信「即心即佛」，被馬祖禪師允為真的開悟了。

即心即佛，即佛即心。「心」是指人的本心、真心，具有如來智慧德相的那個心。人的本心與佛無別，人的心即是佛心。有一首詩這麼說：「佛在心中莫浪求，靈山只在汝心頭。人人有個靈山塔，只向靈山塔下修。」人人心中都有一座靈山塔，一個人只要修自己的心，不外求諸餘，最終就修得正果而成佛。

星雲大師〈佛陀，您在哪裡？〉（節錄）：

佛陀，您在哪裡？

七十五年的出家歲月，

天涯海角，我四處尋找您；
我八去印度，在佛陀您的祖國，
我想，可能會遇到您，
我匍匐在菩提迦耶金剛座旁，
高聳的迦耶大塔莊嚴雄偉，
但我沒有見到您示現啊！

我經常匍匐在大雄寶殿的地上，
我經常挑燈夜讀您的法語，
我在晨鐘暮鼓中，渴望能聽到您的音聲，
佛陀，您可以現身給我看一下嗎？
從童年到青年到壯年，
如今，我已是衰殘的老人，
我不能找到您，我真不甘心啊！
所以，我周遊世界，
我想在世界上的哪裡可以巧遇到您；

我坐火車、高鐵、磁浮列車，
窗外樹幹的移動，草原田野的奔馳，
在那裡，能看到佛陀您嗎？
我坐飛機，在朵朵飄浮的白雲中，
佛陀，您現身一下好嗎？
我航行過太平洋、大西洋、印度洋；
海水濤濤，一片茫茫，
我左顧右盼，佛陀，您在何方？

哦！終於，
《金剛經》給了我消息：
「若以色見我，以音聲求我，
是人行邪道，不能見如來。」
原來，不應該在事相上見到您，
也不應該是在幻象中見您，
您是無形無相，您是在宇宙大化之中，

原來，您已經走進了我的心裡。
我吃飯，您與我同餐，
我行走，您與我同行；
甚至睡覺時，
我「朝朝共佛起，夜夜抱佛眠」啊！

終於，我知道了您在哪裡？
您安住在每個人的心中。
從此，我已不必一再尋覓，
在我心中已經有了您，
即佛即心，即心即佛。
原來，把人完成了，才能和您相應哦！
原來，一花一世界，一葉一如來。
「天下唯心，法界悠然，
盡未來際，佛在心裡。」

泰浦《道家做人、儒家做事、佛家修心大全集》說：「心靈是一座品類繁多的花園，需要時時墾殖翻耕。這個花園中有穢土，也有淨土，所以不可能永遠保持快樂與清淨。只要是花園，就會生長雜草，四處蔓延。作為自我心靈的園丁，絕不能放任雜草叢生，占盡花木所需的陽光雨露，否則這座花園就必須成為人生困頓的圍城，而及時修剪，求得和諧美好的內心環境，圍城之中也能過自在人生。」

佛在心中，學佛在自心。成佛在淨心。佛教的一切法門，主要是使人清淨自心，明心見性。泰浦在同書中說：「清淨心即無垢無染，無貪無嗔，無痴無惱，無怨無憂，無繫無縛的空靈自在，湛寂明澈，圓融無住的純淨妙心，也就是離煩惱之迷惘，即般若之明淨，止暗昧之沉淪，登菩提之逍遙。有了清淨心，則失意事來能治之以忍，快心事來能視之以淡，榮寵事來置之以讓，怨恨事來能安之以忍，煩亂事來能處之以靜，憂悲事來能平之以穩。」

大梅禪師堅持「即心即佛」，所以悟道了。

廣欽老和尚說：「我們對，而別人不對，我們若讓他作主，則變成我們不對。意即自己要有主，不被他人所轉。」人要有自己的主見，才能做個獨一無二的自己，不盲從別人。做事要有自己的判斷與選擇，只要自己認為是正確的，就不要管別人怎麼說、怎麼看了。尤其當今科技發達，紛紛擾擾的資訊會影響我們的判斷力，很容易被牽著鼻子走，更應該有自己的主見。

廚師與狗

俄國大文學家托爾斯泰的《童話集》中，有一短篇〈廚師與狗〉：

有一天，有個廚師正在做菜，一隻狗蹲在廚房門口。當廚師把不要的牛腸子丟掉的時候，狗就連忙跑過去，一面吃一面誇說：「這個廚師心地真好，菜也做得真好吃！」

有一次，廚師丟掉的是吃剩的紅豆、大頭菜和蔥，狗也趕緊跑過去，但聞了一下，不合胃口，於是生氣地說：「廚師的做菜技術比以前差多了！我看他非被辭掉工作不可。」

但是廚師不理會狗的埋怨，仍然照著自己的方式做菜。因為他所做的每道菜，都很迎合主人的口味，博得主人的讚美。

大智慧：

這是一則寓言，充滿為人處世的大智慧。我們做人與做事都要有主見，只要自己的看法是對的，就必須堅持。《莊子‧齊物論》中有一則寓言：一個養猴的人，對眾猴說，早上給三升橡子，晚上給四升。眾猴皆怒。改口說，朝四暮三，眾猴皆悅。這是「朝三暮四」成語的由來。

其實，朝三暮四或朝四暮三都一樣，而眾猴卻喜怒不一。成語的本義，用以比喻愚者昧於審辨，而巧者工於設辭。後來義轉，用以比喻心志不堅，操守不定。我們對事要有主見，不可朝三暮四。

社會中「專家充斥」，不管我們做什麼，都可能得到來自四面八方的批評，有褒也有貶，有譏笑也有嘲諷。我們也有機會得到各種資訊，如果任由一項資訊左右我們的思想與行為，那麼我們一定會走到莫衷一是、不知往何處走的困境。

這時我們要學習廚師的智慧，看清楚到底誰才是自己生命真正的主人，迎合主人，讓主人歡心讚美，而將紛至沓來的流言蜚語，置之不理，以免庸人自擾。凡事要有主見，用自己的大腦來判斷事物的是非，千萬不要鸚鵡學舌，人云亦云；也不要像「父子騎驢」的故事，不要因旁人的眼光改變了自己的觀念。別人說什麼並不重要，關鍵要有自己的主張和思維。

落網之鳥

俄國大文學家托爾斯泰的《童話集》中，有一短篇〈落網之鳥〉：

有個獵人在湖邊張網捕鳥。不久，很多大鳥都飛入網中。獵人很高興，趕快收網要把鳥抓出來。沒想到鳥的力氣很大，反而帶著網一起飛走了。獵人只好跟在網後拼命追。

一個農夫看到了，就笑獵人說：「算了吧！不管你跑得多快，絕對追不上的。」但獵人卻很堅定地說：「不！你根本不知道。如果網子裡只有一隻鳥，我就真追不上它，但現在有很多鳥在網子裡，我一定能追到牠們。」

果然，到了黃昏的時候，所有的鳥兒都想回自己的窩，有的要回森林，有的要回湖邊，有的要回草原，於是那一大群鳥都跟著網子一起落回地面，全被獵人活抓了。

大智慧：

這一則故事，其旨在說「團結就是力量」。

無論如何，個人的智慧與力量是有限的，而團體的智慧與力量則是無窮的。團體的智慧與力量雖然無窮，但是大眾必須同心協力，彼此的智慧與力量才能夠激發出來，如果眾人不同心協力，那麼力量就互相抵消了。

「單絲不成線」、「獨木難成林」、「獨棒難打虎」、「獨木難支大廈」、「孤掌難鳴」、「和尚多了沒水吃」、「大家一條心、黃土變成金」、「家有一心，有錢買金；家有二心，無錢買針」、「合群的喜鵲能擒鹿；齊心的螞蟻能吃虎」。這些諺語，都在說明團結合作的重要性。

「眾志成城」、「集腋成裘」、「眾擎易舉」、「群策群力」四句成語，也在強調合作，合作才有力量，不合作則個人及團體都無法進步、發展。

《易經》云：「二人同心，其利斷金；同心之言，其臭如蘭。」意思是說，兩個人心齊志一，就像利刃可以斬斷金屬；心齊志一的言論，它的氣味就像蘭花一樣芬香。

《禮記・學記》說：「敬業樂群」。「敬業」是說專心致力自己的學業或職業工作，「樂群」就是樂於和同學、同事、工作伙伴相處，相互切磋琢磨，共謀團體的發展。換言之，就是要合群，要有團隊精神，萬不可成為害群之馬。

我們任何一個人不可能離群索居、遺世獨立。個人是小我，而群是大我。小我受大我的保護，然而，「覆巢之下無完卵」，群亡則己也亡，所以有時候要犧牲小我，而完成大我。

人體的各個器官如果不能相互配合，身體必遭病魔的侵襲。一個團體若不和睦，必定迅速瓦解。團結就是力量，團結是人類進步與發展的最大原因。只有大家團結，才會產生巨大的力量和智慧，去克服一切困難。

皇帝整修京城寺廟

皇帝想要整修京城裡的一座寺廟，派人去找藝術高超的設計師，希望能夠將寺廟整修得富麗又莊嚴。有兩組人員被找來了，一組是京城裡很有名的工匠與畫師，另一組是幾個和尚。

皇帝不知道到底哪一組的手藝比較好，於是要求這兩組人員先各自去整修面對面兩座寺廟的其中一座，三天後驗收成果，才決定由哪一組來整修京城寺廟。

工匠畫師組向皇帝要了許多種顏色的顏料和工具；而讓皇帝奇怪的是，和尚組居然只要了一些抹布與水桶等。

三天之後皇帝來驗收了，首先看看工匠畫師組所整修的寺廟，他們以非常精巧的手藝把寺廟整修得五顏六色。皇帝很滿意地點點頭。接著看看和尚組整修的寺廟，一看就愣住了，他們沒有塗上任何的顏料，只是把所有的牆壁、桌椅、窗戶等都擦拭得非常乾淨，寺廟中所有的物品都呈現它們原來的顏色，而且像鏡子一般反射出從外面來的色彩，天邊的雲彩、隨風搖曳的樹影，甚至對面五顏六色的寺廟，都變成了這個寺廟美麗色彩的一部分。

皇帝被這莊嚴的寺廟深深地感動了，最後，勝出的當然是和尚組了。

大智慧：

和尚那一組所以勝出，是因為講求樸實自然之美，相較之下，華粉豔彩的人工修飾，反而失去真美，弄巧成拙。

道家以自然為美為善，《老子》說：「見素抱樸，少私寡欲。」《莊子・天道》：「樸素而天下莫能與之爭美。」未經雕飾的原木是樸，沒有染色的白帛為素。只有未經裝飾的東西，才是最真實的，才能使人產生美感。

白天鵝潔白漂亮，不是每天洗澡的結果；烏鴉天生就是烏黑醜陋，也不是天天日曬的結果。因此，莊子反對「飾羽而墨」。在天然的羽毛上再塗上華彩，只是狗尾續貂，破壞了原有的樸素之美。

一般人幾乎不知道所有的白花都很香，而顏色愈豔麗的花，卻愈缺乏芬芳。人也是如此，愈樸素單純的人，愈有內在的美質。德國的歌德說：「表面上的美只能取悅一時，內在的美才能歷久不衰。」英國的培根說：「至於美女，是所謂天生容貌勝過粉黛胭脂，而優雅舉止，又勝過天生的容貌。」舉止優雅就是氣質高尚，心靈純美。

有位化妝師認為，化妝的最高境界就是「自然」，自然的妝容才能體現出人的內在美。最高明的化妝術，是讓人感覺沒有化妝，能自然地表現出自己的個性和氣質。次一級的化妝是凸顯個人的優點；最拙劣的化妝是刻意掩蓋缺點。

吾人以心美為要。我們的心常常會充斥各種各樣的念頭，甚至於是雜念與邪念，心靈無法獲得寧靜，失去了原本真實樸美的自我。所以，心靈也像房子一樣，需要時常清掃，才會減少許多不必要的煩惱。因此，神秀和尚要說：「身是菩提樹，心如明鏡臺，時時勤拂拭，莫使惹塵埃。」而法鼓山的聖嚴法師也觀察到：「物質的貧窮，讓人的生命受到威脅；精神及心靈的貧窮，則導致人的生活環境失去平安與幸福。」因此，在示寂之前力倡「心靈環保」。

古希臘哲學家柏拉圖《理想國》說：「當美的靈魂和美的外表和諧地融為一體，人們就會看到，這是世上最完善的美。」星雲大師說：「人生最美好的，不是物質，而是心靈。」

真正的美麗，是內在心靈之美、氣質之美。保持心靈的純潔、氣質的高雅，才是美麗的泉源。

靈活處世的徐文遠

徐文遠是隋朝的國子博士。隋朝末年，洛陽一帶鬧飢荒，徐文遠只好外出打柴維生，湊巧碰上昔日的學生李密，於是被李密請進自己的軍隊。他請徐文遠坐在上座，自己則率領手下兵士向他參拜行禮，請求他為自己效力。

徐文遠對李密說：「如果將軍你決心效仿伊尹、霍光，在危難之秋輔佐皇室，那我雖然年邁，仍然希望能為你盡心盡力，但如果你要學王莽、董卓，趁皇室遭難之際，篡位奪權，那我就不能幫你了。」

李密答謝說：「學生敬聽您的教誨。」

後來，李密戰敗，徐文遠歸屬了王世充。王世充也是徐文遠的學生，他賜給徐文遠錦衣玉食。徐文遠每次見到他，總要十分謙恭行禮。有人問他：「聽說您對李密十分倨傲，卻對王世充恭敬萬分，這是什麼道理呢？」

徐文遠回答說：「李密是個謙謙君子，所以像酈生對待劉邦那樣用狂傲的方式對待他，他也能夠接受；王世充卻是個陰險小人，即使是老朋友也可能會被他陷害殺死，所以我必須小心謹慎地與他相處。針對不同的人而採取相應的對策，難道不應該如此嗎？」

王世充歸順唐朝後，徐文遠又被朝廷任命為國子博士，很受唐太宗的重用。

大智慧：

《孟子・告子上》載：孟子曰：「大匠誨人，必以規矩；學者亦必以規矩。」矩是畫方的工具，而規是畫圓的工具，無規無矩則不能成圓成方。為人處事也一定要有規矩，否則不能成事，只會敗事。

古人又常說為人處事要內方外圓，內方是做人之本，外圓則是處事之道。方是要堂堂正正做人，而圓是要妥妥當當做事。圓是為了減少阻力，是方法；而方是立世之本，是原則。內方外圓是做人處事的原則，只方不圓，時時有阻力；只圓無方，則太柔、少骨氣，也難有大作為。內方外圓並不是老於世故、老謀深算、老奸巨猾的處世哲學，而是一門微妙高超的處事藝術。

明代洪應明《菜根譚》說：「處治世宜方，處亂世宜圓，處叔季之世當方圓並用。待善人宜寬，帶惡人宜嚴，待庸眾之人當寬嚴互存。」又說：「建功立業者，多虛圓之士；僨事失機者，必執拗之人。」

徐文遠是名門之後，他幼年跟隨父親到長安，那時他們的生活十分困難，難以自給。他勤奮好學，通讀經書，終有所成，後來官居隋朝的國子博士，越王楊侗還請他擔任祭酒之職。

徐文遠可說是一個內方外圓的人了，他對待李密、王世充、李世民三人，能夠得心應手，左右逢源，遊刃有餘，是因為他能夠洞察世事，審時度勢，明知三人有不同的性格。他深知絕不可能用一把鑰匙去打開所有的鎖，為人處世要內方外圓，要靈活而不能僵化。對待坦蕩的君子，無所保留，甚至有些倨傲；而對待氣量狹小的小人，就十分謹慎，如履薄冰。

新和尚敲鐘

有一天，奕尚禪師從禪房中出來，就聽到陣陣悠揚的鐘聲，立刻被那不同凡響的鐘聲吸引了，他仔細聆聽，神態極其專注。

鐘聲停後，他問侍者：「今天早上敲鐘的人是誰？」侍者回答說：「他是才來沒幾天的和尚。」奕尚禪師說：「你去叫他來，我有話要問他。」

新來的和尚來了，奕尚禪師問：「今天早晨你敲鐘的時候是什麼樣的心情呢？」他回答說：「沒什麼特別的心情，只是為了當一天和尚敲一天鐘。」奕尚禪師說：「我看不是這樣的，你敲鐘的時候一定是想著什麼，否則你不會敲出這樣的鐘聲的。我仔細聽過了，今天的鐘聲格外高貴響亮，只有專心向佛的人才能敲出這樣的聲音。」

小和尚想了一下，然後說：「我沒有刻意要想著什麼，在我還沒有出家以前，我的老師告訴我說：『做什麼事都要用心，打鐘的時候只能想到鐘，因為鐘即是佛，只有虔誠、齋戒、敬鐘如佛，才配去敲鐘。』」

奕尚禪師喜形於色，提醒他說：「敲鐘是這樣的，做任何事也要這樣。始終保持著今天早上敲鐘的禪心，你的前途一定無量。」

這位小和尚從此事事恭謹，在任何時處都牢記禪師的教誨，保持敲鐘的禪心，終於成為得道的高僧，他就是後來的悟由禪師。

大智慧：

我們都只是個凡夫俗子，但要從平凡中活出不平凡的生命。在平凡的生活中，一樣可以體悟出不平凡的人生至道，而這端賴是否具有平常心。平常心就是道，具有平常心的人，為人處事毫不刻意，毫不矯柔造作，只是誠敬，只是專心。保持一顆平常心，才能在沉迷中清醒，在寂然中品味人生的艱辛，在寧靜中淨化自己的靈魂。

老和尚因天天砍柴、擔水、做飯而得道。他說：「我得道之前，砍柴時惦念著挑水；挑水時惦念著做飯；做飯時又想著砍柴。得道之後，砍柴即砍柴，挑水即挑水，做飯即做飯，這就是得道。」禪宗有話說：「平常即是道，平凡即是佛。」能夠有一顆平常心，又怎麼不能悟道成佛呢？

老和尚雖然已經悟了道，聲名遠播，可是他還是要像普通僧人一樣勞作，只是面壁參禪，是不能成仙成佛的。真的佛，法身之體，悟了道，證得法身之體，無所從來，也無所去，不來也不去，不生也不滅，不坐也不臥，就是這樣平常平凡。以平常心自處及與人相處，守住本分，才能「寵辱不驚，閑看庭前花開花落；去留無意，漫隨天外雲捲雲舒」。

星雲法師《禪門語錄》說：「禪者在衣食住行的生活裡，離不開作務；如同魚離不開水、樹少不了土。生活作務是禪者的道糧，很多禪師都是在彎腰劈砍、直身挑擔之間開悟的。同樣的，生存於世，我們每個人要工作、要務實、要體驗、要磨心志、要刮骨髓，人生不經過千生萬死，不能體會萬死千生，怎麼入道、能成功呢？」

故事中的小和尚，每天只是懷著一顆平常心，謹守本分，專心向佛，視鐘如佛，只有虔敬，沒有刻意。以這種禪心敲鐘，才能敲出格外高貴響亮的鐘聲，深得奕尚禪師的讚許。小和尚從此以後，事事恭謹，保持敲鐘的禪心，終於成為一名得道的高僧。

奕尚禪師不但識人，而從鐘聲裡能聽出一個人的品德，這也是因自己是個有禪心的人；小和尚雖小，連司鐘時都曉得敬鐘如佛，難怪長大以後，成為一名高僧。

我們也要像小和尚一樣，以平常心為禪心，恭謹治事待人，才能有成。

以柔克剛的蕭伯納

英國大文豪蕭伯納的新作《巴巴拉上校》，首次公演就大獲成功。演完後，蕭伯納走上劇院舞臺，接受觀眾的祝賀。

正當他準備向觀眾致意時，觀眾席中有一人對著他大罵：「蕭伯納，你的劇本簡直糟糕透了，你簡直就是在浪費我的時間。快停演吧，沒有人要看的。」

觀眾們大吃一驚，都向蕭伯納投以異樣的眼光，以為他面對如此無禮挑衅一定會很生氣，出乎大家意料之外，他不但沒有生氣，反而笑容可掬地給他深深一鞠躬，並且彬彬有禮地對他說：「我的朋友，我完全同意你的意見。但是只有我們兩人反對這麼多觀眾有什麼用呢？我倆能禁止這場演出嗎？」

說完，他便面帶微笑向所有觀眾揮手致意。劇場立刻響起了如雷的掌聲，而那個挑釁者無地自容，只好悄悄地離開了劇院。

又蕭伯納在一次演講時，聽眾中有一位文學批評家揶揄他簡直就是一頭驢子。蕭伯納卻立即致謝他的讚美。蕭伯納說：「眾所周知，驢子有謙遜、質樸、勤勞和知足的特性，對粗食與輕視都能泰然處之，沒有任何一個人會因為被讚美有這樣的特質而動怒。」

大智慧：

以柔克剛，以退為進，是道家的「柔弱哲學」。老子說：「人之生也柔弱，其死也堅強。萬物草木之生也柔脆，其死也枯槁。」又說：「天下莫柔弱於水，而攻堅強者莫之能勝。」最堅硬的東西最容易折斷，而最柔弱的東西卻最有韌性。自然界堅木易折，柔條難斷；在人世間剛強的人多敗，而軟弱的人反而能得勝。

《六韜》說：「柔能制剛，弱能制強。柔者德也，剛者賊也。弱者人之所助，強者人之所攻。能柔能剛，其國彌光；能弱能強，其國彌彰；純柔純弱，其國必削；純剛純強，其國必亡。」

美學家蔣勳《捨得．捨不得》書中說：「柔軟是智慧，能柔軟就有包容，能柔軟就有慈悲。」

中國一向注重以柔克剛、以退為進的處世哲學，深知以剛克剛，往往兩敗俱傷；如能採取策略上的讓步，往往能夠收到極好的效果。

任何人都不喜歡被人當眾指責，如果被人當眾指責，都會感到憤怒，因而反唇相譏，爭辯得面紅耳赤，激化彼此間的矛盾。然而，智者卻會利用老子的「柔弱哲學」，心平氣和化解矛盾。

蕭伯納深知道家的「柔弱哲學」，面對無理取鬧，不但沒有與挑衅者反唇相譏，而是用理智控制自己的憤怒，用欲抑先揚的方式，使對方失去銳氣，使自己化被動為主動，使對方不戰而敗，知難而退。

果真如此：「面對別人無情的攻擊和指責，唇槍舌劍、氣急敗壞地反擊是下策；被動地解釋是中策；巧妙地舉重若輕，以四兩撥千斤，一帶而過是上策。」

如果別人對我們的指責是正確的、是善意的，我們要誠懇接受並感謝；如果別人對我們的指責是錯誤的、無理取鬧的、惡意的，我們可以不予理睬，一笑置之。

參考文獻

一、于海英，《跟李叔同學修身養性 向南懷瑾學為人處世》（北京：新世界出版社，二〇〇九年十二月）。
二、方德岩，《儒之說 人生哲理與中庸之道》（北京：當代世界出版社，二〇〇九年六月）。
三、王宏儀，《歷史的智慧》（北京：萬卷出版公司，二〇一〇年九月）。
四、王卿，《小故事大道理》（北京：中國華僑出版社，二〇一三年十月）。
五、木木，《修心——生命的敬畏》（北京：金城出版社，二〇一二年六月）。
六、文娟，《中外名人全知道》（北京：中國華僑出版社，二〇一四年五月）。
七、文徵明，《超級人生智慧大全集》（北京：中國華僑出版社，二〇一一年四月）。
八、任思源，《道德經圖解詳析》（北京：中國華僑出版社，二〇一三年十月）。
九、任犀然，《彩圖全解道德經》（北京：中國華僑出版社，二〇一四年十月）。
十、朱夏楠，《漫畫跟梁漱溟學儒》（北京：中國言實出版社，二〇〇九年十二月）。
十一、吳虹展，《每天一堂哲學課》（北京：人民郵電出版社，二〇一一年九月）。
十二、李一冉，《論語之處世十大法》（北京：中國廣播電視出版社，二〇一二年九月）。

十三、宋天天，《儒家妙語話人生》（北京：新世界出版社，二〇〇八年九月）。
十四、周善文，《低調厚黑學》（新北市：波西米亞文化出版社，二〇〇九年七月）。
十五、周夢茹，《百年北大傳世哲學課》（北京：中國商業出版社，二〇一二年七月）。
十六、周依朋，《道德經的人生智慧課》（北京：中國紡織出版社，二〇一四年七月）。
十七、林柯，《台大哲學課》（成都：時代出版社，二〇一四年四月）。
十八、金明瑋，《生命調色盤（二）》（臺北市：宇宙光出版社，一九九八年二月）。
十九、思履，《彩圖全解菜根譚》（北京：中國華僑出版社，二〇一四年一月）。
二十、建一、大海，《國學的智慧大全集》（北京：中國華僑出版社，二〇一三年一月）。
二一、馬銀春，《在北大聽到的二十四堂哲學課》（北京：中國商業出版社，二〇一三年七月）。
二十二、馬銀春，《在北大聽到的二十四堂幸福課》（北京：中國商業出版社，二〇一二年九月）。
二十三、馬銀春，《在北大聽到的二十四堂歷史課》（北京：中國商業出版社，二〇一三年七月）。
二十四、馬正飛，《一百位諾貝爾獎得主智慧金言》上卷（臺北市：智慧大學出版公司，二〇〇四年七月）。
二十五、徐兵智、謝寒梅，《受益一生的北大氣質課》（北京：台海出版社，二〇一四年九月）。

二十六、高宏存、唐萬潔，《曾國藩家書解讀》（貴州：人民出版社，二〇〇九年七月）。

二十七、秦浦，《道家做人儒家做事佛家修心大全集》（北京：中國華僑出版社，二〇一一年八月）。

二十八、盛文林，《受益終生的孔子名言》（北京：工業大學出版社，二〇一一年九月）。

二十九、張笑恆，《北大清華人文課》（北京：人民郵電出版社，二〇一四年十一月）。

三十、張笑恆，《南懷瑾的十六堂智慧課》（北京：中華工商聯合出版社，二〇一四年十月）。

三十一、張笑恆，《南懷瑾的十六堂佛學課》（北京：中華工商聯合出版社，二〇一三年十月）。

三十二、張雲，《捨與得的人生智慧課》（北京：人民郵電出版社，二〇一一年九月）。

三十三、許文娟，《每天一堂北大人文課》（北京：台海出版社，二〇一三年九月）。

三十四、陸子杰，《活著就要學點哲學》（北京：中國華僑出版社，二〇一三年十一月）。

三十五、陸杰峰，《厚道》（北京：聯合出版公司，二〇一三年一月）。

三十六、雪漪，《弘一法師淡定的智慧》（北京：中國紡織出版社，二〇一二年十月）。

三十七、蔡孟樺，《獻給旅行者三百六十五日中華文化佛教寶典》（高雄市：佛光出版社，二〇一四年十一月）。

三十八、賈丹丹，《北大哲學課》（北京：中國華僑出版社，二〇一三年六月）。
三十九、賈丹丹，《受益一生的北大哲學課》（北京：中國華僑出版社，二〇一三年十一月）。
四十、葛偉，《菜根譚處世全書》（北京：中國城市出版社，二〇〇九年一月）。
四十一、聞麗君，《每天一堂北大哲學課》（北京：光明日報出版社，二〇一二年九月）。
四十二、察楠楠，《受益一生的北大思維課》（北京：台海出版社，二〇一四年九月）。
四十三、察楠楠，《受益一生的北大品德課》（北京：台海出版社，二〇一四年九月）。
四十四、滿若空，《菜根譚全解》（北京：中央編譯出版社，二〇一一年三月）。
四十五、劉文，《很早很早的老祖宗智慧》（北京：中國紡織出版社，二〇一五年三月）。
四十六、延殊，《佛家妙語話人生》（廈門：廈門大學出版社，二〇一五年十二月）。
四十七、項前，《慎獨慎行 南懷瑾人生哲學》（北京：中華工商聯合出版社，二〇一五年十二月）。

後記

本書的「小故事」，選錄自各類書籍或報章雜誌。謹向各書的作者、編著者及出版社致敬意與謝意。

「小故事」雖然短小，但是故事的主角，或是古今中外的帝王將相、總統、大臣，或是大科學家、大文學家、大法師、大企業家，更有凡夫百姓。然而，他們本身的行持與故事的背後，都蘊藏深奧的人生大智慧，值得我們學習與借鏡。

「大智慧」的闡發，乃參考相關書籍，加上筆者的拙見。唯以汲深綆短，未能盡窺底蘊，更未能發揮精確盡致，尚請讀者包涵指教。

本書初稿，由實踐大學風險管理與保險學系學生楊絲絨打字，出版組同仁協助校稿與出版事宜，極其辛勞，謹此致謝。

出版心語

近年來，全球數位出版蓄勢待發，美國從事數位出版的業者超過百家，亞洲數位出版的新勢力也正在起飛，諸如日本、中國大陸都方興未艾，而臺灣卻被視為數位出版的處女地，有極大的開發拓展空間。植基於此，本組自二〇〇四年九月起，即醞釀規劃以數位出版模式，協助本校專任教師致力於學術出版，以激勵本校研究風氣，提昇教學品質及學術水準。

在規劃初期，調查得知秀威資訊科技股份有限公司是採行數位印刷模式並做數位少量隨需出版（POD=Print On Demand）（含編印銷售發行）的科技公司，亦為中華民國政府出版品正式授權的POD數位處理中心，尤其該公司可提供「免費學術出版」形式，相當符合本組推展數位出版的立意。隨即與秀威公司密集接洽，雙方就數位出版服務要點、數位出版申請作業流程、出版發行合約書以及出版合作備忘錄等相關事宜逐一審慎研擬，歷時九個月，至二〇〇五年六月始告順利簽核公布。

執行迄今，承蒙本校謝董事長孟雄、陳校長振貴、歐陽教務長慧剛、藍教授秀璋以及秀威公司宋總經理政坤等多位長官給予本組全力的支持與指導，本校諸多教師亦身體力行，主動提供學術專著委由本組協助數位出版，數量逾七十本，在此一併致上最誠摯的謝意。諸般溫馨滿溢，將是挹注本組持續推展數位出版的最大動力。

本出版團隊由葉立誠組長、王雯珊老師以及秀威公司出版部編輯群為組合，以極其有限的人力，充分發揮高效能的團隊精神，合作無間，各司統籌策劃、協商研擬、視覺設計等職掌，在精益求精的前提下，至望弘揚本校實踐大學的辦學精神，具體落實出版機能。

實踐大學教務處出版組　謹識

二〇一七年一月

新銳生活11　PE0113　實踐大學數位出版合作系列

新銳文創
INDEPENDENT & UNIQUE

111則小故事，看懂了，智慧就是你的！

編 著 者	劉昭仁
統籌策劃	葉立誠
文字編輯	王雯珊
責任編輯	陳倚峰、徐佑驊
圖文排版	周妤靜
封面設計	葉力安

出版策劃	新銳文創
發 行 人	宋政坤
法律顧問	毛國樑　律師
製作發行	秀威資訊科技股份有限公司 114 台北市內湖區瑞光路76巷65號1樓 電話：+886-2-2796-3638　傳真：+886-2-2796-1377 服務信箱：service@showwe.com.tw http://www.showwe.com.tw
郵政劃撥	19563868　戶名：秀威資訊科技股份有限公司
展售門市	國家書店【松江門市】 104 台北市中山區松江路209號1樓 電話：+886-2-2518-0207　傳真：+886-2-2518-0778
網路訂購	秀威網路書店：http://www.bodbooks.com.tw 國家網路書店：http://www.govbooks.com.tw

出版日期	2017年3月　BOD一版
定　　價	450元

Printed in Taiwan

國家圖書館出版品預行編目

111則小故事,看懂了,智慧就是你的! / 劉昭仁編
著. -- 一版. -- 臺北市 : 新銳文創, 2017.03
面 ; 公分. -- (新銳生活 ; 11)
實踐大學數位出版合作系列
BOD版
ISBN 978-986-5716-90-5(平裝)

1. 修身 2. 通俗作品

192.1 106000109

讀者回函卡

感謝您購買本書，為提升服務品質，請填妥以下資料，將讀者回函卡直接寄回或傳真本公司，收到您的寶貴意見後，我們會收藏記錄及檢討，謝謝！

如您需要了解本公司最新出版書目、購書優惠或企劃活動，歡迎您上網查詢或下載相關資料：http:// www.showwe.com.tw

您購買的書名：________________________________

出生日期：________年________月________日

學歷：□高中（含）以下　□大專　□研究所（含）以上

職業：□製造業　□金融業　□資訊業　□軍警　□傳播業　□自由業
　　　□服務業　□公務員　□教職　□學生　□家管　□其它_____

購書地點：□網路書店　□實體書店　□書展　□郵購　□贈閱　□其他

您從何得知本書的消息？

□網路書店　□實體書店　□網路搜尋　□電子報　□書訊　□雜誌
□傳播媒體　□親友推薦　□網站推薦　□部落格　□其他__________

您對本書的評價：（請填代號　1.非常滿意　2.滿意　3.尚可　4.再改進）

封面設計____　版面編排____　內容____　文／譯筆____　價格____

讀完書後您覺得：

□很有收穫　□有收穫　□收穫不多　□沒收穫

對我們的建議：________________________________

____

____

____

請貼
郵票

11466
台北市內湖區瑞光路 76 巷 65 號 1 樓
秀威資訊科技股份有限公司 收
BOD 數位出版事業部

(請沿線對折寄回,謝謝!)

姓　名:________________　年齡:________　性別:□女　□男

郵遞區號:□□□□□

地　址:________________________________

聯絡電話:(日)________________ (夜)________________

E-mail:________________________________